Das erfahrene Therapeutenpaar Irmgard Hülsemann und Wilfried Wieck beschreibt, durch persönliche und berufliche Lernprozesse motiviert, Erfahrungen mit sozial erwünschten Anpassungsleistungen, aber auch mit Ängsten, Schuldgefühlen, Selbstzweifeln und Scham. Sie setzen sich kritisch mit anerzogenen Werten und mit der geschlechtsspezifischen Gewissensbildung auseinander und deuten die moralischen Konflikte als besondere Entwicklungschancen von Frau und Mann. Ihr Buch gibt viele Anregungen, die Krise von Gewissens- und Wertentscheidungen als Chance zum Wachstum zu begreifen. Es klärt Emotionen, Bedürfnisse und Motivationen und schildert Möglichkeiten psychologisch sensibler Gespräche und therapeutischer Hilfe.

Irmgard Hülsemann und Wilfried Wieck arbeiten als Psychotherapeuten in Berlin. Wilfried Wieck hat den Bestseller »Männer lassen lieben; Die Sucht nach der Frau« geschrieben, der als Fischer Taschenbuch Nr. 4734 erschienen ist.

Irmgard Hülsemann
Wilfried Wieck

Die geheimen Verbote

Moralische Konflikte in der Therapie

Fischer Taschenbuch Verlag

Ungekürzte Ausgabe
Veröffentlicht im Fischer Taschenbuch Verlag GmbH,
Frankfurt am Main, August 1992

Lizenzausgabe mit freundlicher Genehmigung des
Kreuz Verlags, Stuttgart

Umschlaggestaltung: Buchholz/Hinsch/Hensinger
Umschlagabbildung: Gustav Klimt, ›Die Braut‹ (Ausschnitt) 1917/18
Druck und Bindung: Clausen & Bosse, Leck
Printed in Germany
ISBN 3-596-10861-6

Dieses Buch ist auf chlor- und säurefreiem Papier gedruckt

Sabine und Johannes Carnap unseren herzlichen Dank. Dafür, daß sie uns in guten und weniger guten Zeiten eine zweite Heimat bieten, Ruhe, Freundlichkeit und Stabilität, und dafür, daß sie sich mit uns oft zusammen- und auseinandersetzen, wir Gedanken über Konflikte einer ethischen und seelischen Entwicklung austauschen. Und dafür, daß die Stimmung unseres Dialogs nie vom Zwang zur Einigung, sondern stets vom Prinzip des gegenseitigen Ernstnehmens und der Toleranz geprägt ist.

Irmgard Hülsemann und Wilfried Wieck

Inhalt

Vorwort

Menschen, die mit uns die Erfahrung teilen, in dieser Gesellschaft erzogen und aufgewachsen zu sein, sind im Laufe ihrer Entwicklung mit einer Fülle von Normen, Regeln, Ge- und Verboten konfrontiert worden und waren der Androhung von Liebesverlust und tatsächlicher Bestrafung ausgesetzt.

Von frühester Kindheit an, bereits in einem vorsprachlichen Stadium, prägen und beeinflussen uns die Gehorsamsanforderungen, sozialen Bewertungen und Beurteilungen jener Personen, auf die wir zunächst in kindlicher Abhängigkeit angewiesen sind. Die Verinnerlichung von Vorstellungen über »gute« oder »schlechte« Handlungen in das kindliche Selbstbewußtsein, die Orientierung an Werten geschieht nicht in erster Linie durch intellektuelle Vermittlung oder Verlautbarungen ethischer Ansprüche, sondern vielmehr durch die konkrete, emotional und sinnlich erfahrbare Beziehungs- und Lebenspraxis der Personen, die Kinder in das Leben einführen. Ihr Vorbild und ihre Haltung vermögen Gefühle des Angenommen- und »Richtigseins« hervorzurufen oder aber durch Bestrafungsmechanismen und emotionale Zurückweisung bedrohliche Gefühle von »Falschsein« und Angst zu erzeugen.

Die meisten Menschen können sich an Situationen erinnern, in denen sie mit Strafe zu rechnen hatten und als »böse Kinder« bezeichnet wurden, weil sie sich nicht so verhielten, wie es von ihnen gefordert wurde. Die gesamte Erziehungsprozedur hinterließ bei nicht wenigen den Eindruck, nur dann ein liebes und damit liebenswertes Kind gewesen zu sein, wenn man dem Willen anderer gehorchte und zugunsten sozialer Akzeptanz auf Strebungen nach Eigenständigkeit und Anderswollen verzichtete oder zumindest bereit war, diese »gefährlichen Tendenzen« erheblich einzuschränken. Das Ergebnis derartiger Erfahrungen sind zweifellos sozial erwünschte Anpassungsleistungen, aber auch Ängste, Schuldgefühle, Selbstzweifel und Scham. In diesem Kontext wird der Umgang mit Konflikten und Werteentscheidungen vorgeprägt, werden offensiv gestaltende oder vermeidende Haltungen eingeübt.

Moralische Entwicklung, häufig auch »Gewissensbildung« genannt, findet für kein Kind in einem wertneutralen leeren Raum statt. Selbst dann nicht, wenn die Eltern oder zuständige Betreuungspersonen nicht konfessionell gebunden und möglicherweise Atheisten sind. Denn neben der Beeinflussung durch die christlichen Morallehren, durch andere Glaubensgemeinschaften, wie Judentum oder Islam, humanistische oder marxistische Ethik ist die Ideologie des Patriarchats kultur- und gesellschaftsübergreifend wesentlich an der moralischen Prägung von Kindern beteiligt. Sie zielt auf die Herausbildung jener geschlechtsspezifischen Wertvorstellungen ab, die das »patriarchalische Glaubenssystem« stützen und erhalten sollen.

Es ist kein Zufall, daß die herkömmlichen Entwicklungstheorien und Ethiken diesen Sachverhalt ignorieren und dieser bisher nur in der wissenschaftlichen Forschung von Frauen eine Rolle spielt. In diesem Zusammenhang ist zum Beispiel das Buch von Carol Gilligan »Die andere Stimme« über Lebenskonflikte und Moral der Frau ein wichtiger Beitrag zur Grundlagenforschung der Unterschiedlichkeit weiblicher und männlicher moralischer Identitätsentwicklung.

Ansonsten legt die Lektüre der meisten Bücher zu dem Thema der moralischen Entwicklung den Gedanken nahe, daß die von der jeweiligen Ethik aufgestellten Lebensregeln, die Ge- und Verbote, für Frauen und Männer gleich verpflichtend und bindend sind. Dies erweist sich bei näherer Betrachtung als Irreführung und Täuschung, die nur deswegen relativ unbemerkt bleiben kann, weil die patriarchalische Erziehung Mädchen und Jungen einer Art Gehirnwäsche unterzieht und sie systematisch daran gewöhnt, offensichtliche Mißstände und Widersprüche nicht mehr wahrzunehmen oder sie auf geschlechtstypische Weise zu leugnen.

Wir müssen daher davon ausgehen, daß die Ideologie des Patriarchats mit ihrem Dogma von der Überlegenheit des Mannes und der Minderwertigkeit der Frau die Basis für Wertorientierung darstellt. Die traditionellen Religionen und Ethiken können auf diese Grundlage bauen und sie sich zunutze machen, zumal in fast allen diesen Lehren ein »männlicher Gott« an der Spitze der Wertepyramide thront, während die Frauen sich im Dienstleistungsbereich wiederfinden.

Im übrigen wäre es absurd anzunehmen, daß in patriarchalisch strukturierten Gesellschaften ein wirkliches Interesse an der ganzheitlichen Entfaltung menschlicher Möglichkeiten und damit auch moralischer Fähigkeiten bestünde. Die Wirklichkeit zeigt, daß wir es mit einer arbeitsteiligen Moral zu tun haben, die Frauen und Männern unterschiedliche »Gewissensaufgaben« delegiert. Wir werden in diesem Buch ausführlicher darauf eingehen, wie dieser Sachverhalt das Leben von Menschen bestimmt.

Menschliches Leben ist stets konflikthaft und von der Notwendigkeit geprägt, Werteentscheidungen zu treffen und immer wieder neu Lösungen dafür zu finden, daß wir einerseits Individuen, andererseits aber soziale Lebewesen sind. Aus dieser Grundtatsache der »conditio humana« ergeben sich mannigfaltige Spannungen und Konflikte.

Wertende Entscheidungen treffen wir sowohl in ganz banalen Alltagshandlungen, die uns häufig nicht einmal mehr als solche bewußt sind, als auch im Zusammenhang mit bedeutsamen Ereignissen. Während es für das Selbstbild und die seelische Stabilität relativ unerheblich sein mag, ob ich, anstatt die Verabredung mit einem/einer Freund/Freundin einzuhalten, lieber zu Hause bleibe und ein Buch lese oder fernsehe, gewinnen andere Entscheidungskonflikte tiefe existentielle Bedeutung. Als Beispiel für personelle Wertekonflikte sei hier die Frage der Kriegsdienstverweigerung bei Männern und das Problem des Schwangerschaftsabbruchs bei Frauen genannt. Aber auch die Wahl eines Partners/einer Partnerin, die Trennung von Menschen, der Umgang mit Annäherung und Abgrenzung, mit »Ja« und »Nein« im zwischenmenschlichen Bereich, die Art, mit Geld umzugehen und zu konsumieren, die Annahme oder Verweigerung von Entwicklungsmöglichkeiten stellen uns vor die Aufgabe, zu wählen, unser Leben zu gestalten und damit zu werten.

Insofern gibt es keine Handlungen, die wertneutral wären. Unsere gesamte Lebenspraxis, unsere Haltung anderen Menschen und uns selbst gegenüber ist Ausdruck von verinnerlichten Wert- und Unwertvorstellungen.

Es wurde bereits erwähnt, daß dieser wertende Standpunkt bei beiden Geschlechtern äußerst unterschiedlich ist. Die Therapiegespräche mit Frauen und Männern beweisen auf eindrückliche Weise, daß sich zum Beispiel Phänomene wie Schuldgefühle, Scham und schlechtes Gewissen in sehr voneinander abweichenden Erlebens- und Handlungszusammenhängen zeigen. Natürlich gibt es individuelle Entwicklungen, die es Menschen durch einen Freiheitsspielraum ermöglichen, von der Norm abzuweichen, und ihnen die totale Vereinnahmung durch Geschlechtsstereotypen ersparen.

Von diesen glücklichen Ausnahmeerscheinungen ist hier nicht die Rede. Frauen unterschiedlicher Herkunft und Bildung schildern in ihren Therapiegesprächen einen Grundkonflikt, der ganz offensichtlich Ausdruck ihrer weiblichen Existenz ist. Sie haben den Eindruck, daß die Erfüllung eigener Wünsche und Bedürfnisse scheinbar zwangsläufig die Verletzung oder mangelnde Versorgung anderer Personen zur Folge hat, und sehen aus diesem Dilemma kaum einen Ausweg. Nicht die Vernachlässigung ihrer eigenen Entwicklungsmöglichkeiten löst bei ihnen Selbstvorwürfe, schlechtes Gewissen oder Schuldgefühle aus, sondern die Zuwiderhandlungen gegen das im Laufe der Weiblichkeitserziehung verinnerlichte Liebesgebot. Sobald sie sich von der ihnen zugedachten Rolle und dem erlaubten Handlungsspielraum entfernen, holen sie »warnende Stimmen« wieder ein. Sie fühlen sich einem inneren Zensor ausgeliefert, der ihnen Selbstverleugnung als Tugend anpreist und diktiert, daß sie großzügig, fürsorglich, verständnisvoll, hilfsbereit, liebevoll und hingabefähig sein sollen. Der zwingende Appell lautet: »Verschenke dich selbst.« Vor lauter Bemühung, diesen Anforderungen zu gehorchen und sich wenigstens den verheißenen Glorienschein nicht entgehen zu lassen, entgeht ihnen die Unmoral der Tatsache, daß ihnen ihre Erziehung im Grunde die Möglichkeit verwehrte, ihr Selbst umfänglich zu entwickeln und zu fördern.

Die Gespräche von Frauen legen von einer Verbundenheitsmoral Zeugnis ab, deren Kern das strikte Gebot ist, um fast jeden Preis für die Aufrechterhaltung und Pflege von Beziehung zu sorgen. Daher empfinden sie höchst selten ein schlechtes Gewissen, wenn sie verletzt, gedemütigt und mißhandelt werden und die erlernte Liebesmoral ihnen nicht dazu verhilft, den Wert der eigenen Person zu schützen, sondern im anderen den höheren Wert zu sehen und entsprechend bemüht und verbindlich zu bleiben.

Während Frauen die Therapie meist in »Wir-Zusammenhängen« beginnen und große Mühe haben, ihr Selbst in den Mittelpunkt zu stellen, kommen die Männer fast immer allein. Ihr Leidensdruck und ihr wertender Blick haben sehr viel weniger mit Beziehungsangelegenheiten zu tun als mit der Frage des Funktionierens oder Versagens in Leistungs- und Arbeitszusammenhängen. Die Abspaltung und Verleugnung ihrer ehemaligen kindlichen Abhängigkeits- und Schwächegefühle bewirkt oft, daß sie angesichts von verletzbaren, weichen Regungen Abscheu und Furcht entwickeln. Ihre mögliche Härte und Unempfindlichkeit im zwischenmenschlichen Bereich, im Umgang mit Frau oder Kindern, ihre mangelnde Liebes- und Beziehungsfähigkeit beschämen und bekümmern sie zu Beginn der Therapie meist nicht. Die Verinnerlichung einer Moral der Stärke und Gewalt bewirkt ganz andere Selbstzweifel. Es kann zu wütenden Selbstvorwürfen kommen, wenn sie den Eindruck haben, daß sie in einer Situation nicht männlich genug waren: »Da war ich zu weich, da hätte ich härter durchgreifen müssen.« Ihre innere Stimme warnt sie, auf der Hut zu sein vor Nähe: »Sei unnachgiebig, lasse dich nicht beeinflussen, grenze dich ab und bleibe hart, zeige bloß nicht zuviel von dir, gib dich keinem hin.«

Für beide Geschlechter existieren neben dem Spektrum offen formulierter Anforderungen jene geheimen Verbote, die sich vor allem darauf beziehen, die Unmoral, die der traditionellen Geschlechterbeziehung innewohnt, aufzudecken und zu entlarven. Dies gilt als Sakrileg, weil es dem Herrschaftsinteresse zuwiderläuft, und wird ebenso sanktioniert wie »Todsünden« in anderen Religionen. »Die herrschende Immoralität, die uns umgibt und an der wir teilhaben, ist kein akademisches Problem, sondern ein Überlebensproblem geworden«, schreibt Christina Thürmer-Rohr in ihrem Essay »Feminismus und Moral«.

Durch persönliche und berufliche Lernprozesse motiviert, unternehmen wir in diesem Buch den Versuch, für die Entstehung moralischer Konflikte und den Umgang mit ihnen in der täglichen Lebensgestaltung ein kritisches und damit vertieftes

Verständnis zu schaffen. In einigen Teilen des Buches haben wir auch Material aus einer früheren Phase der Auseinandersetzung mit diesem Thema einbezogen und teilweise durch inzwischen neu gewonnene Einsichten und Erkenntnisse ergänzt. Diese finden besonders in den beiden Kapiteln zur geschlechtsspezifischen Moral von Frauen und Männern ihren Ausdruck.

Die Kapitel, die die Erörterung und Veranschaulichung konkreter Beispiele aus der therapeutischen Praxis enthalten, machen deutlich, wie die Verinnerlichung von Verboten, Normen und Wertvorstellungen das Leben von Menschen ganzheitlich durchdringt und in allen Bereichen des Seins zum Ausdruck kommt. Die Namen und intimen Daten der erwähnten Personen wurden zu ihrem Schutze verändert. Ein letztes Kapitel befaßt sich mit grundsätzlichen Fragen und Problemen von therapeutischer Arbeit.

Wir sind der Ansicht, daß die im vorliegenden Buch behandelten Themen keineswegs nur solche Personen betreffen, die unter dem Leidensdruck ihrer psychischen und sozialen Schwierigkeiten therapeutische Hilfe suchen. Wir leben in einer Zeit, in der scheinbar »ewig gültige Werte« angesichts einer Lebenspraxis inhaltsleer geworden sind, die die weltweite Zerstörung von Leben jedweder Art aus Profitgründen, Ignoranz und Bequemlichkeit in Kauf nimmt. Unser Anliegen ist es, den Blick dafür zu schärfen, daß eine Moral, die den Frauen Kinder und Liebesarbeit überläßt und gleichzeitig den Männern die Ausbeutung und Vernichtung von Leben gestattet, nicht nur in einigen Punkten verändert, sondern grundsätzlich und ganz abgeschafft werden muß.

Berlin, im Februar 1989
Irmgard Hülsemann und Wilfried Wieck

Teil 1

Die geheimen Verbote als innere Konflikte

Ein erster Blick in unsere Praxis: »Ich habe wieder etwas falsch gemacht«

In unserer therapeutischen Praxis machen wir immer wieder die Erfahrung, daß es nicht ausreicht, die Lebensgeschichte des einzelnen Menschen zu erforschen und zu verstehen. Selbst die Erkenntnis von Wertkonflikten allein sagt noch nicht genug über ihre spezifische soziale Komplikation. Wir begegnen jeden Tag mannigfachen Erlebens- und Wahrnehmungsreaktionen, die in ihrer Ganzheit erfaßt werden müssen.

Wir mußten zur Kenntnis nehmen, daß es keine im wörtlichen Sinne »typischen Merkmale des Über-Ich-Patienten« geben kann, weil wir insgesamt in einer Über-Ich-Gesellschaft leben. Sogenannte »typische Merkmale« bleiben immer hinter der Variationsbreite individuellen menschlichen Verhaltens zurück, und andererseits erfassen sie in keiner Weise die tatsächlich sozial-allgemeinen Muster von Unterdrückung und Ausbeutung. »Über-Ich-geschädigt« ist in gewisser Weise jeder Angehörige dieser Gesellschaft, also auch Personen, die sich nicht in Therapie befinden.

Weil es in diesem Buch manchmal unumgänglich ist, zur Verdeutlichung von Sachverhalten und Beziehungsstrukturen den Terminus »Über-Ich-Patient« doch zu verwenden, melden wir hier unsere grundsätzlichen Bedenken gegenüber dieser Kunst-Sprache an. Uns geht es um das Erfassen der Ganzheit der Person in ihren persönlichen, sozialen, gruppendynamischen und gesellschaftlichen Bezügen, die in ihrer Totalität schwierig darzustellen sind. Wir werden daher bestimmte psychische Merkmale wie zum Beispiel Emotionalität, Werteorientierung oder Motivation herausgreifen, sie einzeln beschreiben und erörtern, um das in Frage stehende soziale Phänomen des Über-Ich-Konflikts von allen Seiten zu beleuchten. Es ist bekannt, daß man von sechs Seiten eines Würfels auf einen Blick höchstens drei sehen kann, so ähnlich geht es uns angesichts der Schwierigkeit, der Leserin und dem Leser das Problem der seelischen Gestalt-Ganzheit schrittweise vor Augen zu führen.

Es kommt vor, daß bestimmte Menschen ernst, gewissenhaft und angestrengt sind, wenn sie uns gegenübersitzen, und daß sie oft vor allem von ihren Fehlern, Problemen und Versagungszuständen sprechen. Auf den ersten Blick wird deutlich, daß ihnen Merkmale des Spielerischen, Lustvollen und Heiteren fehlen. Aber die Gründe für den Gang zum Therapeuten und dafür, daß sie sich auf die bisweilen durchaus mühsame »Arbeit« der Therapie einlassen, sind immer äußerst komplex. Der eine Mensch mag ernst, gewissenhaft und angestrengt sein, weil er diesen Charakter hat, der andere, weil er sich gerade in einer desolaten beruflichen Situation befindet, ein Dritter wirkt bedrückt, weil er von jemandem abhängig ist oder anderen belastenden Druck empfindet.

Am Beispiel einer aus gutbürgerlichem Milieu stammenden Frau, die in den sechziger Jahren in die Studentenbewegung hineingeriet, können wir zeigen, daß jemand die Therapie optimistisch und lebensfroh beginnt und sich erst nach längerer Zusammenarbeit bestimmte Konflikte zeigen. Diese 32jährige Mutter entsprach in keiner Weise dem »typischen« Bild des »Über-Ich-Patienten«.

Als sie in die Gruppe kam, wirkte sie jugendlich und aktiv. Sie beteiligte sich sofort lebhaft und intelligent an den Gesprächen. In ihrem Alltag litt sie unter Angstzuständen, die sich u. a. psychosomatisch als Kälteempfindungen in bestimmten Körperzonen und als Verspannungen äußerten. Selbstzweifel, Unvollkommenheitsgefühle als Frau und sexuelle Hemmungen vervollständigten den defizienten Teil ihres ängstlichen Charakters. Weil sie einige Zeit politisch aktiv gewesen war, hatte sie die therapeutische Gemeinschaft erst akzeptieren können, als sie spüren konnte, daß ihre gesellschaftskritischen Überlegungen in der Therapie nicht zurückgewiesen wurden.

Eine bemerkenswerte Fähigkeit zur Kooperation mit dem Therapeuten hatte es ermöglicht, relativ mühelos die oben erwähnte diagnostische Arbeit zu erheben. Von Über-Ich-Problemen schien gar keine Rede zu sein. Sie hatte zwar Hemmungen, sich zu sich selbst zu äußern und zu zeigen, fühlte sich daher in Gesellschaft manchmal linkisch und unsicher, lachte dann viel und wurde leicht rot, aber für Schuldgefühle gab es keine Anzeichen. Im Gegenteil, hinsichtlich ihrer Lebensführung, der Partnerwahl und Kindererziehung war sie stets überraschend sicher, selbstbewußt und offenbar mit ihrem Ich-Ideal in Einklang. Vielleicht hatte gerade die geschilderte Symptomatik die Entwicklung von Schuldgefühlen und Über-Ich-Konflikten verhindert; diese zeigten sich nur verdeckt und sehr langsam, zum Beispiel in Form von Unzufriedenheit und Unsicherheitsgefühlen, also latent.

Als sie nach einiger Zeit die Gruppe wahrzunehmen begann, schilderte sie diese folgendermaßen:

»In einer Gruppe können Menschen sich entfalten lernen, wenn die Gruppe die Bedingungen erfüllt, die ein Mensch im Leben benötigt. Es hat mich sehr erleichtert, daß hier eine nichtautoritäre Erziehung propagiert wird und daß die Kinder »freigelassen« werden. Das Gruppengewissen erlebe ich als pflegend und gewährend, und die anderen Gruppenmitglieder geben mir das Gefühl, daß sie mich mögen, daß ich liebenswert und akzeptiert bin. Manchmal empfinde ich angesichts dieser Tatsache eine fast euphorische Freude.«

Einige Zeit später ergab sich folgende konflikthafte Situation. Sie erzählte in einem Therapiegespräch, daß sie morgens bisweilen länger schläft und ihre Kinder allein frühstücken und in die Schule gehen. Der Therapeut meinte dazu:

»Ich frage mich, wozu wir hier in der Therapie soviel reden, wenn auf der anderen Seite Kinder, die die Ansprache und die Zuwendung so dringend brauchen wie die Luft, morgens im Stich gelassen werden. Ist das nicht Vernachlässigung?«

An dieser Aussage entzündete sich ein Konflikt. Alle somatischen und psychischen Symptome verstärkten sich, die junge Frau war aufgerüttelt und verunsichert und fühlte sich in ihren Vorstellungen von Mütterlichkeit heftig kritisiert.

Mit Hilfe intensiven Durcharbeitens dieser Konfliktsituation wurde ihr deutlich, daß sie sich nur dadurch von dem Über-Ich-Druck befreien konnte, daß sie ihren Beitrag für die Entwicklung der Kinder neu durchdachte. Bisher hatte sie ihre ganze Kraft und Tüchtigkeit überwiegend im Bereich ihrer eigenen Therapie entfaltet, nunmehr wurde das Ziel der Gemeinschaftsfähigkeit neu interpretiert.

Die anfängliche euphorische Über-Ich-Regression (alle sind gut zu mir, ich bin in Ordnung, ich bin schon ganz richtig, so wie ich bin) konnte wahrgenommen und verstanden werden. Sie wich im Laufe der Gespräche einer realistischeren Sicht der eigenen Lebensaufgaben und der damit verbundenen Verantwortung.

Fassen wir die Quintessenz dieses Beispiels zusammen: Eine Frau lebt in Arbeit, Ehe und Familie ohne Über-Ich-Konflikt, nichts deutet auf diesbezügliche Versäumnisse hin. Noch nach Jahren der Therapie ihrer Angstsymptomatik ist sie mit sich im reinen. Aus der Ablehnung bürgerlich-autoritärer Lebens- und Erziehungsmaximen resultiert ein wesentlicher Teil ihrer ethischen Fundierung. Als ihr bewußt wird, daß sie innerhalb des nichtautoritären Wertsystems den Wert »Liebe« verfehlt, weil sie sich nicht zutraut, sich den Kindern zuzuwenden, bricht jäh ein Über-Ich-Konflikt auf. Durch ihn wird vorübergehend in gravierender Weise die Symptomatik eines ängstlichen Charakters verstärkt, bevor die Therapie neue Einsichten weckt. Der Über-Ich-Konflikt erscheint demnach zwar nicht vom Individualcharakter losgelöst, aber doch entscheidend mitbestimmt durch die Beziehung zum Therapeuten, durch die spezifische Lebenssituation, durch historisch-gesellschaftliche Bedingungen wie etwa die Auseinandersetzung zwischen bürgerlichen und nicht-autoritären Erziehungsstilen. Weit weniger wichtig ist ihr der »Patientenstatus«, denn im herkömmlichen Sinne der Psychoanalyse »krank« ist diese Frau nie gewesen.

Eine erläuternde Interpretation aus unserer Arbeit: »Ich mag keine Sexualität«

Wir möchten die Komplexität dieser Konflikte zwischen Liebe und Pflicht plastisch herausarbeiten und die Verankerung widersprüchlicher Strebungen in der Gesamtpersönlichkeit veranschaulichen. Darum werden wir nun einen Über-Ich-Konflikt einer weiteren Analysandin beschreiben. Ihre Unruhezustände sind mit sexueller Unlust verbunden. Wir können sie nur durch eine lebensgeschichtlich verankerte Störung der Selbstbestimmung ihrer Wertorientierung und durch eine Fremdbestimmung in ihrer Suche nach Identität verstehen und nicht durch sexualtheoretische Analyse.

Wir haben uns der psychoanalytischen Deutung nicht angeschlossen, daß es sich in solchen Fällen (nur) um Störungen des Trieblebens handle. Auch die Erklärung, wir hätten es mit dem Kampf zwischen Über-Ich und Es zu tun, konnte uns nicht befriedigen.

In der nun folgenden Schilderung eines Therapieausschnitts der erwähnten Analysandin vertiefen wir unsere Suche nach Aufschluß über das Wesen des menschlichen Konflikts ethischer Prägung. Bei der Betreffenden handelt es sich um eine etwa 35jährige Frau, die sich oft »genötigt« sieht, am Wochenende auf die sexuellen Bedürfnisse ihres Partners eingehen zu »müssen«. Beide sind berufstätig, tüchtig, stehen »mit beiden Beinen im Leben«, außerdem körperlich gesund und sehr vital. Sie finden aneinander Gefallen, denn sie haben sich ihre Lebendigkeit erhalten und wirken attraktiv, kurzum, sie passen zueinander.

Dennoch widmet sich die Frau der sexuellen Vereinigung wenig selbstbestimmt, sondern mehr aus Pflicht. Ihr Partner bekundet großes Interesse am Austausch von Zärtlichkeiten und am sexuellen Kontakt und ist manchmal regelrecht verzweifelt darüber, wie zögernd und spröde seine Frau auf seine Werbung eingeht. Ich lerne den Mann in einer Reihe von Gesprächen kennen. Er möchte versuchen, mit seiner Partnerin besser umzugehen.

Weil wir die Erfahrung gemacht haben, daß die Ansicht der Mitmenschen über den Liebespartner oft eine große Bedeutung hat, teile ich der Frau meinen Eindruck über ihren Mann freimütig mit. Auf Fragen, warum sie trotz der Bemühungen des Mannes zur Verständigung keine Lust auf Zärtlichkeiten oder sexuellen Austausch mit ihm verspüre, reagiert sie abwehrend und unsicher und hat offensichtlich Mühe, die Ursachen für ihre Haltung zu benennen.

In Ferienzeiten allerdings äußern sich beide bezüglich der Sexualität stets befriedigt; in der entspannteren Atmosphäre, ohne Alltagsbelastungen, fällt einige Verhaltenheit von ihr ab. Kaum kehren sie aus den Ferien zurück, fühlt sie sich wieder »zu« und verhält sich – durch die Therapie grundsätzlich in ihren Selbstbestimmungstendenzen bestärkt – ihm gegenüber wieder abweisender. Obwohl diese Hingabeschwierigkeiten immer wieder Thema der Gespräche sind und die Betreffende auch »intellektuelle Einsichten« gewinnt, bleiben die emotionalen Barrieren bestehen. Im Zusammenleben mit ihrem Mann kommt es regelmäßig zu schwierigen Situationen mit affektgeladenen Stimmungen. Der Partner sieht ihre Teilnahme an der Therapiegruppe mit Skepsis, weil er befürchtet, daß ihre neuen Kontakte zu einer weiteren Entfremdung in der Liebesbeziehung führen könnten. Überdies scheint er sich überhaupt von Entwicklungsschritten, die sie macht, in seiner »Position« bedroht zu fühlen.

Er beklagt sich darüber, daß sie in zärtlichen Situationen den Eindruck macht, als ob sie ganz woanders sei. Sie bringt wiederholt zum Ausdruck, daß sie tatsächlich häufig keine wirklich eigene Lust verspüre, sondern sich »ihm zuliebe« auf Zärtlichkeiten, die in Sexualität münden, einlasse. Andererseits berichtet sie auch von Situationen, in denen sie anfänglich zwar lustlos war, aber schließlich doch Freude am sexuellen Zusammensein entwickelte, sich auf ihn einlassen konnte und dabei voll empfindungsfähig war.

Nach und nach arbeiten wir in den Gesprächen heraus, daß ein Grund für ihre distanzierte Haltung darin liegt, daß sie zwar manches kritisch an ihrem Mann wahrnimmt, sich aber nicht mutig und auseinandersetzungsfähig fühlt, ihm das auch eindeutig zu vermitteln. Er ist zwar überwiegend zugewandt, aber manchmal auch ironisch und aggressiv, besonders wenn sie sein beharrliches Umwerben, was ihr mitunter auch übergriffig erscheint, nicht aufgreift. Wenn er sich schmollend zurückzieht, empfindet sie ihn nicht als erwachsenes Gegenüber, sondern wie ein Kind, das »auch noch was von ihr will«. Ihre Furcht, ihn zu verletzen, läßt sie harmonisierend erscheinen, während sie in Wirklichkeit tiefe Unzufriedenheit und Groll empfindet, der unausgedrückt und ungeklärt im Bereich der Sexualität als Lustlosigkeit und Distanz wirkt.

Im Zusammenhang mit diesen Gesprächen wird deutlich, daß ein wichtiger Ansatz zur Veränderung in der Beziehung in der offenen und kritischen Auseinandersetzung mit ihren Wünschen und Bedürfnissen dem Partner gegenüber liegt. Bei dieser Aufgabe stellt sich heraus, daß die Betreffende zwar für die Belange anderer kämpfen kann wie eine Löwin, aber angesichts der Notwendigkeit, »nur für sich selbst« Forderungen zu stellen, zaghaft und kleinmütig wird. Im übrigen wirkt auch ein Männerbild in ihr, welches einerseits beinhaltet, daß es ziemlich unmöglich ist, von einem Mann emotionale Anteilnahme und Fürsorge zu bekommen, andererseits delegiert sie in unbewußten Erwartungshaltungen das Gelingen und die Gestaltung besonders des sexuellen Zusammenlebens an ihn.

Das Erkennen dieser Zusammenhänge war hilfreich, reichte aber noch nicht, um grundlegende Veränderungen einzuleiten. Ein noch tieferes Verständnis des Problems war notwendig.

In der Gruppe ist die Analysandin aktiv. Sie hört oft bei Gesprächen anderer zu, kümmert sich um diese und besucht Schulungsveranstaltungen und einen Analysandenkreis bei uns. Auf diese Weise nimmt ihr psychologisches Wissen ständig zu, und sie kann schon nach relativ kurzer Zeit lebhaft mitarbeiten und sich anderen Analysanden hilfreich und freundlich zuwenden. Ihren Plänen zur beruflichen Neuorientierung sind die expansiven Schritte in unseren Gruppen zugute gekommen.

Eines Tages bekam sie in einem auswärtigen Gespräch eine Anregung zur weiteren Durcharbeitung. Es war gefragt worden, welche Autoritätsperson sie in ihrer Kindheit »erdrückt« haben könnte.

Starke Unruhegefühle, die sie hektisch umhertreiben, wenn sie Gelegenheit hätte, sich einmal auszuruhen, nehme ich zum Anlaß, diese Dynamik in den Zusammenhang mit ihrer Lebensgeschichte zu bringen. Ihr Vater war ein freundlicher, ruhiger und zurückhaltender Arzt und Familienvater, der allerdings in der Zeit ihrer Kindheit meistens im Krieg war. Ihre Mutter mußte inzwischen zu Hause mit sieben Kindern den Alltag bewältigen. Es gelang ihr mit Hilfe einer Dressurerziehung, verbunden mit Härte und der Betonung des Prinzips der gehorsamen Pflichterfüllung. Sie hatte vor der Ehe als Krankenschwester gearbeitet, ihren Mann und seinen Beruf sehr bewundert und unter Minderwertigkeitsgefühlen ihm gegenüber gelitten. Ihren Kindheitstraum, auch Ärztin zu werden, konnte die Mutter angesichts der großen Kinderschar und der Kriegssituation nicht verwirklichen. Als Ausgleich hatte sie offenbar den Plan gefaßt, dieses Lebensziel auf ihre älteste Tochter, von der hier die Rede ist, zu übertragen. Auch hinsichtlich der beruflichen

Entwicklung aller anderen sechs Kinder hatte sie genaue Vorstellungen entwickelt, die alle verwirklicht wurden, ihre Kinder waren alle brav und folgsam.

Einen ersten Hinweis, die Frau hätte wohl im »Schatten« ihrer Mutter gestanden, suchte sie dadurch zu entkräften, daß sie nachdrücklich versicherte, ihre Mutter sei lieb und verständnisvoll gewesen, sie wolle ihr unter keinen Umständen noch nach ihrem Tode Unrecht tun. Erst der folgende Gedanke brachte ihr ein Aha-Erlebnis.

Sie hatte nicht ihre eigenen, sondern die Berufswünsche ihrer Mutter erfüllt und immer in dem unbewußten Gefühl gelebt: »Eigentlich tue ich alles nur für meine Mutter, mein Studium, mein Examen, meine Ehe, meine Kinder . . .« Solche »Vermächtnisse« wirken wie eine Delegation von Lebensperspektiven auf die nächste Generation. Unsere Analysandin kann das Vermächtnis ihrer Mutter, das ihr unbewußt ist, nur erfüllen, wenn sie sich beruflich und familiär so entwickelt, wie diese es wollte.

Bei dieser Gelegenheit möchten wir auf die Aufgabe hinweisen, in der Therapie eines Analysanden mit »Mehrgenerationenperspektive« und daraus resultierenden Über-Ich-Konflikten nicht die Angehörigen, in diesem Fall vor allem den Partner, zu übergehen. Wenn wir das vernachlässigen, wenn der Partner frustriert wird und nicht in das Therapiegeschehen einbezogen werden kann, dann kann die Therapie zur iatrogenen Erkrankung führen, zur erneuten Erkrankung durch den Arzt. Aus diesen und anderen Gründen haben wir es uns zur Regel gemacht, über die Einzeltherapie hinaus möglichst den Gesprächskontakt mit allen interessierten Familienmitgliedern zu suchen.

Zurück zu unserer Analysandin selbst. Als sie geheiratet hatte, hatte sie ihr Pflichtgefühl an die eigene Familie gebunden, für die sie sich energisch einsetzte, oft allerdings auf Kosten ihrer eigenen Bedürfnisse nach Selbstbestimmung. Nie hatte sie das Gefühl entwickeln können, ihr Leben ganz nach ihren eigenen Vorstellungen und Plänen zu gestalten, immer hatte die Umwelt sie »gelebt«.

Wir besprachen, daß nur der Mensch sich »hingeben« kann, der sich selbst »hat«, das heißt der ein Gefühl von Identität und Selbstbestimmung verspürt:

»Du kannst nur geben, was du hast. Du kannst dich auch nur ›hingeben‹, wenn du dich hast. Sexuelle Probleme sind Hingabeprobleme, aber solche, wie wir jetzt sehen, die mit Strebungen verknüpft sind, die auf den ersten Blick gar nichts mit der Sexualität zu tun haben. Der Mensch braucht Heiterkeit und Selbstachtung in der Sexualität, mit der letzteren scheint es auf Grund deiner Biographie zu hapern. Solange der Mensch sich nicht ›hat‹, weil er mit sich, seinem Leben, seiner Leistung, seiner Stellung in der Gemeinschaft . . . unzufrieden ist, wenn er stark an sich zweifelt, dann kann er sich nicht geben, denn Körper und Seele sind ein untrennbares Ganzes.«

Die Analysandin steht unter dem Diktat eines tiefgreifenden »Soll«, welches beinhaltet: »Ich müßte eigentlich etwas anderes aus meinem Leben machen.« Die Auseinandersetzung mit dieser inneren Stimme ist unerläßlich. Sie muß sie anhören und verstehen lernen. Andererseits ist der Über-Ich-Konflikt zwischen Selbstgestaltung und Umweltdruck so belastend, daß auch die Sexualität darunter leidet. Wir sind zuversichtlich, daß eine stärkere Unterstützung des Selbstwertgefühls und der Selbstachtung eine positive Auswirkung auf den Umgang mit Sexualität haben wird.

Für die Analysandin ist der Wunsch nach sexueller Befriedigung hinter Pflichterfüllung und sozialem Engagement scheinbar als überflüssiges »Luxusbedürfnis« zurückgetreten. Sie verschafft sich durch Abgrenzung vom Partner ein Identitätsgefühl, das ihr im erotisch-sexuellen Bereich noch fehlt.

Diese Schilderung zeigt, daß die Gründe für das gestörte Sexualleben vor allem darin liegen, daß die betreffende Person keine stabile eigene Identität entwickeln konnte und sie sich selbst entwertet. Diese Selbstreduktion führt zu einem generellen gedrosselten Lebensgefühl, zu Selbstvorwürfen und Selbstzweifeln. In solch einer Stimmung muß auch die sexuelle Empfindung und die Lustentwicklung leiden, denn befriedigte Sexualität beruht auf Selbstbejahung, Genußfähigkeit, Zufriedenheit und Entspanntheit. Nicht im Libidobereich, sondern im Wertebereich lag hier die Antwort auf die Fragen nach den Ursachen sexueller Hemmungen.

Stefans Isolation: »Auf keinen Fall anklopfen«

Nun möchten wir am Beispiel einer ethisch-konflikthaften Symptomatik von Stefan H. zeigen, wie in unserer Arbeit die Rolle der Gemeinschaft gesehen wird und welche Gesinnung schon am Beginn einer Therapie Analysand und Therapeut zu leiten vermag.

Mit »Wertkonflikt« ist nicht unbedingt nur ein Konflikt zwischen zwei Werten gemeint. Stefans Über-Ich-Konflikt sieht folgendermaßen aus:

Er ist im Leben äußerlich immer »brav« und nie bösartig, sein bestimmendes aktuelles Problem besteht aus Schuldgefühlen und Ängsten anläßlich sexueller und aggressiver Phantasien. Man ist versucht zu sagen: Aha, ein Fall für die Psychoanalyse. Erfahrungsgemäß müssen wir gegenüber der Freudschen Trieblehre skeptisch sein, weil wir solche Symptome als »ethische« interpretieren, die eine allzu lose Verbindung mit der menschlichen Gemeinschaft andeuten.

Stefans Konflikt ist kein »innerer Konflikt«, denn seine Phantasien bewirken Schuldgefühle und Ängste, die ihn quälen. Sie verhindern, daß er seine Isolation aufgibt. Demnach lebt er im Konflikt mit der Gemeinschaft. Privatisierend entwickelt er aggressive und sexuelle Zwangsvorstellungen. Ließe er sich auf die Gemeinschaft ein, so verlöre er diese unangenehmen Symptome. Sich einzulassen wagt er nicht, weil ihm Beziehungen zu anstrengend erscheinen. Reale Beziehungen brächten sicher Konflikte, zumal Stefan mit Kritik an der Gemeinschaft nicht gerade geizt.

Wir haben Stefan den Vorschlag gemacht, sich die Maxime »Wo Ich war soll Wir werden« zu eigen zu machen. Wenn er sich uns anschlösse, würden seine Schuldgefühle verschwinden, denn er könnte sich sowohl Zärtlichkeit und Sexualität als auch die Fähigkeit zur produktiven Selbstbehauptung in der Gruppe erobern. Sollte es gelingen, daß Stefan mitmacht, dann würden wir uns wechselseitig ineinander »spiegeln«, das heißt einfühlen und identifizieren können, dann kann aus übersteigerter Phantasie gemilderte Realität werden.

Stefans Wertekonflikt zwischen Expansion und Über-Ich

kann sich nur im Sozialtraining, im Leben, durch Handlungen bereinigen lassen, nicht aber am »grünen Tisch«, der mit Deutungen, Instanzen der Seele, prägenitalen Libidostufen, analsadistischen Impulsen und Perversionen »gedeckt« ist. Es ist keine Kritik, wenn wir Stefan auf sein mangelndes Gemeinschaftsgefühl hinweisen. Wir sind uns bewußt, daß wir alle aus der Welt der Angst vor zwischenmenschlichem Austausch kommen. Man hat uns den Zugang zum Menschen in unserer Kindheit nicht ermöglichen können.

Wie äußert sich diese Angst bei Stefan? Er reagiert zum Beispiel auf Lob allergisch: »Ich darf nicht gelobt werden, das ist gefährlich, weil ich dann immer krampfhaft dem nächsten Lob nachlaufe«, ebenso auf (vermeintliche) Vorwürfe, weil er immer sofort den »Fehler« bei sich und in seiner Person sucht.

Als er einmal eingeladen war und bei der Beantwortung der Frage nach seinen engeren Bezugspersonen den Gastgeber zu erwähnen vergaß, reagierte er mit skrupulösen Phantasien:

»Ich bekam einen Schreck und sagte, diese Nichterwähnung sei nicht bewußt geschehen. In den anschließenden Tagen habe ich jedoch die Frage in bezug auf Beziehungen ganz allgemein gestellt: Stehe ich dahinter? Ist es echt oder nicht?

Es ist nämlich schon öfter passiert, daß, wenn Leute, mit denen ich mich verabredet hatte, nicht erschienen, ich mir sagte: ›Ach, prima, gar nicht so schlecht – da habe ich meine Ruhe!‹ Oder ich dachte vor Verabredungen: ›Hoffentlich kommt die Verabredung nicht zustande, dann kann ich tun und lassen, was ich will.‹ Oder wenn ich zu einer Verabredung hinfuhr, dachte ich: ›Mist! Im Bett mit einem interessanten Buch wäre es schöner.‹ Während der Verabredungen selbst habe ich mich dann jedoch öfter schon sehr wohl gefühlt ... Es kam auch vor, daß die oben erwähnten Gefühle vor Verabredungen nicht da waren und ich eher freudig dem Treffen entgegengesehen habe. Ich sage mir, daß ich eben irgendwo eine unechte, nicht verwirklichte Person bin, mit einer Art Aggressivität als Grundgefühl.«

Stefan spricht jetzt eine andere Sprache, er legt langsam das psychoanalytische Kauderwelsch ab, aber wie wir alle spricht er mehr aus, als er versteht. Erhöhte Kontaktmöglichkeiten in der Gruppe provozieren andererseits vermehrte Widerstände dagegen, mobilisieren vertraute Abwehrmechanismen. Ein solcher von Stefan angewandter Mechanismus ist die Projektion. Er entdeckte das natürliche soziale Bedürfnis zunächst nicht bei sich, sondern erst einmal bei anderen. Was war geschehen?

Eines Tages erfuhr er von einem vorübergehend in der Klinik untergebrachten anderen Analysanden, daß dieser selten Besuch von Gruppenleuten bekam, und nahm sich das sehr zu Herzen:

»Vielleicht ist sein Schimpfen auf die Gruppe gar nicht so unberechtigt. In der Eichenallee unterhält man sich mit ihm, er wird mal eingeladen, geht mal mit zum Kaffeetrinken, aber eine persönliche Verabredung wird wahrscheinlich niemand mit ihm eingegangen sein. So ist es jedenfalls mein Verdacht, und dieser hat bei mir heute früh im Analysandenkreis Ablehnungsgefühle gegen die gesamte Organisation ausgelöst, die auch einzelne Gruppenmitglieder betrafen. Gegen dich (Wilfried) und Irmgard richteten sich diese Gefühle jedoch nicht. Eher auch gegen mich selbst, denn ich muß gestehen, daß ich nicht immer voll hinter der Beziehung zu M. stand, auch wenn ich ihn manchmal in der Klinik besuchte. Ich fühle mich deshalb etwas schuldig. Etwas schuldig, mehr nicht. Überhaupt laufe ich hier Gefahr, in eine Position des ›Edelanalysanden‹ einzurücken, und dem muß jeder vorbeugen bzw. entgegensteuern . . . Möglich ist auch, den Fall M. als Widerstand gegen die Gruppe umzufunktionieren, mir eine Art persönliches Alibi zu verschaffen im Hinblick auf Ablehnungsgefühle, Reserviertheit der Gruppentherapie gegenüber.«

Weil sich Stefan seinen Wunsch nach mitmenschlicher Zuwendung und Leistung noch nicht einzugestehen vermag, weil er den Konflikten ausweicht, die sich unweigerlich im Zusammenleben mit anderen ergeben, entwickelt er mitunter noch das Gefühl von Stolz, um seine Haltung des »Ich-will-in-Ruhe-gelassen-werden« zu verteidigen. Weil aber diese Erkenntnis erhöhte Bereitschaft zur mutigen Kontaktnahme voraussetzt, müssen wir Stefan auch die lebensgeschichtliche Verankerung dieser bequemen Gewohnheit verdeutlichen. Ein Motto seiner Verschlossenheit gegenüber den Mitmenschen hatte er auf ein Schild geschrieben, mit dem er seine Eltern von sich fernhielt. Zwei bis drei Jahre hatte er seine Zimmertür im Elternhaus mit dem Schild versehen: »Unter gar keinen Umständen eintreten oder anklopfen!«

Heute entdecken wir diese seelische Abschirmung auch in Stefans Körperhaltung, Physiognomie und Gestik. Jede kleinste Ausdrucksbewegung kann die Nähe oder Distanz zur Gemeinschaft verdeutlichen, und wir möchten auch diagnostische Detailarbeit ausnützen, um jemandes Lebensstil zu verstehen.

Stefans Gestik ist einfach, gemessen, fast wie vorsichtig abwehrend, und seine Mimik »sagt« uns immer: »Seid behutsam mit mir, ich bemühe mich ohnehin immer schon mehr, als ich eigentlich kann.« Seine Augen hält er auch während der Sitzungen im Kreis manchmal geschlossen. Er leidet unter einer Überempfindlichkeit der Augen, sie brennen ihn oft, so daß er auch visuelle Kontaktaufnahme schon als Überforderung empfindet. Vielleicht entdeckt er auch hinter jedem ihn fixierenden Augenpaar eine ihn verurteilende Instanz.

Seine Hingezogenheit in die Gemeinschaft steht mit Kritik an ihr in Konflikt. Diese Widersprüchlichkeit spiegelt genau den Erziehungsstil im Elternhaus. Die Widersprüche einer Dressurerziehung mit einerseits dauernden Appellen zu Leistung, Gründlichkeit und Fleiß und andererseits Maßnahmen zur Unterdrückung jeglicher Impulsivität, Spontaneität und Expansion wurden von Stefan durch den totalen Rückzug unterlaufen, durch den er seine Eltern »aus der Haut fahren« ließ.

Manchmal hatten wir den Impuls, Stefans Charakterbild »brav-trotzig« zu nennen. Er ist auf brave Weise trotzig und auf trotzige Art brav. Im Verlaufe der Beziehung zu mir hat er zwanghafte Ansätze zur Identifikation entwickelt. Lange Zeit glaubte er, unbedingt eine dunkle Brille haben zu müssen, die meiner glich. Dazu sagte er mir:

»Diese Zwangsvorstellung ist sehr quälend. Ich sagte ja, daß, wenn ich die Brille (mit dem hellen Gestell) aufhabe, mein Mund wie zugeschnürt ist, Bauchschmerzen und Atemstörungen auftreten. Das liegt daran, daß ich Lust habe, Leute zu beschimpfen. Der Mechanismus läuft so ab: Ich beschimpfe irgendwelche Leute irgendwo, zum Beispiel in der U-Bahn, und entwickle eine zwangsneurotische Bindung an sie mit anschließenden Schuldgefühlen. Ich muß mich dann entschuldigen. Ich sage irgendwas gegen die Leute – im Selbstgespräch –, oder ich sage es nur so vor mich hin – und bin sofort von ›elektronischen Augen und Ohren‹ umstellt; es grassiert die Zwangsvorstellung, die Leute seien in unmittelbarer Nähe. Tatsächlich ist es schon passiert, daß ich hinter Bäumen, Kisten, Mauervorsprüngen, Türen usw. zwanghaft nachgeschaut habe, um zu überprüfen, ob da jemand mithört. Ich habe mich selber umstellt ... Ich bin jetzt schon an dem Punkt angekommen, wo ich durchaus mehrere hundert Mark für Brilleneinkäufe hinblättere, vielleicht, nein, es muß genügen, daß ich eventuell schwarze Farbe kaufe und das Gestell damit anmale, vorrangig das helle Brillengestell. Obwohl das Nachgeben gegenüber Zwangsvorstellungen bedeutet, das ist dann sogar eine Zwangshandlung. Das Brillenproblem muß vom Tisch.«

Natürlich ließen wir Stefan Zeit, wir lobten ihn nicht mehr oder wenigstens nur, wenn es sich gar nicht vermeiden ließ, und überließen ihm die Bestimmung des Tempos seiner Entwicklung. Nach einem Jahr schon saß er aufmerksam in unserem Kreis und begann, sich zu beteiligen, er knüpfte die ersten sozialen Kontakte in der Gruppe und »lief den Leuten nach«. So nennen wir manchmal die Fähigkeit, trotz erlebter Frustrationen und Absagen die Bemühungen und die Werbung um Menschen nicht aufzugeben. Immer ist derjenige, der sich nicht abschrecken läßt und weiterhin geduldig wirbt, der in unserem Sinne gemeinschaftsfähigere.

Wie wir hörten, hat Stefan seinen Über-Ich-Konflikt schon etwas gemildert. Er sagte an einer Stelle: »Etwas schuldig, nicht mehr!« Offenbar beginnt er langsam, sich zu akzeptieren, und wird dann auch andere mehr an sich heranlassen.

Unsere Ermutigung, zunächst nicht direkt das Sexualproblem anzugehen – Stefan hatte große Hemmungen Frauen gegenüber – und erst einmal freundschaftliche Beziehungen zu Frauen aufzubauen, hatte Erfolg. Seine diesbezügliche Ich-Einschränkung nimmt ab, er wendet sich Frauen aus dem Arbeitskreis zu, läßt sich einladen, macht selber gesellige Angebote, entwickelt dabei viel Humor und ist als Gast überall gern gesehen.

Auch die Expansion im Bereich der Selbstbehauptung läßt sich an. Als ich eines Tages einen Brief von Stefan zurückwies, auf dem mein Rufname orthographisch falsch geschrieben war, war er sehr beleidigt. Er erwog den Abbruch der Beziehung zu mir, aber Gespräche mit anderen Analysanden über mich und unsere Beziehung ermöglichten uns die Aussprache darüber. Wir blieben beide gelassen und gaben beide etwas zu. Ich gab zu, daß ich etwas grob auf diesen Brief reagiert hatte, es sei auch nicht ganz einzusehen, warum ich so viel Wert auf die richtige Schreibweise des Namens gelegt hatte, und er gab zu:

»Ich habe immer gewußt, daß dein Name sich anders schreibt, ich fand die andere Schreibweise nur interessanter und schicker.«

So klären sich angebliche »Fehlleistungen« auf, sie verklausulieren versteckte Kritik. Meine deutliche Abgrenzung mag in diesem Fall empfindlich erschienen sein, Stefan hat immerhin auch bei mir erlebt, daß Auseinandersetzung nicht zum Bruch führen muß, daß man Fehler machen kann und sie auch ruhig zugibt, ohne daß einem »ein Zacken aus der Krone fällt«.

Stefan wagt die ersten Schritte in die Gemeinschaft hinein und bewegt sich schon relativ ungezwungen in ihr, in genau demselben Maß, in dem seine Schuldgefühle abnehmen. Die Haltung der Kombination von Konsequenz und Versöhnlichkeit trägt Früchte.

Hinsichtlich Stefans Entwicklung mag noch viel Verstehensarbeit und Expansionsbemühung vor ihm liegen. Der Weg und das Ziel sind inzwischen aber vorgezeichnet: Abbau von Isolation und Aussöhnung mit der realen Gemeinschaft bewirken, daß Phantasie Schritt für Schritt durch Realität ersetzt wird. Über-Ich-Konflikte werden milder und realer, sie werden zu bewußten Konflikten zwischen wirklichen Menschen und dadurch lösbar.

Die Einheit der Person und ihr Lebensstil – dargestellt am Beispiel von Stefans Isolation

Wenn es stimmt, daß der Analysand dem Therapeuten und der Gruppe als in sich geschlossene Einheit gegenübertritt, dann hat das eminente therapeutische Konsequenzen, unter anderem die, daß die ethischen Konflikte im Bereich »zwischen« den Beteiligten zu lokalisieren und aufzulösen sind und nicht »im« Gemüt des Analysanden. Mithin kommt dem Problem der Person des Psychotherapeuten eine große Bedeutung zu. Es geht dann weniger um innerpsychische Deutungen als um die zwischenmenschliche Gestaltung der Beziehungen in der Gruppe, in der Arbeit und in der Liebe.

Es fällt nicht immer leicht, den Lebensstil eines Menschen zu erfassen. Wir brauchen aber Aufschlüsse darüber, um Ansatzpunkte für eine Umstrukturierung des »geheimen« Lebensplans zu entdecken. Analysand und Therapeut »finden« den Lebensstil nur, wenn sie sich bewußt sind, daß er im »Beziehungsstil« seine wahrnehmbare Gestalt erfahren hat und daß er meistens unter einer verwirrenden Menge vordergründiger Zeichen und Signale »verborgen« liegt, weil die Betrachter nicht sensibel genug sind. Ehe wir den Lebensstil eines Menschen erfassen können, müssen wir ihn in vielen Situationen erlebt haben, in denen er Gelegenheit hat, alle Stellungnahmen gegenüber seiner und unserer Welt zu äußern und auch alle seine »Masken« abzulegen, seine Rollen aufzugeben, die er sich und uns vorspielt. Verständlicherweise lernen wir diesen Lebensstil nicht endgültig kennen, wenn der Mensch sich entwickelt. In diesem Fall ergänzt und variiert er auch seinen Lebensstil ständig.

Künstler sind immer an ihrem Stil zu erkennen, er »liegt« im Falle des bildenden Künstlers, Musikers oder Schriftstellers in jedem seiner Werke, Kompositionen oder Schriftstücke. In der Therapie sind wir zwar keine Schriftsteller, aber »Sprechsteller«, also auch Künstler, und in jeder Äußerung liegt der gesamte Lebensstil mehr oder weniger offen zutage, man muß sich der Entschlüsselung nur stellen.

Zum Zweck des besseren Verständnis der Struktur des Lebensstils werden wir ihn nun in konstituierenden Schichten darstellen:

1. Äußere Erscheinung, Körper und Stimme
2. Stimmung als Intentionalität
3. Charakterzüge
4. Emotionen und Affekte
5. Haltungen und Gangart
6. Umgang mit sich und der Umwelt, Gesinnung und Weltanschauung
7. Bewältigung der Situation

Zur anschaulichen Illustration möchten wir wieder auf Stefan H. Bezug nehmen, dessen Therapiebeginn im letzten Abschnitt angedeutet wurde. Seine vorsichtig-abwehrende Mimik und Haltung hatten seine Lebensmaxime »Unter keinen Umständen anklopfen oder eintreten!« versinnbildlicht. Immer gibt der Mensch, dem wir begegnen, schon beim ersten Zusammentreffen seine »Visitenkarte« ab, zum Beispiel »sehen« wir seine äußere Erscheinung, sein Geschlecht, Körpergröße und sonstige Beschaffenheit, Statur, Haarfarbe und -tracht, Physiognomie, Kleidung, und wenn er spricht, hören wir seine Stimme, Sprechweise und Tonmodulation. Auf alle diese scheinbaren

Äußerlichkeiten geben wir blitzschnell, aber meistens ohne zu verstehen, eine innere Stellungnahme ab. Wir registrieren, wie uns das Gegenüber grüßt, wie es ins Zimmer tritt, wie es läutet oder anklopft, wie und wo es sich niederläßt, wie es sich körperlich hält usw.

Stefan hat eine tiefe, ausdrucksvolle Stimme und eine sportlich-straffe Haltung, er achtet also in gewissem Sinn auf sich. In jedem Lebensstil-Detail sehen wir die Auseinandersetzung des Menschen mit den Aufgaben des Lebens in einer mitmenschlichen Umwelt. Jede Äußerung »zielt« auf den Mitmenschen, will ihm etwas »sagen«, will etwas bewirken. Stefan zum Beispiel will uns durch Stimme und Haltung sagen, daß er korrekt, bemüht und angestrengt ist, wir sollen ihn nicht fordern, behelligen oder kritisieren.

Alles, was wir zum Ausdruck bringen, ist auf die Mitmenschen gerichtet, darin liegt seine Bedeutung und sein Sinn.

Stefans Gewissenserlebnis ist demnach ein »Gewissenserlebnis vom Gegenstand des Gewissens«, und das ist immer der Mitmensch, nie die isolierte individuelle Psyche. Das Gewissenserlebnis bezieht sich auf etwas außerhalb seiner selbst, es hat einen Mitmenschen, den es intentioniert, beeindrucken will. Der Lebensstil ist nicht angeboren, er ist eine erworbene seelische Leistung, die es uns gestattet, in jeder Situation, ohne nachzudenken, unsere einheitliche Persönlichkeit und unsere Intention zum Mitmenschen in Beziehung zu setzen. Schon früh im Leben erfindet und baut der Mensch seinen Lebensstil auf und feilt dann unablässig weiter an ihm herum. Lernprozesse, vor allem Imitation und Identifikation, Einfühlung und Einsfühlung, bestimmen auch das Werden der tiefer verborgenen »Organe« des Lebensstils.

Stefan »hypnotisiert« uns im Gespräch. Indem er langsam, eindringlich und mit tiefer Stimme spricht, mit Suggestivkraft, wenn auch nicht sehr lebendig und ohne eigentliches emotionales Feuer, intendiert er unsere Schläfrigkeit. Wir sind schon interessiert, aber so zwanghaft, daß sich das Interesse unversehens in warme Bedürfnislosigkeit verwandelt. Nur noch lauschend und auf Empfang gestellt, erfüllen wir schließlich Stefans Intention »Auf keinen Fall stören«. Der so beruhigte Gesprächspartner kann keine eigenen Wünsche mehr anmelden, er wird also auch keine Schuldgefühle neu beleben, und das war der Sinn des schweigenden Appells an uns.

Bald nach den ersten, meist flüchtigen und blitzschnellen Einschätzungen des »Verhaltens« der Person registrieren wir ihre Stimmungen, die Einstimmungsversuche für das Gegenüber sind. Sie vermitteln uns damit ganz automatisch ihre Welt. Ob es sich nun dabei um Gelöstheit, Offenheit oder energische Aktivität handelt oder um mißmutige Gedrücktheit, Trauer, Kontaktscheu oder Lebensüberdruß, immer »kommt« die Bedeutung bei uns »an«. Wir können uns dem Fluidum des anderen nicht entziehen. Nach längerem Umgang kristallisieren sich diese zunächst lockeren Assoziationen zu Charakterzügen. Bei Stefan nennen wir sie Gewissenhaftigkeit, Korrektheit, Humor, Hilfsbereitschaft, Freundlichkeit und braven Trotz.

Es hat keinen Zweck, einen Menschen auf solche Charakterzüge festlegen zu wollen, denn er ändert sie laufend, und wir müssen uns diesen lebendigen Wandlungsprozessen flexibel anpassen, um zu späterer Zeit andere Worte zu finden, die ihn wirklich erreichen. Einzig relativ unverrückbar, jedenfalls über längere Zeit hinweg, bleibt der Lebensstil, er wird allerdings in immer andere psychische »Gewänder« gehüllt, etwa durch die Entwicklung dauerhafter Erscheinungsweisen der Person, die in bestimmten Situationen »gesteigert« werden. Kurzfristig gesteigerte, heftige Ausprägungen des Lebensstils stehen im Dienste seiner Behauptung. Wir nennen sie Gefühle, Emotionen oder Affekte.

Stefans permanentes Schuldgefühl wendet sich als gekränkte Eitelkeit und Wut gegen seine Mitmenschen, wenn er sich ausgeliefert und ohnmächtig fühlt.

Länger andauernde Lebensstilkomponenten heißen Haltungen oder Gangarten, Schwächen oder Tugenden, je nachdem, ob sie gemeinschaftsfreundlich und verbindend oder sich »gegenmenschlich« auswirken. Wie entsteht der Lebensstil?

Drei Faktoren spielen bei seiner künstlerischen Schöpfung und Gestaltung eine übergreifende Rolle. Der erste ist das Minderwertigkeitsgefühl, auch Angst, Unvollständigkeitsgefühl, Unruhe, Hilflosigkeit oder Sinnlosigkeitsgefühl genannt. Der zweite betrifft die Kompensation des ersten auf der »Unnützlichkeitsseite« des Lebens, das Streben nach Sicherheit, das im sozialen Kontext zu einem Streben nach Überlegenheit, Geltung und Macht wird. Der dritte ist das Streben nach Verbundenheit mit den Mitmenschen, wirksam trotz aller Widrigkeiten, Kränkungen, Verletzungen, Mißverständnisse und divergierender Interessen.

Wenn das Gemeinschaftsgefühl in den Beziehungen der frühen Lebensabschnitte zu kurz kommt, dann – weil Minderwertigkeitsgefühl und Angst zum menschlichen Leben gehören wie Hunger und alle Strebungen nach Betätigung der Organe, die Freud Trieb nannte – behält das Überlegenheitsstreben die Oberhand. Gemeinschaftsgefühl und Geltungsstreben sind zueinander komplementär, beide erwachsen aus der Auseinandersetzung mit der Umwelt. Je größer das eine ist, desto kleiner muß das andere sein, denn die durch Konkurrenz, Gewinnstreben und Ausbeutung mühsam aufrechterhaltene kapitalistische oder bürokratisch-zentralistische Umwelt erlaubt uns nicht, gar keine Stellungnahme zu ihr zu entwickeln.

Weitere Kennzeichnungen des Lebensstils gruppieren sich um das Erfordernis eines Umgangs mit sich selbst und mit den anderen. Alle unsere seelischen Reaktionen auf die Welt, auf die Menschen und auf die eigene Existenz basieren auf der Werte-Dimension. Werte und nicht Triebe bestimmen unsere Verhaltensweisen, wir werden nicht »von hinten« geschoben, sondern »von vorne« gezogen, wie Adler es einmal ausdrückte. Das zugrundeliegende Wertegeschehen, das die Ziele unseres Strebens entstehen läßt, nennen wir Gesinnung oder Weltanschauung.

Stefan macht aus seiner Rückzugstendenz eine private Ideologie, in deren Mittelpunkt die notwendige Isolierung von den Mitmenschen steht. Sein Minderwertigkeitsgefühl lautet in ideologischer Formulierung: »Ich muß in Ruhe gelassen werden, denn alle Welt ist mir feindlich gesonnen, man will mich zerstören.« Sein Geltungsstreben wird durch Größenphantasien befriedigt, die nur durch starke menschliche Distanzierung ihre Existenz aufrechterhalten können: »Laßt mich in Ruhe, ich begebe mich nicht auf euer (beleidigendes) Niveau herab.« Schließlich gehört die typische Über-Ich-Konfliktproblematik zum einheitlich geprägten Lebensstil dazu. Im Falle Stefans ist es die Gewissenstätigkeit, die wegen seiner noch unzulänglichen Gemeinschaftsverankerung isoliert, also hart und unversöhnlich ausfällt. Auch diese Über-Ich-Thematik ist ein Kommunikationsversuch, sie entsteht nicht zufällig, sondern muß genau in die Persönlichkeitsstruktur hineinpassen.

Teleologie, Verfolgung von Zwecken, bestimmt auch Stefans Gewissensproblem. Er entwickelt unfruchtbare Schuldgefühle in Situationen, in denen er sich überfordert fühlt, weil er meint, perfekt sein zu müssen und keine Blöße zeigen zu dürfen. Dadurch, daß er mit dem Irrtum herumläuft, Angst sei schädlich, kommt er nie in die belebende Stimmung hinein, in der Angst und Schuldgefühle einem Leben einen erregenden Sinn geben könnten. Seine Einbildungskraft wird durch die Gewissenstätigkeit gedrosselt, er hat zuwenig Freude und zuwenig hoffnungsvolle Erwartung. Entdeckerfreude, Ausdehnung und Intensivierung des Lebens führen zum Einheits- und Ganzheitserlebnis, wenn der Mensch den Zweck der Überwindung, Vervollkommnung und Kooperation ansteuert. In irritierten, unübersichtlichen, gefühllosen und entpersönlichten Situationen wird nur Angstfreiheit, Sicherheit und Überlegenheit angestrebt. Man bezahlt mit Langeweile, Banalität, schaler Affektberuhigung und Willenlosigkeit.

Oft sind wir darauf angewiesen, die Situation im Gespräch, in der Gruppe und im gewöhnlichen kooperativen Miteinander zu verstehen. Dazu bedarf es eines menschlich ganzheitlichen Einsatzes des Psychotherapeuten und seines Willens zur Kooperation auf breiter Ebene. Es genügt keinesfalls die Herstellung einer herkömmlichen Arzt-Patient-Beziehung, um den Lebensstil zu verstehen und zu verändern. Um Situationen zu enträtseln, muß man erst einmal welche miteinander erleben und gestalten. Dazu ist die Sprechzimmer-Situation zu karg und zu banal.

Persönlichkeitsideal, Gewissen und Schuldgefühl

Es mag auf den ersten Blick so erscheinen, als gäbe es in der Psychologie nur innerpsychische Konflikte, etwa zwischen Minderwertigkeitsgefühl und Geltungsstreben, zwischen neurotischem Perfektionsbedürfnis und realistischer Sachlichkeit, zwischen rebellischem Autonomiestreben (Trotz) und sozialer Einbindung (Kooperation), zwischen Autoritarismus und brüderlich-anerkennender Gleichberechtigung, zwischen Selbstverleugnung (Konformismus) und Selbstgerechtigkeit (Narzißmus). Aber all diese Konflikte sind nur scheinbar im »Innern« der Person anzusiedeln. Minderwertigkeitsgefühle zum Beispiel sind nie isoliert, sondern nur dialektisch zu verstehen. Sie stehen im Dienste des Geltungsstrebens, ja sie ermöglichen dieses überhaupt erst. Umgekehrt kann Geltungsstreben nie restlos befriedigt werden, und es führt mit Notwendigkeit zu erneuter Verstärkung von Gefühlen persönlicher Inferiorität.

Weder ist der Mensch durch seine Natur (Konstitution, Triebe, Organminderwertigkeiten) vorprogrammiert (Vererbungstheorie), noch ist er passive lebendige Materie, die ausschließlich durch ihre Umwelt geformt und geprägt wird (Umwelt- oder Milieutheorie). Er findet manches vor (Epoche, Gesellschaft, Charaktere und Berufe der Eltern, Geschlecht), wird davon beeinflußt, reagiert aber zu einem (relativ kleinen) Teil auf Natur und Kultur selbst auch mitbestimmend (Eigenschöpferisches).

Über-Ich-Konflikte entstehen durch die Flucht des Individuums vor den Aufgaben der Arbeit und der Liebe in der Gemeinschaft. Das Gewissen untersteht der Tendenz, unter allen Umständen das Persönlichkeitsideal aufrechtzuerhalten. Gewissensbisse treten auf, wenn das nicht mehr gelingt.

Das Persönlichkeitsideal ist eine teils freie, teils durch die Umwelt nahegelegte Schöpfung des Individuums mit dem Zweck, wenigstens in der Phantasie zu erreichen, was in der Realität meistens versagt bleibt, nämlich besser, edler, stärker und mutiger zu sein als alle anderen.

Weil der Mensch gerne ins Leben hineinträumt, wenn er zu wenig Gemeinschaftsgefühl hat, weil er das private Gefühl persönlichen Wertes und subjektiver Überlegenheit nicht verlieren will, haben seine Gewissensbisse den Sinn, beim Zusammenprall mit den Lebensaufgaben das Geheimnis der eigenen Minderwertigkeit zu wahren.

Er »greift« nach dem Gewissensbiß, baut mit immenser schöpferischer Einbildungskraft einen »inneren« Konflikt auf, um sich angesichts überfordernder Lebensaufgaben doch im Sinne seines Lebensstils durchsetzen zu können und die Illusionen privaten Heldentums nicht aufgeben zu müssen. Dazu kommt stets der Versuch, diejenigen Menschen zu entwerten, die die versäumten Aufgaben seines Lebens verkörpern, repräsentieren oder fordern. Jeder sogenannte Über-Ich-Konflikt steuert auf ein Ziel hin, auf ein Finale, das die Beendigung jeglichen unerträglichen Vorstoßes der Selbsterkenntnis garantiert. Gegebenenfalls werden Werte umgewertet, das heißt, Wertentwürfe erfahren eine subjektive Umdeutung.

Wenn jemand übertrieben lange in einen ethischen Konflikt verstrickt bleibt, dann durchschauen wir dieses ominöse Geschehen erst, wenn wir erfahren, was er sonst noch tut oder unterläßt. Er geht vielleicht auf Partnersuche und verschiebt deshalb eine Prüfung um ein halbes Jahr oder umgekehrt, und schon ist sein Über-Ich-Konflikt wie weggeblasen. Sein Ziel war die Wahrung des schönen Scheins von der unbegrenzten Könnerschaft, von der »Gottähnlichkeit«. Ein Darauf-zu-Gehen hätte diese Fiktion zusammenbrechen lassen, die Flucht erhält sie aufrecht. So paradox das klingen mag: Ängstlicher wäre mutiger gewesen. So wie Minderwertigkeitsgefühl und Geltungsstreben in der Neurose zusammengehören, so gehören Angst und Mut in der Handlung zusammen. Der Gegensatz zu Angst ist nicht Mut, sondern Flucht. Sie erspart Angst, während das Standhalten Angst durchstehen bedeutet.

Schon die undeutliche Ahnung von einer »Niederlage« ruft die »innere« Stimme des Gewissens auf den Plan. Die Selbstbeobachtung wird intensiver. Sie ist nicht ständig aktiv, aber sie erwacht bei dem Gefühl »Ich werde es nicht schaffen« und gipfelt in dem Gedanken »Ich kann das nicht und darum will ich nicht. Schont mich und laßt mich in Ruhe!« Die Ruhe ist das Ziel.

Hier müssen wir auch die Erklärung dafür suchen, warum

manche Menschen uns so aufdringlich »anständig« erscheinen, so hochmoralisch, anscheinend bescheiden, demütig, genügsam oder anspruchslos. Gewissensbisse werden von ihnen ins Feld geführt, um auf »geadelte« Manier die eigene moralische Überlegenheit zu verherrlichen. Sie bilden die Vorhut einer fanatischen Moral, die wiederum den Sinn hat, die noch tiefer verborgene Herrschsucht zu verbergen.

Im sozialen Leben dieser Gesellschaft gibt es den Grundkonflikt zwischen den real bestehenden Lebensaufgaben und der mangelnden Vorbereitung auf ihre Lösung und Bewältigung. Mangelndes Training und verträumte und verpaßte Lernprozesse nennt Adler Verwöhnung. Ehemals verwöhnte Kinder beschäftigen die Umwelt unablässig mit ihren unwichtigen Problemen. Sie leisten vielleicht dem Psychotherapeuten, bestimmt aber ihrer eigenen Entwicklung durch mangelndes Interesse, Schuldgefühle und zögernde Ausweichbewegungen hartnäckigen Widerstand.

Nun ist diese fundamentale Bequemlichkeit immer mit Riesenerwartungen verknüpft. Im Falle, daß das »Nicht-Tun« und der Hang zur Passivität zur unangenehmen Gewohnheit werden, wenn nie gehandelt wird, wo gehandelt werden sollte, entstehen maßlose Forderungen, die von der Umwelt nicht befriedigt werden. Sie treiben den Menschen immer tiefer in einen »Teufelskreis« von Über-Anspruch und Unter-Erfüllung hinein. Der Gehemmte erwartet zuviel und tut zuwenig.

Während Angst auf Grund ihres Signalcharakters den Fluchtansatz ermöglicht, sind Schuldgefühle ganz und gar unmotorisch, sie sind nur drückend. Wir treffen sie vorwiegend bei expansiv und aggressiv gehemmten Menschen an.

Teil 2

Werte im Konflikt – Wie gehen wir damit um?

Über-Ich-Konflikte sind Werte-Konflikte

Werte realisieren sich nur in menschlichen Handlungen, sie sind nur gesellschaftlich zu erfassen durch Untersuchung tatsächlicher gesellschaftlicher Vorgänge in Arbeit, Liebe und Gemeinschaft. Darum versuchen wir, Über-Ich-Konflikte als gesellschaftliche zu verstehen. Sie entstehen immer dann, wenn anläßlich der Gestaltung sozialer Aktivitäten verschiedene Werte in Frage kommen oder zur Debatte stehen. Ein oder mehrere Personen entscheiden sich für einen Wert, suchen ihn zu realisieren und beschwören Konflikte in ihrer gesellschaftlichen Umwelt herauf, weil unterschiedliche Interessen aufeinanderstoßen. Man sucht Konflikte zu vermeiden, redet unter Umständen neue herbei, man unterdrückt sie, steht sie aus, läßt sie zu, nimmt sie gerade erst wahr oder sucht schon, sie zu lösen und zu bewältigen.

Unter »Wert« verstehen wir ein Ziel von Handlungen oder Unterlassungen, das der Mensch anstrebt, indem er gleichzeitig bestimmte Gefühle entwickelt und Gedanken aufwirft.

Erkennen können wir einen so verstandenen Wert nur durch eine eingehende tiefenpsychologische Analyse komplexer Art. Es geht dabei um das Verständnis der gesamten Lebenssituation eines oder mehrerer Menschen. Bevor wir nicht Gegenwartsituation, Lebensgeschichte und aktuelle Beziehungssituation verstanden und beschrieben haben, können wir auch die Werte des Menschen oder der Gruppe nicht erkennen.

Geäußerte Werte müssen keine realen Werte sein. Man kann seine Handlungsziele tatsächlich anstreben, man kann auch nur darüber reden. Unser Begriff von Wert schließt die klare Stellungnahme ein, daß Menschen mit der Kategorie »Wert« nicht zu erfassen sind. Im Bereich von Personen sprechen wir von Würde, im Bereich menschlicher Handlungen von Wert.

So gesehen kann es keine »wertlosen« Menschen geben. Es gibt nur unbewußt oder bewußt angestrebte oder nicht angestrebte Werte, die die Menschen noch nicht verstanden bzw. erkannt haben.

Selbst wenn wir die aktuelle Lebenssituation, ihre historische Bedingtheit und die situative Einbettung in die Therapiegruppe und das Therapiegespräch und -geschehen kennen, wir also die bisher realisierten Werte des Betreffenden beurteilen können, müssen wir ihm immer zubilligen, daß er künftig andere Werte anstreben und verwirklichen kann und wird.

Im folgenden werden wir versuchen, einen ersten, sicher noch unvollkommenen und kaum stringent systematischen Anlauf zu machen, verschieden geartete Wertkonflikte zu beschreiben.

Wertblindheit – »Ich komme mir wie ein Triebtäter vor«

Es gibt Menschen, denen bestimmte Werte unbekannt sind, weil sie noch niemals mit entsprechenden Aktivitäten in Berührung gekommen sind. Manchmal sind Werte auch unbewußt, weil sie vorübergehend verdrängt wurden. Gewisse Werte werden im Sozialisationsprozeß auch völlig unreflektiert aus der Wertsphäre der Umwelt übernommen, ohne sie je kritisch zu hinterfragen. Dann sind dem Betreffenden auch keine alternativen Entscheidungsmöglichkeiten zugänglich. Alle diese Konstellationen möchten wir zusammenfassend mit dem Terminus »Wertblindheit« belegen.

Praktizierende Psychotherapeuten unterliegen einer solchen Wertblindheit etwa dann, wenn sie ihre Analysanden in mehr oder weniger viele »Typen« einteilen, etwa in Sadisten und Masochisten, Aktive und Passive, Brave und Trotzige, Introvertierte und Extravertierte oder in Hysteriker, Angstneurotiker, Zwangstypen und Depressive. Wir hörten von Psychotherapeuten, die ihre Gesprächspartner mit solchen »Etiketten« versehen.

Wer in dieser Weise ohnmächtig der Vielfalt menschlicher Persönlichkeiten gegenübersteht und sich die Komplexität des Lebens irgendwie vereinfachen will, der läuft Gefahr, Menschen zu rubrizieren, zu klassifizieren und zu werten. Wenn man den individuellen Charakter und die Werte eines Menschen nicht erkennen kann, dann verfehlt man seine Menschenwürde und kann den Betreffenden wohl kaum zur gleichberechtigten Kooperation und Konfliktlösung führen. Durch derartige »Diagnosen« wird der gesellschaftliche Brauch fortgeführt, Menschen Rollen oder Positionen zuzuschreiben und sie darin festzuhalten.

Die Werte eines Menschen erkennen heißt statt dessen, die Handlungsziele zu erkennen, die dieser Mensch anstrebt, und ihm zur klaren Entwicklung in diese Richtung oder zu einer Revision (Umwertung) der Ziele zu verhelfen. Das geschieht durch Gespräch, durch Bewußtmachung und durch direkte zwischenmenschliche Hilfe. Sie wird kaum gelingen, wenn man einen Menschen wie einen »Typus« behandelt, mithin nicht mehr so richtig an seine Entwicklung und die Entfaltung seiner Wertwelt glaubt.

Um das zu beschreibende Dilemma an einem Beispiel aus unserer Praxis zu erläutern, möchten wir nun einen Konflikt von Karl G. schildern, der sich auf Partnersuche befand, als sich bei ihm eine spezifische, gesellschaftlich bedingte Wertblindheit zeigte.

Er entwickelte immer Angst, wenn es mehrere Frauen gab, zwischen denen er glaubte sich (schnell) entscheiden zu müssen. Sein Gewissen verbot ihm dann, beide gleichzeitig zu umwerben. Besonders intime sexuelle Kontakte wurden ihm stets zu einem ernsten Problem, wenn sie etwa von beiden Partnerinnen gewünscht oder zugelassen wurden.

Im Laufe seiner christlichen Erziehung war ihm der Wert der »Treue« so nachhaltig indoktriniert worden, daß er den Wert der Freiheit der Wahl des Liebespartners gar nicht sehen konnte. Immer entschied er sich im Sinne des traditionellen religiösen Denkschemas. Er mußte regelmäßig einer der beiden potentiellen Partnerinnen eine »vorzeitige« Absage erteilen, obwohl er gefühlsmäßig noch ganz unentschlossen war. Dazu äußerte er im Gespräch:

»Ich weiß nur, daß das bei mir mit starken Schuldgefühlen besetzt ist. Ich denke schnell, ich darf das nicht, ich betrüge eine oder beide dann. Das ist vielleicht so ein Rest aus der religiösen Erziehung. Ich weiß es nicht. Also jedenfalls merke ich, daß ich dann sehr schnell unsicher werde und Gewissensbisse bekomme.«

Karl sah sich dann als Herzensbrecher und sogar als Bösewicht, der die Frauen ausbeutet. Er befürchtete, daß man schlecht über ihn reden würde, projizierte die engstirnige und muffige Sexualmoral und Prüderie auch in die Therapiegruppe hinein. Auf gar keinen Fall sollte ihm jemand Donjuanismus nachsagen können. Als ich ihm deutlich machen wollte, daß das Wort »Kennenlernen« in manchen Völkern mit dem Wort »Miteinander-Sexualität-Haben« identisch ist, hielt er mir entgegen: »Ich komme mir schnell wie ein Triebtäter vor.«

Zwar haben wir diese sexualfeindliche Moralität auch zielbezogen gedeutet, Karl erspare sich die Anstrengung der Liebeswerbung überhaupt und »vereinfache« sich die aktuelle Lebenssituation, die unübersichtlich und mit Emotionen verknüpft ist, aber unsere Deutung ging darüber hinaus. Außer der Tatsache, daß Karl die Möglichkeit reduzierte, einen Korb zu erhalten und die unsichere Übergangszeit zu vermeiden, mußten wir berücksichtigen, daß die Religion gegenüber der Freiheit der Wahl »blind« macht. Eheliche und voreheliche »Treue« ist ein zur Stabilisierung der bürgerlich-christlichen Gesellschaft wesentlicher Wert. Damit soll nicht gesagt werden, daß es sinnvoll ist, den Wert der »Untreue« an seine Stelle zu setzen. Diese Probleme dürfen nie allgemein postuliert werden, sie bedürfen eines kollektiven Konfliktlösungsprozesses aller Beteiligten.

An dieser Stelle scheint es uns notwendig, auf die Fragwürdigkeit einer Ethik hinzuweisen, deren Vertreter darauf angewiesen sind, den heranwachsenden Mitgliedern der Gesellschaft ihre Umgangsformen, Denkschemata und Gefühlsregungen zu einer Zeit zu internalisieren, in der Kindheit nämlich, in der die Menschen noch nicht selbst zu denken und sich auseinanderzusetzen vermögen. Als Erwachsene erleben sie dann unbewußt bleibende Konflikte und resignieren, weil sie alternative Werte nicht sehen gelernt haben und mit ihnen niemals frei umgehen konnten.

Karl mag im Umgang mit uns eine Ethik von weniger Zwang kennenlernen und sich anders einstellen. Nach einigen Gesprächen darüber sagte er in einem anderen Zusammenhang:

»Mir geht es so, daß ich das Gefühl habe, daß ich von Wilfried viel gelernt habe ... daß er in bestimmten Situationen eben dann gesagt hat: ›Warum hast du es nicht so gemacht?‹ Er hat mir andere Möglichkeiten aufgezeigt, die ich nicht sehen konnte. Wenn ich auf Partnersuche war, hat Wilfried immer auf meine Skrupel Bezug genommen und dann gesagt: ›Also ich hätte da anders gehandelt.‹ Und ich war immer so erstaunt, daß man eben auch anders handeln kann. Da habe ich mich Wilfried irgendwie nahe gefühlt.«

Zu dieser Stellungnahme kam es, nachdem wir unsere Analysanden um eine Auskunft gebeten hatten, welche Merkmale unserer Therapiearbeit sie als hilfreich erlebt hatten, welches also die Heilungsfaktoren dieser Gruppe gewesen seien.

Sehen wir einmal von der Terminologie und Denkweise der Tiefenpsychologie ab und versuchen wir, diese Wertblindheit »materialistisch« zu beschreiben. Karl konnte in seiner engen und zwanghaften Familie keine Freizügigkeit im zwischenmenschlichen Umgang erfahren und üben. Als Erwachsener sah er gar nicht mehr die Möglichkeit, anders zu handeln, weil er diese Aktivitäten nie durchschaut hatte und weil er sie nie trainieren konnte. Auch abschauen konnte er sich das nicht, seine Eltern waren biedere, prüde, traurige Leute vom Land.

Für uns kam es darauf an, ihm wiederholt gesprächsweise andere Möglichkeiten anzubieten. Inzwischen erlebte Sympathiebeweise, mittlerweile erfahrenes Vertrauen durch toleranten Umgang in der Gruppe bewirkten, daß Karl es wagte, auch andere Handlungsweisen zu probieren. Sobald er gewisse Erfolge seines veränderten Verhaltens sah, wurde das erfolgreich geübte neue Verhalten zu einem sichtbaren neuen Wert.

Wertnivellierung – »Ich habe das Gefühl, das Leben ist schon gelaufen«

Wertblindheit steht häufig mit Wertnivellierung in Zusammenhang. Man schert alle gesellschaftlichen Werte über einen Kamm, läßt keine Differenzierungen zu und gebraucht allzuleicht durchschaubare Rationalisierungen für die Notwendigkeit der Beibehaltung des Status quo im Leben.

Wer dieses Ohnmachtsgefühl entwickelt, wer nicht mehr zu hoffen wagt, daß sich etwas im eigenen Leben verändern läßt, der ist anfällig für Demagogie und Verführung durch Autoritäten. Leicht wird auch so gedacht, als seien Faschismus, Autoritarismus, Sozialismus, parlamentarische Demokratie usw. »gleichwertige«, also austauschbare gesellschaftliche Organisationsformen. Hoffnungslosigkeit, Sinnlosigkeitsgefühle und reaktionäre Ideologie sind gleichermaßen Bestandteil einer Philosophie der Resignation. Gefühle bestimmen Weltanschauungen.

Nun liegt zweifellos auch die Gefahr der Wertnivellierung in der Therapiegruppe selbst. Wenn Therapeut und Analysand so tun, als sei es für die Entwicklung des einzelnen total unerheblich, welche Weltanschauung der Gesprächspartner wählt, dann haben wir es mit einem »therapeutischen Nihilismus« zu tun.

Macht man sich das nicht klar, dann kann es passieren, daß ein gläubiger Christ einen atheistischen Analysanden »therapieren« will. Verständlicherweise glaubt er ihm helfen zu können, wenn er ihn »zu Gott führt«, zum Glauben oder zu etwas ähnlichem. Womöglich wird das aber nie offen angesprochen, man redet gemeinsam »um den heißen Brei herum«, weil man meint, die Wertedimension irrtümlicherweise aus der Therapie heraushalten zu können.

In dieser Stimmung wäre es durchaus denkbar, daß der Therapeut alle Partnerschaftsfragen in gleicher Weise »behandeln« will, gleichgültig, ob es sich dabei um die Dreiecksbeziehung eines bürgerlich orientierten Rechtsanwalts, die Liebesbeziehung eines oppositionellen Intellektuellen, um die Ehe eines gewerkschaftlich organisierten Arbeiters oder um die flüchtige sexuelle Begegnung eines bindungsunwilligen Studenten handelt.

Im therapeutischen Gespräch müssen ethische Differenzen angesprochen werden. Unübersichtliche Voraussetzungen der weltanschaulichen Orientierung der Gesprächspartner führen früher oder später zwangsläufig zu Mißverständnissen und zu unliebsamen Aggressionen, die man überhaupt nicht mehr vermutet hat.

Wir hörten von einem Psychologen, der sich im Gespräch mit einem eher konservativ eingestellten Unternehmer anläßlich einer tiefgreifenden Ehekrise auf dessen Seite schlug, weil die

Ehefrau zu einer Konsultation in Jeans erschienen war. Statt die Frau darauf anzusprechen, die eventuell vorhandenen Wertunterschiede zu benennen, nachzufragen, zu diskutieren und sich auf gegenseitige Toleranz zu einigen, wurde die Frau stillschweigend in die Rolle der Unangepaßten gedrängt. Weil sich die beiden Männer ein Urteil über die Frau gebildet hatten, konnte diese sich nicht mehr dazu äußern.

Wertunsicherheit – »Stimmt es, daß ungeschicktes Mitreden in der Therapie sehr stört?«

Fast alle Menschen leiden in dieser Gesellschaft an einer allgemeinen Wertunsicherheit. Nicht nur, daß sie in vielen Situationen des Lebens keine differenzierte Bewertung der Möglichkeiten und Zwecke ihres Handelns anzugeben vermögen, sondern auch insofern, als sie gar nicht von der Möglichkeit wissen, dieses nicht nur emotional, sondern auch durch Gespräch und Überlegungen unterstützt zu tun.

Gesellschaftlich verursachte Wertunsicherheiten spielen in die Privatsphäre der meisten Menschen entscheidend hinein. Uns begegnen im Bereich der Therapie Fragen der Wertung erzieherischer Probleme. Man weiß oft nicht, wie man die Rechte der Kinder von denen der Eltern unterscheiden soll. Die neunjährige Maria hat mich einmal angesprochen und mir gesagt, daß ich sie in Verlegenheit bringe, weil ich sie so oft im Familiengespräch nach ihrer Meinung frage und sie dann meist nicht gleich eine Antwort weiß. Sie muß dann »Ich weiß nicht« antworten und fühlt sich dabei nicht wohl, sie bräuchte mehr Zeit, sich die Sache in Ruhe zu überlegen. Ich dachte darüber nach und merkte, daß ich tatsächlich häufiger Kinder so etwas frage und Erwachsene unbehelligt lasse, wenn sie sich nicht aktiv am Gespräch beteiligen. Maria findet dann aber manchmal auch wieder gut, daß ich sie frage, sie kann dann nämlich lernen, mit dieser unverhofften Anforderung fertig zu werden, und das gibt ihr im Erfolgsfalle Auftrieb. Ganz auf meine Anregungen verzichten möchte sie auch nicht.

Ähnliche Unsicherheiten im Wertebereich entstehen immer, wenn es im Therapierahmen darum geht, ob man sich nun »egoistisch«, im Sinne der eigenen Entfaltung, oder »sozial« für die anderen einsetzen soll. Auch in Fragen der Partnerschaft ergeben sich solche Fragen: Soll man diese Beziehung noch fortsetzen oder sich trennen, so fragen sich die Beteiligten häufig, ohne das zielsicher und schnell bewerten zu können. Eine charakteristische Kalamität in der Therapiegruppe ist auch die Behandlung der Geschlechterrollen. Der Beruf des Therapeuten ist ein »weiblicher«, er benötigt Einfühlungsvermögen im Umgang, Verständnis, Wärme, spielerische Möglichkeiten, Humor, Nachgiebigkeit u. a. m. Hat man als Therapeut einige dieser Fähigkeiten von Frauen abgeguckt und eingeübt, dann ist man manchmal erstaunt bis entsetzt, wie hart, unverständig, unversöhnlich, humorlos, verbohrt usw. sich viele Männer benehmen. Sie kommen nicht einmal mit in die Gruppe und lassen ihre Partnerin mit Fragen der Erziehung, des Gesprächs, der Emotionalität, der Sexualität usw. im Stich.

Diese Andeutungen mögen genügen, um zu zeigen, daß es im Bereich der familiären und partnerschaftlichen Beziehungen ethische Probleme gibt, die ungelöst sind, weil der historische Wandel und Fortschritt uns nicht bei Lösungen stehenlassen kann, die für frühere Generationen gut gewesen sein mögen. Historische Entwicklung heißt auch ständige Umwertung der Werte, und in Übergangszeiten sind Wertunsicherheiten unvermeidlich.

Erich Fromm sieht im autoritären Gewissen das ethische Grundproblem der kapitalistischen Gesellschaft. In dieser Kultur und in unserer Epoche werden Wertunsicherheiten autoritär gelöst. Gehorsam gilt als höchster Wert, dessen Gültigkeit alle Wertunsicherheiten verschwinden läßt. Ein gehorsamer Mensch übernimmt die Werte der ihn bestimmenden Autoritäten. Sobald er sie in Frage stellt, entwickelt er Gefühle von Angst, Schuld und Hilflosigkeit. Je autoritärer die Situation ist, desto weniger Wertunsicherheiten enthält sie. Wer aber auf die Dauer Wertekonflikte durch Gehorsam löst, weicht angesichts gewisser nicht zu vermeidender Konflikte allzuleicht in Apathie aus.

Wertunsicherheiten sind oft Konflikte zwischen Über-Ich-

Diktaten, das heißt vorweggenommenen Interpretationen der Ansichten der Autorität, Rebellion und Widerstand gegen ausgesprochene oder erwartete Direktiven der Autoritäten.

Um Werteunsicherheiten in Therapiegruppen aufzulösen, müssen wir sie erst einmal zulassen. Dazu muß man immer die Gesamtsituation berücksichtigen. Es geht also auch immer um die Auswirkung solcher Entscheidungen auf alle Mitglieder der Gruppe. Im Einzelfall mag es schwer zu durchschauen sein, ob jemand sachlich notwendige Kritik übt oder persönlichen Motiven Vorschub leistet, die unverstanden sind.

Prinzipiell muß gerade deswegen die Möglichkeit gefördert werden, in Gemeinschaft über solche Kontroversen zu reden, bis alle sich verstanden haben. Unter Beachtung der Regeln gegenseitiger Respektierung sollte man so lange darüber reden, bis Verständnis der Position des anderen gelingt. Einigung wird nicht immer zu erreichen sein.

Wertestarrheit – »Ich fühle mich total hilflos, wenn ich nicht helfen kann«

Schon in vielen unserer Beispiele hat es sich angedeutet, daß Werte nicht ein für allemal und in allen Situationen gelten. Es spricht viel für die Vermutung, daß Werte dem ständigen individuellen, sozialen und gesellschaftlichen Wandel unterliegen. Das ist so, weil Menschen sich entwickeln, weil sie lernen, sich anders zu verhalten.

Aus diesem Grund müssen wir auf die Wertestarrheit eingehen, ein Problem, durch das Menschen in Über-Ich-Konflikte hineingeraten können. Wertestarrheit liegt vor, wenn ein einzelner oder eine Gruppe nicht mehr flexibel genug ist, erfolgreich geübte und deshalb fixierte Werte zu hinterfragen und sie kollektiv umzuwerten.

Was ist Wertestarrheit? Es kann die mangelnde Flexibilität des einzelnen sein, die ihn in Widerspruch zu seinen Bezugsgruppen bringt, er entwickelt dann psychische Auffälligkeiten; es kann aber auch die unbarmherzige und unnachgiebige Fixierung kollektiver Werte sein, die den einzelnen an dem Dogmatismus der Gemeinschaft verzweifeln läßt. Jemand hat nicht schnell genug gelernt, den Wertewandel in der ihn umgebenden Gesellschaft wahrzunehmen, und erscheint den anderen darum als »verrückt«. Ein anderer wird als »gemütskrank« eingestuft, weil er einen persönlichen Wertewandel vollzogen hat, mit dem er dem entsprechenden Werte-Gerüst seiner sozialen Umgebung zeitlich weit voraus ist.

Solche Überlegungen wären relativ belanglos für uns, wenn sie nicht relativ weitreichende Konsequenzen für die Therapie erforderten. Therapie ist Bewußtmachung von Wertedifferenzierungen und Wertedifferenzen. Sie umfaßt deshalb Gespräche über Gefühle, Gedanken und Interaktionen, denn diese Phänomene sind »gelebte Werte«. Wertumwälzungen sind nicht einfach Wertkorrekturen, sie haben immer eine wechselseitig wirksame Entwicklung zur Folge. Therapeutische Anregungen im Wertebereich erfolgen durch Identifikation, durch Auseinandersetzung und Abgrenzung und durch aktive Veränderung.

Erst wenn in einer Therapiegruppe soviel solidarische Kritik zum Zweck der gemeinsamen Weiterentwicklung verwirklicht ist, daß Werte nicht einfach vorgegeben und ihre Anstrebung verlangt, sondern sie Gegenstand freier Vereinbarung werden, können wir die Psychotherapie als solche anerkennen.

Wir möchten feststellen, daß wir unseren Gesprächspartnern im therapeutischen Gespräch zwar keine Ziele setzen, daß wir aber unsere eigenen Werte ganz genau mitteilen. Hier geht es um Echtheit und Transparenz des Therapeuten. Nicht in erster Linie für seine Gesprächspartner, sondern vor allem für sich selbst, zur Aufrechterhaltung seiner Selbstachtung muß der Psychotherapeut sich dieser Anforderung stellen.

Kann dies der Analysand erleben, dann kann er sich auch eigene Ziele setzen. Es ist zwar nicht möglich, daß der Therapeut Werte mitteilt, die ihm auf Grund seiner eigenen Interessen und verinnerlichter gesellschaftlicher Herrschaftsstrukturen selber unverstanden bleiben, aber deren Mitteilung muß das Ziel der intensiven Psychotherapie werden. Mehr noch: Bloße Mitteilung der Werte reicht nicht aus, diese müssen »gelebt« werden, wirklich angestrebt, auch gemeinsam verfolgt, sie müssen im tatsächlichen täglichen Umgang miteinander nachvollziehbar sein, man muß sie im Gespräch denkend, im Leben handelnd vergleichen und sich darüber auseinandersetzen können.

Psychotherapie ist gemeinsame Nacherziehung zum Zwecke der Weiterentwicklung und Weiterbildung aller Gesprächspartner, und Ängste vor der Aufarbeitung von Konflikten verhindern Werte-Entwicklung.

Wertestarrheit geht mit Angst einher, darum müssen wir uns auch über dieses Phänomen Gedanken machen. Wer starr an Werten festhält, fürchtet Verunsicherung durch vorübergehende Hilflosigkeit, wenn es gilt, brüchige Werte über Bord zu werfen und neue erst aufzubauen.

In Anlehnung an Freud können wir diese Angst auch als Trennungsangst definieren, als Vorwegnahme der Furcht vor dem Verlassenwerden durch wichtige Bezugspersonen oder als Furcht vor der Ächtung durch die relevante Bezugsgruppe. In Familien wird oft Werte-Konformismus gefordert, abweichende Überzeugungen werden unnachgiebig bestraft.

Angst tritt aber nicht nur angesichts drohender Trennung auf, sondern auch angesichts der Notwendigkeit der »Wiedervereinigung unter anderem Vorzeichen«. Angst, Unzufriedenheit, Hilflosigkeit und Handlungshemmungen sind seelische Reaktionen auf die Notwendigkeit, kooperativ zu handeln. Ethnologen haben in der Sprache der Indianer das Wort »Komm, Mutter, hilf mir« anstelle des deutschen Wortes »Angst« gefunden. Angst zeigt aber auch das Gefühl: »Wie schaffe ich es nur, mich dem anderen wieder zu nähern? Wird er mich nicht demütigen, wenn er merkt, daß ich ihn brauche?«

Um den Zusammenhang zwischen Angst und Wertestarrheit zu verdeutlichen, geben wir noch ein Beispiel aus unserer Praxis an. Yvonne M., eine Studentin der Psychologie, arbeitet, wie viele Gruppenmitglieder, als Familienhelferin, um ihr Studium zu finanzieren. Für »ihre« Familie engagiert sie sich, opfert den Kindern auch einen beträchtlichen Teil ihrer Freizeit. Weil die Eltern ihre Kinder arg vernachlässigen, bietet Yvonne ihnen wirkliche Zuwendung an. Sie unternimmt Spaziergänge, Kino- und Theaterbesuche, ja sogar kürzere Reisen, auf denen ihr Partner sie und die Kinder begleitet. Wir haben zusammen Gutachten angefertigt, um die weitere Bewilligung der Familienhilfe zu gewährleisten. Dazu hat Yvonne die Mutter und verschiedentlich die Kinder mit in ihre eigenen Therapiegespräche eingeladen.

Immer, wenn irgendwo Not an der Frau ist, springt Yvonne ein. Ihre Haltung ist die einer permanent Gebenden. Weil sie aber immer ja sagt, dachte ich schon bald an einen zwanghaften Zug in diesem Sozialmotiv. Mit ihrer starken Hinwendung zum Menschen sind ihre Werte mit Altruismus, Hilfeleistung, Zuwendung, Geduld und Opferbereitschaft verknüpft. Yvonne ist ein »sozialer« Typ, ihre Wertorientierung erinnert an christliche Tugenden der Armut, der Keuschheit und des Gehorsams.

Wo liegt denn nun hier die Wertestarrheit, so wird mancher fragen, das ist doch ein vorbildliches Verhalten? Sie liegt meines Erachtens darin, daß es Yvonne nicht gelingt, sich Hilfe zu holen, wenn es ihr einmal nicht so gut geht. Sie kann kaum jemals jemandem etwas abschlagen oder abverlangen. Sie fordert nicht und sagt nicht »Nein«. Statt dessen zieht sie sich aber schweigend zurück, wenn jemand ihr eine – immer zögernd und ängstlich vorgetragene – Bitte abschlägt.

In unserer Gemeinschaft fällt Yvonne ebenfalls durch ihr sozial-therapeutisches Engagement auf. Sie schreibt für andere Aufsätze, sie setzt sich entschieden gegen jede Form der Unterdrückung und Benachteiligung anderer ein. Für sich selbst setzt sie sich kaum ein.

Es kam öfter vor, daß Yvonne kleinere Summen Geldes verborgte. Wenn es dann ums Zurückfordern geht, fühlt sie sich überfordert. Einmal vermittelte sie einer Kommilitonin ein Interview mit einer Frau aus der von ihr betreuten Familie, die Kommilitonin verwendete das Gespräch dann mit voller Namensnennung von Yvonne (deren Name hier selbstverständlich geändert ist). Als sie die Kommilitonin ansprechen wollte, um sie zur Streichung des wirklichen Namens zu bewegen, verspürte sie auch große Angst. Einmal hat Yvonne mir folgendes gesagt:

»Ich fühle mich total hilflos, wenn ich nicht helfen kann. Ich bin immer unsicher, etwas falsch zu machen. Mich bewegte immer die Frage, warum die Familienmitglieder sich so gegen Veränderung sträuben. Ich bin enttäuscht, wenn irgendein Vorhaben platzt, weil die Eltern nicht wollen. Dann geht den Kindern wieder etwas Schönes flöten. Die Frau flüchtet vor dem Mann, wo sie standhalten müßte. Ich empfinde zwar auch die Kinder oft unersättlich in ihren Ansprüchen, fühlte mich aber dennoch ständig aufgerufen, etwas für sie zu tun. Immer hat mich die Familie in Atem gehalten, ich wurde auch oft verletzt von ihnen. Der Mann sagte mir auch oft, ich solle mich um meine eigenen Sachen kümmern, womit er den Nagel auf den Kopf traf. Meine Stimmung wurde regelmäßig runtergezogen, ich war nach Familienbesuchen depressiv, unruhig, nervös, fühlte mich angetrieben, verzweifelt und ängstlich. Ich fühlte mich auch gehetzt und getrieben, konnte keine Ruhe finden, hatte Angst, schlafen zu gehen, träumte von Verfolgungen, von Fallen und vom Tod.«

Yvonnes Lebensplan, Samariterin und Friedensstifterin zu sein, wird aus der Beziehung zu ihrem Vater verständlicher, dessen Liebling sie wurde, weil sie etwas für ihn übrig hatte, während alle anderen nichts mit ihm zu tun haben wollten. Im Verhältnis zum Vater hat sie die Rolle der Helferin innegehabt, ohne ihm jemals richtig helfen zu können.

Es wundert uns also nicht, daß Yvonne immer unter Kleinheits- und Schuldgefühlen leidet, ihr Ich-Ideal ist unrealistisch groß. Ihre Wertestarrheit in bezug auf soziales Engagement steht in krassem Gegensatz zu ihrem weichen, hingebungsvollen und freundlichen Handeln.

Wir haben absichtlich an dieser Stelle ein Beispiel für Wertestarrheit gewählt, in dem die betreffenden Werte durchaus sehr gemeinschaftsbezogen sind. Auch diese Ethik führt zu Über-Ich-Konflikten.

In der Therapie gab es verständlicherweise gute Kooperation. Yvonne rang sich allmählich zu einer ichbezogeneren Haltung durch. Dadurch, daß Geben und Nehmen ausgewogener wurden, konnten anstehende Beziehungskonflikte zunehmend selbstbewußter gelöst werden.

In einem Gespräch habe ich Yvonne als »selbstwertblind« bezeichnet, um anzudeuten und zu provozieren, daß sie sich ernster nehmen sollte und nicht weiter die »Riesen« sucht – deren Vorbild ihr armer Vater war –, in deren Schatten sie steht, die sie bewundern und für die sie sich aufopfern kann.

Ähnlich wie Yvonne geht es bekanntlich vielen Personen in sozialen Berufen, auch Psychotherapeuten, wie wir nicht erst seit Schmidbauers Buch »Die hilflosen Helfer« (1977) wissen. Sie streben stets Einfühlung, Hingabe und persönlichen Einsatz an und vernachlässigen Selbstbestimmung, Eigenaktivität,

Durchsetzungsvermögen und persönlichen Erfolg. Solch ein Mensch scheut die Mittelpunktstellung und sucht nicht den Erfolg, der greifbar ist. Und doch hält dieser »Helfer« insgeheim an einer Gottähnlichkeitsvorstellung fest. Sie muß ihn für diverse reale Einschränkungen entschädigen.

Werteverschiedenheit und Wertevergleich – »Ich muß heute mal wieder Kritik an der ganzen Therapie bei dir üben«

Werte wachsen lebensgeschichtlich und können darum niemals unsinnig sein. Wir haben die eigenen Werte nicht frei gewählt, wie wir auch die anderen Lebensumstände nicht ausgesucht haben: Volk, Rasse, Klasse, Epoche, Familie, Geschlecht, Charaktere der Eltern usw. »machen« aus uns etwas, was wir nur zum geringen Teil »wollen«. Die bloße Tatsache, daß Über-Ich-Konflikte auftreten, weist darauf hin, daß es nicht immer deutlich ist, welcher Wert für den Menschen und seine Situation angemessen ist. Angesichts von Meinungsverschiedenheiten in der Therapie brauchen wir keine Schuldgefühle zu bekommen, Wertedifferenzen lassen sich nicht vermeiden. Es gehört im Gegenteil zur Lebendigkeit des therapeutischen Gesprächs, daß Werteverschiedenheiten zwischen den Beteiligten auftreten und deutlich werden. Das Gegenteil wäre irreal.

Wünschenswert ist es, daß Wertekonflikte in therapeutischen Beziehungen transparent gemacht werden. Es gibt grundsätzlich mehrer Möglichkeiten der Intervention, die die Betonung der Autoritätsperson des Therapeuten und seiner Werte betreffen.

Unsere charakteristische Ausformung des Prinzips der gegenseitigen Hilfe heißt »Zusammensetzen und Auseinandersetzen«. Als Tiefenpsychologen wissen wir, daß es nicht die Möglichkeit gibt, eine bewußte Interventionsmethode einfach zu erlernen wie eine Technik. Es geht immer um die umfassende Verstehensarbeit an und mit den Persönlichkeiten, die am Werte-Dialog beteiligt sind.

Indem der Therapeut und seine Gesprächspartner ihre

Werte mitteilen, suchen sie offen oder versteckt, bewußt oder unbewußt, Einfluß zu nehmen. Unsere Werte scheinen mit Expansionsdrang ausgestattet zu sein. Wir suchen immer Bestätigung für unseren Lebensstil – wohl aus Unsicherheit darüber, ob er sinnvoll ist – und wollen deshalb auch alle Mitmenschen von seiner Bedeutung und Relevanz überzeugen. Aus diesem Grund geht es in der Gruppentherapie um zweierlei.

Auf der sachlichen Ebene streben wir den freien Austausch der Werte an. Jeder muß die Gelegenheit erhalten, seine Werte frei zu äußern. Dazu bedarf es eines antiautoritären Klimas, das zuallererst die Wahrnehmung dieser Werte erlaubt, fördert und stimuliert.

Auf der persönlichen Ebene – die immer mit der sachlichen untrennbar verwoben ist – wird der Dialog komplizierter. Er soll möglichst ebenfalls offen und rückhaltlos sein. Das setzt Rücksicht und Kompromißbereitschaft voraus, denn hier geht es um die verschiedenen Persönlichkeitsstrukturen. Charaktere sind zwar Wertesysteme, aber Charaktere sind schwer zu beeinflussen. Nur wenn wir die ungeheure Mühe und Arbeit kennen, die es erfordert, einen Charakter wenigstens minimal zu ändern, nur dann kennen wir das Problem der Ethik in dieser Gesellschaft.

Im allgemeinen verstehen wir die Werte eines Menschen erst dann, wenn wir seinen Charakter und Lebensstil kennen. Ohne diese Kenntnis bewegen wir uns im Bereich der Spekulation und Werte-Illusion.

Im persönlichen Umgang erfahren wir am ehesten etwas über die tatsächliche Wertorientierung, besonders dann, wenn es möglich gemacht wird, gemeinsam Krisen und Konflikte durchzustehen und den Partner darin zu »erleben« und auf sich wirken zu lassen. Ein Wertevergleich und -austausch ist in diesem Sinne ein Stück gemeinsam gestaltetes Leben, er ist hilfreich, führt zu gegenseitigem Verständnis und zu Toleranz, manchmal zur Ablösung, aber er dauert stets lange. Im Nu, in Kurztherapien oder ähnlichem ist wenig zu erreichen.

Wir müssen dabei immer bestrebt sein, daß jeder sich auch um ein Verständnis der Bedürfnisse und Motivationen des anderen bemüht. So etwas kann nicht gelingen, ohne daß sich die Beteiligten einige Jahre Zeit nehmen, einen geduldigen Prozeß der Gewinnung von Menschenkenntnis abzuwarten. Im Gegensatz zu dem gesellschaftlich üblichen Prozeß, sich gegenseitig beeinflussen und überreden zu wollen, obwohl man am anderen persönlich desinteressiert ist oder ihn gar ablehnt, geschieht in der Psychotherapiegruppe im günstigen Fall eine Wir-Bildung, die keineswegs in eine totale Übereinstimmung mündet.

Es ist uns auch ganz offensichtlich geworden, daß es nicht gelingt, die Werte eines anderen tiefgründig und umfassend zur Kenntnis zu nehmen, ohne ein gewisses Maß an Sympathie für ihn zu entwickeln. Ein Wertevergleich ist auch bei nur teilweiser Einigung ein Akt der Liebe und damit ein Überschreiten der Grenzen, die die Menschen psychisch voneinander trennen.

Im folgenden sei nun ein Beispiel aus der täglichen Arbeit geschildert, in dem es um den Wert »Kritik« geht, in diesem Fall um die Kritik am Therapeuten und seinem Stil, ein Situationsbericht zum Problem der Werteverschiedenheit.

Dora S., eine sehr expansive, lebendige, manchmal überschießende und bedrängende Analysandin, äußert oft Kritik am Gruppengeschehen, an Einzelpersonen, an mir und auch an sich selbst. Ich hatte sie anfangs lange Zeit, genaugenommen fast drei Jahre lang, in diesem Verhalten bestärkt. Dora kommt nämlich aus einem extrem schwierigen Elternhaus.

Ihre Mutter war vergewaltigt worden, so daß über Doras leiblichen Vater nichts bekannt ist. Mutter S. haßte Dora deswegen, und ihr Adoptivvater war stets unzufrieden mit ihr. Er beschimpfte sie häufig und schlug sie »bis zur Besinnungslosigkeit«. Dora wuchs in einem Klima von Abhängigkeit, Angst und Haß auf, die Familie glich einem »Dschungel«, in dem jeder jeden bekämpft.

Aus Rücksicht auf dieses schwere menschliche Handikap hatte ich Dora in der Therapie anfangs vieles nachgesehen. Verständlicherweise war auch die Beziehung zu mir wechselhaft, wir hatten oft Meinungsverschiedenheiten, mißverstanden uns einige Male gründlich, einigten uns aber immer wieder, weil wir uns stetig um Verständnis füreinander bemühten. Dora schrieb zum Beispiel viele ihrer Einzelgespräche mit mir ab und beschäftigte sich sehr mit meinen Anregungen.

Weil ich grundsätzlich der Auffassung bin, daß es in der Therapie kein Tabu geben darf, ermutigte ich Dora auch zur Kritik am Gruppengeschehen. Sie hat durchaus einen intellektuellen Scharfblick, der so manche unübersichtliche Therapiesituation aufklären hilft.

Nun ist es bekannt, daß nicht alle Menschen es lernen konnten, Kritik in einer Weise zu äußern, die den anderen und seinen Standpunkt noch leben läßt, mithin als solidarisch bezeichnet werden könnte.

Dora machte ständig von diesem Angebot, zu kritisieren, Gebrauch, sie sprach mich an, und ich ging darauf ein. In diesen unvermeidlichen Konfliktgesprächen lernte Dora immerhin, exemplarisch mit mir Beziehung aufzunehmen und diese nach und nach zu verstehen. Ganz überwiegend kritisierte sie in einer für mich annehmbaren Weise, oft sogar wohltuend, weil anregend. In ihren anderen Beziehungen ging das nicht so glatt. Oft zettelte sie Streit an, der sie isolierte, weil ihre Gesprächspartner sie als zu hart oder auch destruktiv erlebten.

Diese Gangart wurde in der Beziehung zu mir durchaus auch »wiederholt«. Ich kam allmählich zu der Erkenntnis, daß Dora es lernen müsse, mich im Gespräch mehr anzuerkennen, auch wenn es um Kritik geht. Sonst würde sie Gefahr laufen, ihre unerfreulichen Kindheitserlebnisse und die schädigenden Beziehungsmuster ad infinitum weiterzuführen. Es ging mir um den Aufbau einer dialogischen Beziehung, in der freundliches Wohlwollen mit deutlicher Konsequenz verbunden wird. So weit, so gut, theoretisch klingt das überzeugend. Wie sah die Praxis aus?

Eines Tages kam es zu einem Therapiegespräch unter sechs Augen, Dora brachte einen Bekannten mit. In diesem Gespräch wurde ich – so empfand ich es – mit Kritik geradezu überschüttet, obwohl eigentlich ganz andere Dinge »brannten«, vor deren Bearbeitung Dora offenbar auswich. Alles schien ihr auf einmal extrem fragwürdig. Ich sei emotional distanziert, sogar schüchtern, ich kenne mich nicht genügend, sei überaktiv. Außerdem veranstalte ich in meiner Praxis zu viele öffentliche Termine, überfordere mich damit, ziehe andere Analysanden vor, sei zu ehrgeizig usw. Dora hatte einen langen Zettel mit lauter derartigen kritischen Erwägungen zu meiner Person beschrieben.

Innerhalb von zwanzig Minuten Zuhörens stieg mein Unmut

stetig an. Ich hatte gerade eine schwierige persönliche Situation erlebt, meine Mutter, die ich sehr liebte, war gestorben. Dora wußte das alles. Offenbar konnte sie es nicht berücksichtigen, weil sie selbst emotional aufgewühlt war. Ich fühlte mich behandelt, als sei ich »aus Holz«, wie Jan Foudraine in einem Buchtitel die unsensible Art vieler Psychiater beschreibt.

Schließlich reagierte ich, wie manchmal nach längerem Abwarten, sehr wuchtig. Ich nannte Doras Kritik »respektlos« und machte sie darauf aufmerksam, daß sie andernorts keineswegs so »mutig« kritisierte. Im Gegenteil, so meinte ich, in der größeren Gruppe schweige sie oft still, obwohl dort sicher vieles kritisch anzumerken sei, und dort grolle sie nur untergründig. Heute sei mir ihre Kritik entschieden zuviel, sie möge sich mäßigen. Ihre unterschiedlichen Verhaltensweisen werte ich als Ausdruck eines ungesunden Mißverhältnisses, und ich müsse mich fragen, ob ich sie nicht »verwöhnt« hätte. Die Beziehung zu mir sei auch keine »Spielwiese für trotzige Kinder«.

Dora war total erschüttert, sie verstand die Welt nicht mehr. Beleidigt und sehr erzürnt rauschte sie von dannen.

Nach einigen Wochen grollender Distanz trug die bis dahin aufgebaute stabile Beziehung zwischen uns Früchte. Dora entschloß sich, die Angelegenheit in einer Gruppe vorzutragen. Beide legten wir unsere Standpunkte der Gruppe vor, und diese diskutierte alles sorgfältig und gründlich. Wieder einmal zeigte die Gemeinschaft ein höheres Potential zur Konfliktverarbeitung, als es zwei Menschen aufzubringen vermögen.

Es war für uns beide sehr entlastend, unsere Ansicht zu dem Fall ruhig vortragen zu können und interessierte Zuhörer zu haben. Gemeinsam konnten wir aus der Verarbeitung dieses Vorfalls auch einen allgemeinen, theoretischen Nutzen ziehen: Es geht um ein ausgewogenes Verhältnis von Kritik (Verneinung) und Ermutigung (Bejahung). Bei aller Kritik muß man die Möglichkeit der Weiterentwicklung des Kritisierten vor Augen haben. In manchen Lebenssituationen erträgt der Mensch Kritik schlecht, man muß ihn dann in Ruhe lassen und bessere Tage abwarten. Dazu muß jeder seine jeweilige Stimmung deutlich machen, um den anderen transparent zu bleiben.

Nach diesem Gespräch äußerten sich alle Beteiligten, auch wir beide, erleichtert und gingen gestärkt daraus hervor.

Wir treffen auf übertriebene Ernsthaftigkeit, Verbissenheit, Rechthaberei, Zurückhaltung und mangelnde Offenheit im Gespräch, wenn einer der Beteiligten zur Intoleranz neigt. Auch ein Psychotherapeut ist dann und wann in schwierigen Stimmungen und kann nicht mehr locker genug reagieren. Wenn er genügend Selbstbewußtsein hat, dann macht er auch seine eigenen Stimmungen zum Gegenstand des Gesprächs, wenigstens in Fällen, in denen seine Reaktionen den Analysanden unverständliche Rätsel aufzugeben drohen. Heiterkeit, gegenseitige Ermutigung und andere rekreative Potentiale bedürfen nicht des Respekts und der Unterwürfigkeit, sondern des Gegenteils.

Das Totschweigen entstandener Divergenzen erspart Versöhnungsarbeit. Konfliktfähigkeit erfordert also zweierlei:

1. Fähigkeit zur offenen Auseinandersetzung und Sensibilität für Konflikte.

2. Fähigkeit zur Verstehensarbeit und Bereitschaft zur Versöhnung.

Das Fehlen einer dieser Haltungen erschwert autonome Wertschöpfung oder macht sie sogar unmöglich.

Einen bemerkenswerten Hinweis auf das »produktive Gespräch« finden wir in der versöhnungsbereiten Haltung des Sokrates. Ihm verdanken wir die »mäeutische Methode« (Hebammenkunst) im Gespräch. Diese Methode scheint in hervorragender Weise auszudrücken, daß der Psychotherapeut »wissen muß, daß er nichts weiß«, jedenfalls hinsichtlich des neu zu schaffenden Wertesystems seines Analysanden. Sokrates verstand sich in Gesprächen als Geburtshelfer, als Hebamme für die Gedanken seiner Dialogpartner. Sie sollten nicht »von ihm« lernen, sondern »mit ihm«.

Es wäre zu hoch gegriffen, wenn wir unter »Wertschöpfung« immer eine schöpferische Neuproduktion gesellschaftlicher Werte verstehen wollten. Wertschöpfung ist unserer Erfahrung nach »nur« eine relative, auf die beteiligten Personen und ihre Möglichkeiten, auf die jeweilige Phase ihrer Entwicklung, auf die Gesamtsituation aller Beteiligten und auf die Kultur und Zeitepoche bezogene partielle Hervorhebung eines Wertes, der in diesem Umfeld bisher der bewußten Aufmerksamkeit der Beteiligten entgangen war.

Nach unserer Erfahrung gewinnen Menschen, die im Gespräch sind und einige Zeit dabei bleiben, oft Einsicht in die Notwendigkeit, von den bisher erstrebten und praktizierten Werten zugunsten ergänzender oder umfassenderer Abstand zu nehmen. Sichtbar werden diese Wertschöpfungen meist nur daran, daß sich die geübten Aktivitäten ändern. Wir haben im Laufe der letzten Jahre zweimal unsere praktischen Aktivitäten ergänzt und möchten diese beiden »Wertschöpfungen« nun schildern, bevor wir an einem Beispiel aus der therapeutischen Arbeit eine anschauliche Illustration beifügen.

Vorweg sei gesagt, daß wir nicht von »Beratungsgesprächen« sprechen, weil psychotherapeutische Beziehungen mehr Verständigung und nicht Beratung intendieren. In Verständigungsgesprächen bleibt dem Analysanden Raum, seine eigenen Werte zu schöpfen, anstatt die Ratschläge des Therapeuten anzunehmen oder zu verwerfen.

Ausgangs- und Angelpunkt der Verständigungsgespräche war uns und ist immer noch das Einzelgespräch unter vier Augen. Hier werden intimere Probleme besprochen, gleichzeitig gelingt der Aufbau einer intensiven zwischenmenschlichen Beziehung leichter.

Nachteile dieses Einzelgesprächs stellten sich im Laufe der Zeit auch heraus: Therapeut und Analysand müssen ununterbrochen aufeinander reagieren, Zug um Zug, Votum um Votum, allzu langes Schweigen ist unfruchtbar. Dadurch wird eine lückenlose Aufmerksamkeit beansprucht und werden Übertragungskomplikationen nahegelegt. Wenn zwei Menschen immer nur unter vier Augen miteinander sprechen, regredieren sie. Diese Situation ist mit der Zeit eine Verlockung, familiär und kindlich zu werden.

Wie sich die Gruppensituation auch als Kontrolle der bisherigen Analyse bzw. Therapie auswirken kann, zeigt das Beispiel von Erich C., einem beruflich erfolgreichen Juristen, der in einer »Dreiecksbeziehung« lebte, als er in die Gruppe kam. Nach einigen Gesprächen hatte ihn auch seine Partnerin in die Therapie begleitet, von der »Dritten« trennte sich Erich etwa nach einem Jahr. Im folgenden Jahr bemühten sich beide redlich, ihre Partnerschaft zu beleben und mit neuem Sinn zu füllen. Es fehlte nach wie vor an Auseinandersetzungen, Verständigungsversuchen und Interesse. Statt sich energisch auszutauschen, nahm man »Rücksicht«.

Erich fühlte sich unbefriedigt und kraftlos, fand nicht den Elan, sich zu trennen, und entwickelte einen Gewissenskonflikt. Seine Partnerin wußte nicht, was in ihm vorging, sie war zwar auch oft unglücklich, versprach sich von der Therapie aber die Wiedergewinnung der Partnerschaft. Erich hätte sich gern getrennt, fürchtete aber die gehässigen und moralischen Kommentare seiner Eltern und Freunde. Als deutlicher wurde, daß Erich aus eigener Kraft nicht fähig sein würde, eine Entscheidung zu fällen, glaubte ich deutlicher werden zu müssen. Ungeduldig schlug ich vor, daß er eine Analysandengruppe verläßt, in der er seit zwei Jahren Mitglied war und mit der Partnerin zusammen eine Partnerschaftsgruppe bei Irmgard und mir besucht.

In einem Gespräch redete ich Erich zu und spitzte meine Empfindungen zu. Ich sagte ihm: »Deine Therapie stagniert.« Da ich nicht ganz sicher war, ob ich adäquat reagiert hatte, wollte ich eine Kontrolle meiner Gefühle haben, und wir legten unsere Meinungsverschiedenheit der Gruppe zur Entscheidung vor.

Letztlich entschied die Gruppe gegen meinen Vorschlag, sie verstand besser als ich, daß Erich keine radikale Änderung seiner zögernden Attitüde zuzutrauen war. Allerdings wurde Erich seine Situation in diesem Gespräch nochmals klar vor Augen geführt, er verstand die Dynamik der Partnerschaft besser. Da er bisher nicht auszusprechen gewagt hatte, welche Gefühle ihn tatsächlich von seiner Partnerin trennten, hatte auch meine Intervention ihren Sinn behalten. Nun mußte die Konfliktlage »veröffentlicht« werden, und das tat Erich gut. Wieder einmal hatte die Gemeinschaft so viel soziales Potential entwickelt, daß eine Wertschöpfung realisiert wurde.

Es scheint mir plausibel, diesen Wert »mäeutische Methode in der Gemeinschaft« zu nennen und ihn gegen den Wert »direktives Eingreifen unter vier Augen« abzusetzen. Im weiteren Verlauf der Gespräche wurde noch deutlicher, daß »Offenheit« zwar zur Rücksichtslosigkeit führen kann, daß »Schonung«

aber unsozial wird, wenn Partner sich entscheidungsunfähig dahintreiben lassen. Nach einigen weiteren Monaten trennte sich Erich endgültig von seiner Partnerin, letzten Endes hatte meine emotionale Reaktion diese Entscheidung sicherlich unterstützt.

Zusammenfassung

An dieser Stelle möchten wir unseren Standpunkt hinsichtlich der Werte-Dimension der Über-Ich-Konflikte nochmals kurz zusammenfassen.

1. Über-Ich-Konflikte sind nicht innerpsychisch, sondern gesellschaftlich entstanden. Werte sind die Nahtstelle zwischen Individuum und Gesellschaft.

2. Konflikte, Wertekonflikte und Über-Ich-Konflikte sind unvermeidlich, weil schon in der Struktur der Gesellschaft und der Werte angelegt. Wie zwischen zwei verschiedenen Kulturen gibt es auch zwischen je zwei Menschen schon immer tatsächliche Wertedivergenzen.

3. Wertekonflikte lassen sich nur durch Psychotherapie, Bildung und Auseinandersetzung bereinigen oder verstehen. Dauerhaft auflösbar sind sie nicht.

4. Auseinandersetzung heißt im psychotherapeutischen Sinn:

a) Arbeit an den eigenen verdrängten oder offenen Wertkonflikten;
b) Gespräch mit dem Partner, der andere Werte vertritt, zum gegenseitigen Verständnis, nicht unbedingt zur Einigung;
c) geschichtliche und gesellschaftliche Arbeit zur Kenntnisnahme der Werte, die uns geprägt haben und heute noch prägen;
d) Bemühung um gründliche ethische Erziehung unserer Kinder ohne Indoktrination und Autoritarismus.

5. Wertekonflikte können oft nicht unter vier Augen, sondern nur in der größeren Gemeinschaft verstanden werden. Therapeutische Interventionen erfordern deshalb eine dauernde

Wertschöpfung im Sinne schrittweiser permanenter Annäherung an die gegenwärtige gesellschaftliche und gemeinschaftliche Situation und eine stetige Erweiterung der therapeutischen Methoden im Sinne der Bewältigung gegenwärtiger und zukünftiger Konfliktsituationen.

6. Wertekonflikte werden durch Institutionen - Regeln, Gesetze, Normen Statuten usw. - nur undemokratisch gelöst, sie bergen dann immer schon weitere Konflikte in sich. Darum empfehlen wir das lebendige, permanente Konfliktgespräch unter den Beteiligten, das in einer freundlichen, ruhigen Form stattfinden muß bzw. so lange zu erfolgen hat, bis diese Atmosphäre gegeben ist. Dazu bedarf es der Bereitschaft aller Beteiligten, ihre Persönlichkeitsstrukturen in das Gespräch über Werte einzubeziehen.

Teil 3

Wie die geheimen Verbote funktionieren

Die Krise zum Wachstum des unabhängigen Gewissens

Ganz sicher ist jeder psychische Konflikt mit mehr oder weniger krisenhaften Entwicklungen verbunden. Wir möchten den Konflikt zwischen dem Wert der Treue und dem der Freiheit herausgreifen, um die Möglichkeit der krisenhaften Entwicklung anzudeuten.

Ein »treuer« Mensch verzichtet unter Umständen auf einen Teil seiner Freiheit, ein ungebundener Charakter steht nicht zur Unverbrüchlichkeit gewachsener Beziehungen und mutet seinen Partnern Trauerarbeit zu. Es ist nicht möglich, allgemeine ethisch verbindliche Regeln zu finden.

Diesem Problem begegnen wir in der Therapie häufiger. In Liebesbeziehungen mag es der oder die Dritte (bzw. auch Vierte) sein, die Konflikte belebt; in der politischen Arbeit können Bündnistreue oder Kollaboration mit dem »Feind« zur Entscheidung anstehen, in der Therapie selbst die Frage, ob es möglich ist, bei mehreren »Therapeuten« Gespräche zu führen. In allen Fällen stehen wir vor schwierigen emotionalen Entscheidungen, in allen Fällen erhebt sich die Frage der »Offenheit«: Sprechen wir mit den Beteiligten rückhaltlos unsere Gefühle an, muten wir uns und anderen die Angstarbeit und Konfliktarbeit zu, oder verdrängen, sublimieren, rationalisieren wir die Krise?

Vorausschicken möchten wir die kühne Behauptung, daß jeder Mensch, der sich Lebendigkeit, Gefühle, Spontaneität und Herz bewahrt hat, mit diesem Konflikt »Treue – Freiheit« mehr oder weniger oft im Leben zu tun hat. Nur der abgestumpfte, sinnen-lose, angepaßte, entmutigte Charakter mag sich derartige Krisen ersparen können. Es bedarf jedenfalls keiner »Neurose«, um in dieser Situation zu stehen, unsere Gesellschaft enthält entsprechende existentielle Widersprüche genug.

Neurose hieße Verzicht auf Leben und so zu tun, als würde man ewig leben, als könne man alles immer noch einmal später tun. Leben heißt Konfrontation mit Problemen der Selbstwerdung und Lebensplanung. Können wir die Krise ausnutzen, um »wach« zu werden, die gelegentlichen Ahnungen, daß unser Leben mehr an Inhalt, Möglichkeit, Sinn, Gefühl haben könnte und sollte, zu Gewißheiten werden zu lassen?

Oft schrecken wir vor Unruhe, Mißmut, Hoffnungslosigkeit – vor Konflikten und Krisen also – zurück, betäuben unsere lebendigen Impulse durch Konsum, Fernsehen, Alkohol, Drogen, Psychopharmaka usw., allerlei hektisches Getriebe. Führt nun die ernste, geduldige Beschäftigung mit unserer Person und ihren Möglichkeiten, Therapie genannt, in diese Krise geradezu hinein, damit wir, erschüttert, innehalten und zu denken und zu sprechen beginnen?

Auf Klagen und Anklagen können wir verzichten, wir können auch auf kleinere Krisen verzichten, die wir inszenieren, um der großen Lebenskrise unserer Selbstwerdung zu entfliehen. Kleinere Krisen sind Drogen, Rückzug ins Private, die eine wesentliche Krise ist die unseres Lebensplans, sie ist öffentlich zu bewältigen, gesellschaftlich, nicht depressiv und zerknirscht, sondern in der Gemeinschaft, ehrlich und tapfer.

Das Gespräch brauchen wir dringend in der Krise, allein werden uns zuwenig Möglichkeiten der Gestaltung des Konflikts bewußt. Welche Hindernisse sind eingebildet, welche real? Wen haben wir geschont? Welche Institutionen haben wir selbst schon aufgebaut, starre Verhaltensschemata in Liebes- und Arbeitsbeziehungen? Wo man nicht mehr fragt, forscht und sucht, da entstehen Grenzen, Dogmen, Zwänge.

Haben wir unsere Beziehungen und berufliche Arbeit so aufgebaut, daß diese uns nun einengen, fesseln, quälen? Sind wir Autorität geworden oder auch abhängig von anderen »Autoritäten«? Wozu entwickeln wir resignative Gefühle? Wen meinen wir nicht mehr anders »erreichen« zu können?

Krisen sind nicht immer nur Probleme der Selbstwerdung, sie können auch Indikatoren für mangelnde Solidarität sein. Aber auch die gesellschaftliche Umwelt »macht« uns nicht total, wir machen etwas aus unseren Beziehungen. Wie setzen wir uns in Beziehung? Welche gemeinsamen Anstrengungen wurden schon unternommen, und warum sind sie zum Teil gescheitert?

Unsere Krise ist nicht »unsere« Krise, es ist die der gesamten Gesellschaft, wir müssen diejenigen suchen, die auch gerade darinstecken, um uns zu solidarisieren. Unter Umständen müssen wir andere »aufwecken«, damit sie in diese Krise auch hineingeraten. Dazu müssen wir unsere Umwelt extrem aufmerksam erleben und in uns aufnehmen. Uns geht es um Selbstwerdung als Werdung der Gemeinschaft. Wie das geschieht, das wissen wir noch nicht, aber wir stellen uns diesem Problem immer erneut. Die Krise des einzelnen ist die der Gemeinschaft, und das muß offenbar werden. Mit der einengenden Perspektive werden Mut, Zuversicht und Aktivität gedrosselt, ethisches Bewußtsein wird verhindert. Keiner ist allein verantwortlich, nicht einmal für sich selbst, Hilfe ist immer gegeben. In der Krise wird sie gegeben, wenn man sie sucht.

Wachsender Leidensdruck

Unsere Therapieerfahrungen legen es nahe, die Erscheinungen des Über-Ich (Selbstbeobachtung, Gewissen, Ich-Ideal) nicht als von den übrigen Lebensäußerungen einer Person abgespaltene Persönlichkeitssegmente zu betrachten. Vielmehr sind – wie wir im folgenden Teil darzulegen versuchen – die durch den Begriff »Über-Ich« gekennzeichneten Phänomene Ausdruck der jeweiligen Gesamtpersönlichkeit, ihrer Stellungnahme zu sich selbst, zu den Mitmenschen, ihrer weltanschaulichen Position und ihrer Haltung den Lebensaufgaben gegenüber.

Der Leidensdruck ist heute bei vielen Menschen allgemeinerer Natur und auf den ersten Blick schwerer erkennbar. Das Diffuse ihrer Gefühle und Empfindungen macht es den Betroffenen nicht leicht, sich über ihren Zustand Klarheit zu verschaffen. Wir möchten betonen, daß hier keineswegs nur von lebensuntüchtigen oder sehr neurotischen Menschen die Rede ist, sondern durchaus auch von solchen, die in ihren sozialen Beziehungen Anerkennung finden, erfolgreich im Beruf sind und sich auch sonst in einer – von den äußeren Bedingungen her betrachtet – günstigen Lebenssituation befinden. Sie leiden aber dennoch unter einem Gefühl des Überdrusses und der Unzufriedenheit, das ihnen selbst und ihrer Umgebung unerklärlich erscheint. In therapeutischen Gesprächen stellt sich dann nicht selten heraus, daß sie ihr Leben zutiefst als sinnlos empfinden und ihr Tun und Handeln letztlich für bedeutungslos halten.

Nicht wenige Menschen betäuben diese Gefühle und Stimmungen mit Hilfe von Alkohol und Drogen oder anderen Suchtmitteln, die unsere Gesellschaft anbietet. Andere wiederum »ziehen sich zurück« und versuchen in alternativen Lebensformen, möglichst fernab der Zivilisation, zu überleben. Die religiöse Renaissance, die wir in den letzten Jahren erleben, und die weiter ansteigende Beliebtheit von Sekten müssen ebenfalls als Versuch betrachtet werden, dem »Dasein als austauschbares Objekt« zu entkommen und die Desorientiertheit und Sinnentleerung aufzuheben.

Der Faszination von wissenschaftlichen und technischen Möglichkeiten, alles zu erklären und zu beherrschen, ist offenbar ein Bedürfnis nach Irrationalität gefolgt, weil über allem Erklären und Beherrschen vergessen wurde, daß der Mensch persönliche Ziele braucht, die mehr sind als nur ein modischer Trend.

Wir werden versuchen, das Charakteristische des Über-Ich, sozusagen sein eigentliches Wesen, in den wichtigsten und bestimmendsten Lebensäußerungen des Menschen herauszuarbeiten, um die eingangs erstellte These zu erhärten, daß das sogenannte Über-Ich nicht als partikulare Persönlichkeitsinstanz existiert, sondern nur als »Struktur«, als spezifische Haltung des ganzen Menschen sich selbst und dem Leben gegenüber erfaßt und verstanden werden kann.

Emotionen

Wenn wir uns fragen, was wir bei einem ersten Eindruck von einem Menschen wahrnehmen, so ist es neben der äußeren Erscheinung und der Mimik und Gestik des Betreffenden die Art und Weise seiner sprachlichen Mitteilung, sein ganz »persönliches Klima«, seine emotionale Stimmung, die sich uns vermittelt.

Nun ist es nichts Außergewöhnliches, daß Menschen bei

ihrem ersten Therapiegespräch in einem ängstlich-angespannten, erwartungsvoll-vorsichtigen Zustand sind. Dennoch lassen sich hier bereits Unterschiede feststellen, die wir als eine Art persönlicher »Visitenkarte« betrachten sollten. Unser Interesse gilt den Menschen, die in besonders gravierender Weise mit den erhöhten und verzerrten Ansprüchen ihres Über-Ich in Konflikten leben. Diese neigen dazu, sich mit sehr charakteristischen Bemerkungen in die Therapie einzuführen, zu denen Aussagen gehören wie: »Ich habe in allem versagt«, »Ich habe mich immer bemüht, alles richtig zu machen, aber die Umstände waren leider gegen mich«, oder: »Ich strenge mich so sehr an, es allen Leuten recht zu machen, aber nie ist man wirklich zufrieden mit mir.«

Diese typischen Aussagen, deren Charakter entweder überwiegend selbstanklägerisch oder mehr als Angriff gegen die Umwelt gerichtet sein kann, haben alle eine gemeinsame Tendenz. Sie konstellieren im Gespräch eine freudlose und humorlose Atmosphäre. Indem sie einen ganzen Katalog von vermeintlichen Fehlern, Schwächen, Versagenszuständen, leidvoller Bemühung und Minderwertigkeit vor uns ausbreiten, erzeugen sie (keineswegs immer unbewußt) ein Klima der Strenge, Ernsthaftigkeit und der emotionalen Enge und Beklemmung. Anzeichen für Lebensfreude, Genuß- und Mußefähigkeit, Spontaneität und Leichtigkeit fehlen entweder ganz oder lassen sich nur mühsam erahnen. Die Vermutung, daß diese Menschen bereits ihre erste Therapiesitzung zu einer »Gerichtssitzung« umfunktionieren möchten, ist in vielen Fällen zutreffend. Es ist schon bemerkenswert, wie meisterhaft sie es verstehen, dem Therapeuten nach kurzer Zeit die Rolle des Anklägers zuzuschieben, der einen fiktiven Prozeß führt.

Ihre Erwartung, be- und verurteilt zu werden, signalisieren sie beispielsweise dadurch, daß sie bereits nach wenigen Sätzen die Stellungnahme des Therapeuten zu ihren Problemen herausfordern möchten und sich vergewissern, ob er nicht auch der Ansicht ist, daß dieses oder jenes Verhalten wirklich verabscheuenswürdig, niedrig und gemein ist. Darüber hinaus entnehmen sie den Aussagen des Therapeuten zielsicher neue Anforderungen und Ansprüche, die sie auf ihren ohnehin schon beträchtlichen Berg von Sollvorschriften auftürmen. Es kann schon genügen zu fragen: »Warum weinen Sie jetzt an dieser Stelle im Gespräch?«, und schon steht fest, daß es verboten ist, in Therapiegesprächen zu weinen, weil der Therapeut keine Tränen erträgt. Hinweise werden auf diese Weise zu unumstößlichen Gesetzen. Freundliches und wohlwollendes Interesse bringt die Betreffenden dagegen entweder in Verlegenheit und verunsichert sie oder führt dazu, daß sie sich in ihrem Anliegen nicht ernst genommen fühlen. Wie angestrengt und »verteidigungsbereit« sie sind, können wir nicht nur ihren Worten, sondern auch der Sprache ihres Körpers entnehmen. Häufig sitzen solche Menschen überkorrekt und steif auf ihrem Stuhl. Sie wagen es kaum, sich zu bewegen und eine bequeme Sitzstellung zu suchen. Das Gesicht erscheint nicht selten verspannt. In ihrem Blick, der entweder starr auf uns oder aber ins Leere gerichtet ist, lesen wir Ängstlichkeit, qualvolle Anstrengung und Unruhe.

Abgesehen davon, ob ihre Stimme nun gedämpft oder eher laut ist, können wir Untertöne von Vorwurf, Bitterkeit und Selbstmitleid, das zu Tränenausbrüchen führen kann, hören. Ihre emotionale Abhängigkeit und Bereitschaft, sich normativen Vorstellungen zu unterwerfen, bewirkt, daß sie ihre tatsächlichen Gefühle kaum wahrnehmen können. Die Angst, eigene Empfindungen zuzulassen, ist zu groß. Statt dessen steht die Erwartung von Ablehnung und Feindseligkeit im Vordergrund und der ständige Versuch, so zu fühlen, wie sie fühlen sollten.

In gewisser Weise bewegen sich die Betreffenden in einem »circulus vitiosus«, aus dem sie ohne Hilfestellung kaum herauskommen. Um von diesem unglückseligen Kreislauf ein klareres Bild zu bekommen, müssen wir die verschiedenen Gefühle, Affekte und Stimmungen eingehender und konkreter betrachten.

Eine 25jährige Frau, die wegen diffuser Angstzustände in die Gruppe kam, schildert nach etwa zwei Monaten in einem Einzelgespräch die Stimmung, in der sie sich häufig befindet:

»Auf die Frage, wie es mir geht, kann ich nur sagen, daß sich bei mir nichts Besonderes ereignet hat. Trotzdem fühle ich mich ganz miserabel. Ich weiß nicht, warum ich ständig an allem, was ich tue, zweifle. Mein Gefühl ist: Ich kann nichts, ich bin nichts und werde es auch nie zu etwas Vernünftigem bringen.« (Die Betreffende hat die Erzieher- und Sozialarbeiterausbildung erfolgreich abgeschlossen und studiert inzwischen Soziologie).

»Manchmal denke ich allerdings auch, ich müßte was ganz Tolles leisten. Wie soll ich das bloß abstellen, dieses dauernde innere Nörgeln und Kritisieren? Dabei stelle ich mich bei allem, was ich tue, so an, daß ich abends oft ganz verkrampft und erschöpft bin. Meistens habe ich dann trotzdem noch irgendeine wichtige Aufgabe vergessen zu erledigen, und dann ist natürlich der ganze Tag verdorben. Es ist immer dasselbe.

Ich denke, daß die anderen von mir denken: ›Was stellt sich die Katja bloß so an? Die leistet doch gar nicht so viel.‹ Diese Unzufriedenheit in mir, die erlebe ich dauernd auch bei anderen. Dieses dauernde Gefühl, verglichen und gemessen zu werden, macht mich ganz krank. Es geht mir an der Uni so, aber auch in der Gruppe. Überhaupt immer, wenn ich mit Menschen zusammen bin. Vielleicht strengt mich deswegen auch der Kontakt so an. Ich kann mich dabei nicht entspannen und bin dann schon lieber mit mir allein.

Aber wenn ich mich jetzt hier so reden höre, habe ich das Gefühl, du könntest auch denken: ›Warum erzählt die so unwichtige Sachen?‹ Eigentlich müßte ich doch schon weiter sein in der Therapie, nicht?«

Quälende Minderwertigkeitsgefühle, bohrende Selbstzweifel, rigide Überforderungstendenzen und Gefühle des Getrenntseins von den anderen zählen zu den immer wiederkehrenden emotionalen Befindlichkeiten der Betreffenden.

Unterstützt wird dieses Geschehen durch Projektionen, unbefriedigte Elternwünsche, ihre Größenträume und Selbstverwirklichungsideen. Ein weiterer Faktor ist das Messen und Vergleichen des kindlichen Verhaltens an den starren Vorstellungen der Erwachsenen und dem Verhalten älterer Geschwister.

Wie inzwischen hinreichend bekannt ist, sind neben der Härte auch die Verwöhnung, die Erziehung zur Unselbständigkeit und Abhängigkeit erzieherische Fehlhaltungen. Die fehlenden Möglichkeiten, zu einer realistischen Selbsteinschätzung zu kommen, führen zu Schwankungen zwischen Größen- und Kleinheitsgefühlen sowie zu absurden Vorstellungen über das, »was man eigentlich doch können müßte« (obwohl man es nie geübt hat), »wie man eigentlich sein sollte« usw.

Das Über-Ich, sein Inhalt und seine Stärke, repräsentiert jedoch mehr als nur das Gesamt der Kindheitsereignisse und der eigenschöpferischen selektiven Bevorzugung bestimmter Ideale und Werte. Es enthält die allgegenwärtigen gesellschaftlichen Tabus und Sollvorschriften und die tief verwurzelte Angst, diese zu übertreten. Erst die schädliche »Regierung« dieser Faktoren macht das Über-Ich bedrohlich und schier unangreifbar.

Die ehemals reale Furcht des Kindes, bei Verletzung und Nichtbeachtung der elterlichen Ge- und Verbote deren Schutz, Liebe und Anerkennung zu verlieren, wird im Laufe der Entwicklung immer mehr zu einer latent lauernden Angst vor Liebesverlust. Es entsteht ein innerer Zwang, eine vermeintliche Notwendigkeit, einem bestimmten Bild entsprechen zu müssen. Mit anderen Worten, es sollte perfekt, »gottähnlich« sein. Im Dienste dieser Bestrebung steht auch die Bemühung – durch Verleugnung der eigenen Bedürfnisse –, mit der Umwelt zu harmonieren, keine Gegensätze aufkommen zu lassen, oder aber der Zwang, der Umgebung das eigene Perfektionsstreben in Form von Ansprüchen nahezulegen.

Ein Aspekt der Angst vor Liebesverlust ist die Furcht, Fehler zu machen, die sich lähmend und beengend auf alle Lebensäußerungen auswirkt. Dabei wird als »falsch« all das erlebt und uminterpretiert, was den überspannten Über-Ich-Ansprüchen entspricht.

In den Therapiegesprächen äußert sich die Vorwegnahme der Ablehnung und Verurteilung durch die anderen so, daß die Betreffenden selbst mit zwanghafter Genauigkeit jene Situation schildern, in der sie wieder einmal versagt haben. Der Zuhörer wird mit der Aufzählung ihrer beklagenswerten Persönlichkeitsmängel derart überschüttet, daß es unmenschlich erschiene, diese nicht zugleich zu mildern, geschweige denn der Skala noch etwas hinzuzufügen. Solche Menschen scheinen in dem unbewußten Glauben zu leben, daß, wenn sie sich selbst als zerknirschtes Opfer anbieten, die »Bestrafung« durch die anderen milder ausfallen wird. Bei der eigenen Einschätzung ihrer Handlungen und Gefühle fehlt hingegen jede Spur von Milde und Wohlwollen. Echtes Verständnis für sich selbst fehlt ihnen.

Wie aber gehen nun die Betreffenden mit der Tatsache um, daß zur menschlichen Existenz das Erlebnis von Schwächesituationen, Angst und Unzulänglichkeit gehört? Es scheint so zu sein, daß sie diesen Umstand einfach ignorieren oder zu leugnen versuchen. Sie bauen an der Illusion, daß für sie andere »Gesetze des Daseins« gelten als für die übrige Menschheit. Kommt es dennoch zu einer Konfrontation mit diesen unliebsamen Wahrheiten, dann geraten die Betreffenden in Ärger und

Zorn über sich und die Welt. Jedes tatsächliche oder vermeintliche Nichtgelingen erschüttert ihre Idealvorstellungen und bringt ihre Selbstachtung ins Wanken. Solche Menschen leben in einer ständigen Bereitschaft, sich zu ärgern und zu grollen.

Aus vielen Gesprächen wissen wir, daß es nur scheinbar geringfügige Anlässe sind, die dieses Gefühl auslösen. Tatsächlich aber ist der Ärger nur ein Aspekt einer spezifischen Gefühlsstruktur. In diesem Zusammenhang ist die Schilderung von Tagesabläufen in der Therapie interessant – die im übrigen meist ein aufschlußreiches und eindrucksvolles Bild von der unrealistischen Selbsteinschätzung und den Überforderungstendenzen bieten –, weil das Sich-Ärgern häufig schon am Tagesbeginn steht, wenn die Betreffenden es nicht geschafft haben, zu dem von ihnen festgesetzten Zeitpunkt aufzustehen. (Selbstverständlich ohne Berücksichtigung des Umstandes, daß sie möglicherweise immer viel zu spät ins Bett gehen.)

Die Folge dieses Verhaltens ist entweder hektische Eile und innere Hochspannung, Zuspätkommen oder das Gefühl: »Jetzt ist der Tag ohnehin schon verdorben.« In dieser Stimmung gehen sie dann an ihre jeweiligen Aufgaben, an die Verrichtung alltäglicher Pflichten und ihre Beziehungen heran. Wir können sicher sein, daß es im Verlauf eines solchen Tages noch genügend »Ärgernisse« gibt, so zum Beispiel der versäumte Bus, die verpaßte Verabredung, ein Brief, der zu schreiben vergessen wurde, ein Telefonat, das nicht erledigt wurde, die Tatsache, daß man wieder einmal in einer Gesprächssituation keinen Standpunkt vertreten konnte oder aber viel zuviel geredet hat, das Erlebnis, daß Herr X und Frau Y weniger schüchtern und scheinbar erfolgreicher sind als man selbst usw.

Immer verbirgt sich hinter diesem Ärger das Erlebnis der eigenen Unzulänglichkeit und das Unvermögen, sich selbst zu akzeptieren. Der Anspruch des »Anders-sein-Sollens« kehrt sich im Gefühl des Ärgers gegen die eigene Person, aber auch auf unübersehbare Weise gegen die Mitwelt.

All diese Erlebnisse führen zum Verlust der Selbstbeherrschung. Beim expansiv gehemmten Menschen kommt es zu wütenden Selbstvorwürfen und Beschimpfungen, während der Expansive seinen Ärger in aggressiver Weise der Umwelt mitteilt, unter dem Motto: »Angriff ist die beste Verteidigung.« Die Erbitterung und zerstörerische Wut – »Ich könnte wieder mal alles kaputtschlagen« – ist zwar eine zweifelhafte Selbstbehauptung, aber dahinter verbirgt sich der Versuch, eine Flucht nach vorn anzutreten in dem Sinne, daß, wenn man sich schon selbst nicht ändern kann, der momentane Affekt wenigstens zu einem intensiven Selbstgefühl und einer vorübergehenden Umgestaltung der Welt führt. Ärger und Wut sind somit Antworten auf eine als unerträglich empfundene Situation, die angstauslösend ist. Im Affekt verschafft man sich Entlastung, die meist nur kurz anhält.

Während aggressive Wut eher bei offensiven Menschen in Erscheinung tritt, reagiert der Gehemmte auf Schwächesituationen mit tiefer Trauer und Unzufriedenheit. Alles Scheitern zieht sogleich eine düstere Stimmung nach sich. Der Betroffene kriecht in sich zurück und grübelt über sein vermeintliches Unglück nach. Seine Stimmung wird gedämpft, der Blick traurig, die Stimme matt, seine Haltung teilnahmslos, er selbst unansprechbar. Er spricht nicht über seine Empfindungen, aber die anderen können seine Unzufriedenheit und seine Vorwürfe »riechen«. Wir erleben eine Tendenz, die anderen mit dem Gefühl anzustecken, sie auf die Ebene der Trauer herabzuziehen und sie von der Notwendigkeit des Niedergedrücktseins zu überzeugen. Letztlich trauern die Betreffenden über die Kränkung, die die Realität ihnen und ihren idealistischen Selbstvorstellungen zugefügt hat. Sie trauern um eine Illusion.

Neben den bereits genannten Gefühlen sind Scham, Reue und Ekel charakteristisch für die Gefühlswelt der Menschen, die sich besonders stark mit Über-Ich-Ansprüchen plagen. Schamhaftigkeit ist in Verbindung mit Über-Ich-Konflikten nur selten von einem echten Gefühl getragen. Es drückt vielmehr die unliebsame Tatsache des »Ertappt-worden-Seins« aus, und zwar in einer Situation, in der man seinen Idealvorstellungen gemäß eigentlich einen anderen Eindruck hätte machen müssen. Nach unseren Erfahrungen sind Schamgefühle nicht primär Ausdruck einer sexuellen Abwehrreaktion, sondern Zeichen des »Entlarvtwerdens«, der Aufdeckung moralischer Verstellung. Sie treten auf, wenn es für die anderen offensichtlich wird, daß die eigenen Werte nur Schein sind. In vielen Therapiegesprächen wird deutlich, daß Menschen mit mangelnder Selbstbehauptung und dem Unvermögen, die eigenen Bedürfnisse zur

Geltung zu bringen, mit Scham reagieren, wenn hinter ihrer Bescheidenheit und Zurückhaltung das Verlangen nach Beachtung und Anerkennung sichtbar wird. Derjenige, der es »wertvoll« findet, die Ansprüche der anderen in den Mittelpunkt zu stellen, entwickelt Schamgefühle, wenn hinter seiner selbstlosen, selbstverleugnenden Haltung sein grenzenloses Liebesbedürfnis zu erkennen ist. Er empfindet es als Blamage, wenn die anderen jene Wünsche und Schwächen, jene verbotenen Unwerte an ihm wahrnehmen, die er zu verdrängen und zu ignorieren bemüht ist.

Wie wir noch feststellen werden, ist es für die therapeutische Arbeit nicht unerheblich, genau herauszuarbeiten, wann sich der Hilfesuchende schamhaft oder aber schamlos verhält. So können wir erleben, daß jemand zwar verschämt und bescheiden auftritt, aber in Wirklichkeit über subtile Mittel verfügt, die anderen »schamlos« auszunutzen und für seine Zwecke zu mißbrauchen.

Von zweifelhaftem Wert ist auch die Reue, ein anderes Gefühl, das im Zusammenhang mit Über-Ich-Problemen eine große Rolle spielt. Eigentlich sollte sie als moralisches Gefühl zu einer tätigen Wiedergutmachung führen. Diese Fähigkeit, aus konfliktreicher Verstrickung und dem Gefühl der Schuld durch aktive und tätige Bemühung herauszukommen, finden wir bei Menschen mit einem ausgeprägten Über-Ich nur sehr selten. In den meisten Fällen besteht die »Reue« bei ihnen darin, uns zu beteuern, daß sie die gleichen Fehler nie wieder machen wollen. Dabei lassen sie kaum erkennen, daß sie gewillt sind, der Sache auf den Grund zu gehen, herauszufinden, wie oder wozu es überhaupt zu einer Situation des Versagens gekommen ist. So erscheint ihre Reue mehr als Dokumentation moralischer Rechtfertigung. Nach einem Streit in der Partnerschaft ist es zum Beispiel sehr die Frage, ob die Betreffenden bereuen, den Partner gekränkt oder verletzt zu haben, oder ob es ihnen leid tut, daß sie mit ihren Mitteln nicht zum Ziel gekommen sind, daß sie ihren Kopf nicht haben durchsetzen können. Solange die Einsicht und das Verständnis für die eigenen Handlungen – und die Kraft zu einer veränderten Haltung – fehlen, ist das Gefühl der Reue ein psychischer Kraftakt, nach dem alles beim alten bleibt.

Das Unvermögen, die eigenen Handlungen als Ausdruck der momentan zur Verfügung stehenden Möglichkeiten zu betrachten, äußert sich auch im Gefühl des Ekels, der sowohl die ablehnende Haltung gegenüber dem eigenen Selbst als auch gegenüber der unzulänglichen Umwelt widerspiegelt. So wie der physische Ekel die Magenwände in bestimmter Weise reizt, um etwas auszustoßen oder abzuwehren, gehört auch zum seelischen Ekel eine Gebärde der Abwendung und Abstoßung. »Ich finde mich ekelhaft« ist eine Äußerung, die wir im therapeutischen Gespräch nicht selten anhören müssen. Was finden nun die Menschen an sich und anderen so ekelhaft?

Die aus überhöhten Ansprüchen resultierenden Bedürfnisse nach Perfektion können in einer so unvollkommenen Welt wie der unsrigen nicht befriedigt werden. Gegen diesen Tatbestand lehnen sich die Betreffenden auf und neigen deshalb dazu, sich selbst und die Umwelt als ekelhaft, klein, abstoßend und häßlich zu empfinden. Die Konfrontation mit der menschlichen Unzulänglichkeit, mit Angst, Schwäche und Versagen erfüllt solche Menschen mit Widerwillen. So berichtete mir ein 35jähriger, in seinem Beruf erfolgreicher Mann, daß er bei einer Therapiesitzung zugehört und sich sehr schlecht gefühlt habe. Der Sachverhalt war der, daß ein anderes männliches Gruppenmitglied sehr offen und eindrücklich über seine Kleinheitsgefühle Frauen gegenüber und seine Angst gesprochen hatte, in der Sexualität zu versagen. Derjenige, der diese Sitzung kommentierte, hat selbst größte Mühe, Schwächegefühle irgendwelcher Art zuzulassen, und schildert schließlich sein Erlebnis: »Es war mir einfach ekelhaft, zuhören zu müssen, wie masochistisch der X sich verhält.«

Ebenso wie beim Scham-Phänomen ist es auch hier interessant, zu verfolgen, wann Ekelgefühle auftreten. So fehlt zum Beispiel häufig »geistiger Ekel«, der angesichts des kulturellen Schmutzes von Faschismus, Bolschewismus, Unterdrückung und sozialer Ungerechtigkeit angezeigt wäre.

Während Gefühle wie Scham, Reue und Ekel häufig erst bei einer genaueren Durcharbeitung der Über-Ich-Problematik sichtbar werden, sind wir mit dem Gefühl der Schuld meist direkt und von Anfang an konfrontiert. Die Schuldgefühle, von denen die Hilfesuchenden sprechen, sind häufig entstellt, verzerrt und überzogen. Dennoch ist es notwendig, ihnen größte Aufmerksamkeit zu schenken, weil dahinter oft die tatsächliche Ursache ihrer Symptome, ihrer Unzufriedenheit und ihrer Leiden zu finden ist.

Menschen entwickeln aus unterschiedlichen Motiven heraus Schuldgefühle. Meist sind diese allerdings Ausdruck eines zwischenmenschlichen Konflikts, also der Unmöglichkeit, einen befriedigenden Kompromiß zwischen den eigenen Selbstbehauptungstendenzen und den Verpflichtungsgefühlen gegenüber wesentlichen Bezugspersonen, kulturellen Standards, Autoritäten und Institutionen zu finden.

In den Therapiegesprächen erfahren wir, daß Menschen mit Schuldgefühlen reagieren, wenn sie anderen die Erfüllung von Wünschen verweigern, wenn sie selbst Rechte in Anspruch nehmen oder etwas verlangen, wenn sie in der Sexualität Lust und Freude empfinden oder überhaupt genießerische Gefühle entwickeln, wenn sie Entspannung und Muße suchen oder aber dazu außerstande sind, wenn sie auf der Suche nach einem eigenen Standpunkt sind und die Meinungen der Umwelt nicht teilen, wenn sie ihre Eltern, Kinder oder Partner nicht so lieben, wie es ihrer Meinung nach notwendig wäre, wenn sie aus Schwierigkeiten nicht allein herausfinden, mit anderen Worten, wenn sie nicht fühlen, denken und handeln, wie es ihrem Perfektionsideal entspricht.

Diese unvollständigen Andeutungen mögen genügen, um deutlich zu machen, daß Menschen mit einem besonders ausgeprägten Über-Ich imstande sind, alle denkbaren Lebensäußerungen und Lebensbereiche mit Schuldgefühlen zu belegen. Interessant ist in diesem Zusammenhang die Frage nach spezifisch weiblichen oder männlichen Schuldgefühlen. Unsere bisherigen therapeutischen Erfahrungen bestätigen, daß tatsächlich eine solche geschlechtsspezifische Erlebensweise bezüglich der Schuldgefühle existiert.

So konnten wir feststellen, daß sich besonders bei den nach traditionellen weiblichen Rollenvorstellungen erzogenen Frauen nach kurzer Zeit der Mitarbeit in der Gruppe eine bemerkenswerte Veränderung ergab. Die Symptome (z. B. Migräne, intellektuelle Minderwertigkeitsgefühle, sexuelle Unlust, latent depressive Stimmungen), deretwegen die Betreffenden mit der Therapie begannen, verbessern sich oder verschwinden mitunter erstaunlich rasch. Dafür stellen sich bis dahin unbekannte Schuldgefühle ein; diese sind verbunden mit der Angst, ihr Leben könnte sich grundlegend verändern.

Ganz allgemein läßt sich sagen, daß Frauen in ihrer Therapie von Schuldgefühlen berichten, wenn sie sich aus dem »erlaubten«, anerzogenen Rahmen ihrer Expansionsmöglichkeiten herausbewegen. Sie fühlen sich schuldig, wenn sie an sich und ihr Bedürfnis nach Bildung denken, anstatt sich pausenlos auf ihre Umgebung und das Wohl ihrer Partner, Männer und Kinder einzustellen. Sie fühlen sich schuldig, wenn sie »männliche« Bedürfnisse an sich feststellen und den Wunsch entwikkeln, freier und unabhängiger zu leben.

Bei den Männern stellt sich die Situation meist anders dar. Zunächst einmal sieht es so aus, als ob sie weniger unter Schuldgefühlen leiden, da diese weniger greifbar und offenkundig sind, als es bei vielen Frauen der Fall ist. Sie sprechen eher von Versagensängsten, von der Befürchtung, im Konkurrenzkampf mit den anderen Männern schlechter abzuschneiden, nicht genügend dem Bild des starken und unbeeindruckbaren Mannes zu entsprechen. Von Schuldgefühlen erfahren wir meist erst dann, wenn die Betreffenden überhaupt einmal einen Zugang zu ihren Gefühlen gefunden haben. Dann hören wir, daß sie sich schuldig fühlen, wenn sie sich schwach zeigen, wenn sie Bedürfnisse nach Anlehnung, menschlicher Wärme und Hilfe äußern, weil sie nach den ihnen anerzogenen Vorstellungen souverän mit allem allein fertig werden müßten. Sie fühlen sich schuldig wegen ihrer Hilflosigkeit im Umgang mit den Gefühlen ihrer Partnerinnen, Frauen und Kinder und dem Unvermögen, diese zu verstehen.

Im psychologischen Sinne schuldig werden, sich selbst und anderen etwas vorenthalten, kann nur jemand, der sich nicht nur verantwortlich fühlt, sondern auch zur Verantwortung fähig ist. Ein von Schuldgefühlen und Selbstzweifeln geplagter Mensch, der jede seiner Lebensäußerungen an überhöhten, zum Teil abwegigen Ansprüchen mißt, wird infolge seiner Ich-Schwäche kaum in der Lage sein, das Leben selbstverantwortlich zu gestalten. Die Schuldgefühle, mit denen wir es in der Therapie zu tun haben, stehen immer im engen Zusammenhang mit der Angst vor Verantwortung. Sie sind letztlich Ausdruck einer fehlerhaften Selbstverwirklichung oder der Kapitulation angesichts der Schwierigkeiten, die diese Aufgabe mit sich bringt.

Die Fähigkeit, Verantwortung zu tragen, eigene Antworten auf Schwierigkeiten und Konflikte zu finden, muß gelernt und geübt werden wie alles andere im Leben auch. Dieser Lernprozeß ist bei den Menschen, von denen hier die Rede ist, frühzeitig verhindert worden durch das Verbot, Fehler zu machen, und durch Entmündigungen aller Art.

Dies bewirkt schließlich, daß sich die Betreffenden ängstlich an gesetzte Normen klammern, um nur ja nichts falsch zu machen. Sie leben in dem Glauben, verantwortlich zu sein, werden in Wirklichkeit aber von ihren Gefühlen gestoßen, gedrängt, gezwungen und verpflichtet, in irgendeiner Weise zu handeln. Sie haben gelernt, Autoritäten gegenüber zu gehorchen, der Allgemeinheit, sie sind dem »man« verpflichtet, aber nicht ihrem eigenen Selbst. Die Übernahme von Verantwortung setzt ein starkes, mutiges Ich voraus, das zu sich und seinen Taten steht, selbst wenn diese sich als nachteilig oder fehlerhaft erweisen. Angst vor der Verantwortung ist demnach Angst vor der Freiheit und Angst vor dem Selbstsein.

Intentionen und Wertorientierung

Wenn wir im Laufe der therapeutischen Zusammenarbeit einen Menschen näher kennenlernen, stellen wir fest, daß seine Gefühle keineswegs nur reaktiv sind. Seine emotionale Haltung ist immer auch Ausdruck von Intentionen und spezifischen Wertvorstellungen, die er selber aktiv anstrebt. Aus der bewußten und unbewußten Orientierung an bestimmten Werten wie Bescheidenheit, Gehorsam, Perfektion und Angstfreiheit, ihrer Bevorzugung oder Ablehnung, erwachsen persönliche Ziele, die allen Lebensäußerungen eine charakteristische Bewegungslinie verleihen.

Der Aufbau des Wertesystems eines jeden einzelnen ist außerordentlich kompliziert, da der Mensch infolge der spezifischen Bedingungen seiner Kindheit, der Zugehörigkeit zu einem Geschlecht, der Art seiner Erziehung, der ökonomischen, politischen und sozialen Verhältnisse, der kulturellen Epoche, in der er gerade lebt, von Anfang an in seiner Vorstellung von Leben beeinflußt wird. Gleichzeitig jedoch beginnt er, eine selektive Auswahl aus diesem Angebot zu treffen, und damit entsteht eine Art persönlicher Wertehierarchie.

Wir haben in unserer therapeutischen Arbeit die Erfahrung machen können, daß es beim Menschen offenbar ein spezifisches Bedürfnis nach Werten gibt, die dem Leben Sinn und Intensität verleihen sollen. Wenn dieses Bedürfnis nicht ausreichend befriedigt werden kann, treten Symptome auf wie Depression, Krankheit, Suchtgefährdung usw.

Im Umgang mit Menschen, die beständig unter der Härte ihres Über-Ich leiden, stellen wir nun hinsichtlich ihrer Wertentwicklung und Wertorientierung einige spezifische Besonderheiten fest. Es fällt auf, daß die Betreffenden Mühe haben, eine klare, bewußte Hierarchie der Werte für sich selbst zu errichten. Dies zeigt sich immer dann, wenn im Gespräch Entscheidungskonflikte deutlich werden oder Möglichkeiten der Wahl auftauchen. Wenn wir in diesem Zusammenhang die Frage stellen: »Was ist dir selbst wirklich wichtig, was möchtest du am liebsten?«, sind solche Menschen meist nicht imstande, eine klare und eindeutige Antwort zu geben. Tatsächlich sieht es manchmal so aus, als ob sie nicht einmal eine entfernte Vorstellung von dem haben, was sie wirklich wollen. So wissen sie nicht, ob sie tatsächlich die Trennung von ihrem Partner wünschen, ob sie allein oder mit anderen zusammenleben wollen, ob sie Beziehungen, die unbefriedigend geworden sind, noch weiter aufrechterhalten wollen, ob sie sich eine andere berufliche Tätigkeit wünschen, ob sie ein Kind bekommen wollen oder, wenn sie bereits schwanger sind, das Kind nicht zur Welt bringen wollen. Sie können keine profunde und eindeutige Auskunft darüber geben, ob sie mit ihrem Leben zufrieden sind oder etwas verändern möchten.

Der Anschein, daß Menschen absolut nicht wissen, was sie wollen, was ihnen wertvoll und wichtig ist, ist aber meist trügerisch und trifft auch nur auf eine relativ kleine Zahl in vollem

Ausmaß zu. Unsere Erfahrung ist die, daß sich hinter dem »Nichtwissen« zumindest eine Ahnung der eigenen Wünsche, Bedürfnisse und Vorstellungen verbirgt, die zu äußern sie sich jedoch aus Angst vor Mißbilligung nicht gestatten. Ein Hinweis hierauf löst mitunter sogar Schuldgefühle aus, weil sie davon überzeugt sind, kein Recht darauf zu haben, sich nach eigenen Vorstellungen zu orientieren: »Darf ich denn diese Einladung absagen, nur weil es mir wichtiger wäre zu lesen?« – »Kann ich es wirklich ablehnen, wenn ein Freund um Hilfe bittet?« – »Sollte es tatsächlich möglich sein, den angekündigten Besuch bei den Eltern aufzuschieben oder gar ausfallen zu lassen, obwohl diese sich schon darauf freuen?« Hinter diesen und anderen Fragen steckt letztlich immer der Zweifel: »Darf ich denn überhaupt *ich* sein wollen, meine eigenen Vorstellungen haben und ein selbstbestimmtes Leben führen?«

Mehr als alles andere befürchten die hier beschriebenen Menschen die Ablehnung und Verurteilung durch die Eltern, Freunde, Bekannten, den Therapeuten, die Gruppe und die Gesellschaft. Sie haben gelernt, ihre Werte von außen zu »beziehen«; man hat ihnen fortwährend gepredigt, was für sie gut und was für sie falsch ist. Darüber verlernten sie, selbst Fragen zu stellen und scheinbar Gegebenes in Frage zu stellen. Die ständige Angst vor Liebesverlust, Kritik und Verurteilung und der fehlende Mut zu eigenständigem Fühlen, Denken und Handeln führen zwangsläufig zu einem unklaren, starren und begrenzten Wertentwurf.

Die vorherrschenden Tendenzen dieser Menschen sind »selbstbeschränkende Anpassung« im Sinne von Selbstverleugnung und Aufrechterhalten der inneren Ordnung im Sinne der Angstvermeidung. Die Spannweite dessen, was sie an Werten in ihrem Leben verwirklichen könnten, wird nicht von ihren realen Fähigkeiten und Bedürfnissen bestimmt, sondern von ihren zwanghaften Über-Ich-Ansprüchen, die sich auf die Dauer als Einschnürung des seelischen und geistigen Wachstums erweisen. Behaglichkeit und Freude, das Vergnügen an expansiver Ausdehnung und die Eroberung vieler Lebensmöglichkeiten erscheinen solchen Menschen verboten, aber auch gefährlich, so daß entsprechende Werte ohne wirkliche Anziehungskraft bleiben.

Die Art und der Inhalt der Wertorientierung von Menschen im Über-Ich-Konflikt werden den Erfordernissen ihres täglichen Lebens nicht gerecht. Ihr Wertesystem stellt deswegen keine Lebenshilfe dar, sondern ist im Gegenteil eine nie versiegende Quelle von Konfliktmöglichkeiten und Enttäuschungen. Das Gegeneinander widersprüchlicher Tendenzen macht es den Betreffenden schwer, zu handeln. So hören wir häufig, daß diese der Ansicht sind, erst ihre Ängste, ihre Schüchternheit und ihre vermeintlichen Fehler beseitigen zu müssen, bevor sie Beziehung zu anderen Menschen aufnehmen, in Gespräche eintreten und bei Aktivitäten mitwirken dürfen. Angstfrei und scheinbar perfekt zu sein erscheint ihnen meist wertvoller als eine Tat mit Angst und dem Bewußtsein zu vollbringen, daß man eventuell Fehler machen könnte. Zumindest aber zweifeln sie an dem Wert eines realitätsbezogenen Verhaltens, wenn man ihnen entspechende Vorschläge unterbreitet.

Aufgrund ihres spezifischen Wertentwurfs, der die Ideale der Fehlerlosigkeit, Angstfreiheit, Sicherheit um jeden Preis, Überlegenheit und Selbstverleugnung, um geliebt zu werden, als oberste Werte enthält, und wegen ihrer zwanghaften Orientierung an diesen werden mitunter für Menschen Bagatellen zu Riesenproblemen. Sie sind kaum in der Lage, zu erkennen, welcher Wert in einer konkreten Situation einem anderen vorzuziehen ist, ob er ihren tatsächlichen Möglichkeiten entspricht und Bedürfnisse befriedigt, die sie in ihrer Entwicklung voranbringen würden. Einige Beispiele mögen dies verdeutlichen.

Eine Frau versäumt ihren Einzelstundentermin, weil sie kurz zuvor feststellt, daß sie ihre Haare nicht gewaschen hat, und es so unmöglich aussieht, daß sie nicht aus dem Haus gehen kann. Wie ich aus der Zusammenarbeit mit ihr weiß, versäumte sie aus ähnlichen Gründen schon Verabredungen mit Freunden oder Einladungen. Sie fühlt sich unter Menschen ständig beobachtet und kontrolliert und achtet deswegen zwanghaft auf ihre äußere Erscheinung. Nur wenn sie »wie aus dem Ei gepellt« aussieht, fühlt sie sich einigermaßen sicher. Obwohl sie sonst pünktlich und gerne zu den Gesprächen kommt, ließ sie in dieser Konfliktsituation lieber die Stunde ausfallen – nicht ohne sich deswegen heftige Vorwürfe zu machen und mit der Erwartung, daß ich sie nun ablehnen würde.

In einem anderen Fall klagt ein Mann über seine anhaltenden Kontaktschwierigkeiten. Er ist verbittert darüber, keine wirklichen Freunde zu haben und auch nur selten eingeladen zu werden. Im gleichen Atemzug erwähnt er, daß er es strikt ablehnen würde, jemand zu sich nach Hause einzuladen, da ihm seine Wohnung für Besucher gänzlich ungeeignet erscheint. Außerdem ist er davon überzeugt, kein guter Gastgeber zu sein.

Als ich im Laufe einer Sitzung eine junge Frau, eine promovierte Pädagogin, darauf aufmerksam machte, daß sie in den gemeinsamen Gruppengesprächen beginnen könnte, ihr Wissen und ihre Erfahrung beizusteuern, um sie so den anderen zur Verfügung zu stellen, entgegnete diese: »Ich möchte schon gerne mitmachen, aber der Gedanke, daß ich etwas Unpassendes sagen könnte, hält mich zurück. Meist sitze ich nur angespannt da und höre den anderen neidisch zu.«

Ein junger Wissenschaftler, der in seinem Beruf außerordentlich erfolgreich ist, spricht in seinen Stunden immer wieder über Partnerschaftsprobleme. Er ist schon lange ohne Freundin und zweifelt inzwischen daran, ob es ihm je gelingen wird, eine feste Beziehung zu einer Frau herzustellen. In den Gesprächen stellt sich heraus, daß er zwar relativ mühelos die Bekanntschaft von Frauen macht, sich gut mit ihnen zu unterhalten versteht und auch zärtlich sein kann, aber den intimen Sexualkontakt und die geschlechtliche Vereinigung ängstlich vermeidet. Sobald er sich für eine Frau wirklich ernsthaft zu interessieren beginnt, taucht der Gedanke an Impotenz auf und wirkt so störend und beunruhigend auf ihn, daß er mancherlei Ausflüchte findet, sobald sexuelles Zusammensein möglich wäre. (In seiner bisherigen einzigen Partnerschaft hatte der Betreffende einige Male Erektionsstörungen.) Die in seiner Vorstellung existierende Notwendigkeit, immer souverän und männlich zu erscheinen, verunmöglicht es ihm, seine Schwierigkeiten der potentiellen Partnerin anzuvertrauen, und anstatt die Beziehung auf eine ehrliche Basis zu stellen, indem er seiner Partnerin von seinen Schwächegefühlen erzählt, nimmt er lieber deren Beendigung in Kauf.

Im individuellen Verhalten der hier geschilderten Personen wird deutlich, daß wir es jeweils mit einer ganz spezifischen »wertenden und wählenden Haltung« zu tun haben. Ein Wert, zum Beispiel Sicherheit, wird einem anderen, zum Beispiel Selbsterkenntnis durch ein therapeutisches Gespräch, vorgezogen. Oder, wie wir im letzten Fall sehen, der Wert der Pseudoüberlegenheit wird letztlich dem der partnerschaftlichen Liebe vorangestellt. Man könnte sagen, daß es die Minimalwerte sind, die die Betreffenden bevorzugt haben.

Vom Standpunkt einer ganzheitlichen Betrachtung ist ein schmaler und starrer Wertentwurf und die Desorientiertheit in bezug auf Werte überhaupt nicht in erster Linie das Problem einzelner Personen, sondern Ausdruck eines viel umfassenderen Dilemmas. Eine Gesellschaft, die gleichzeitig Nächstenliebe und wirtschaftlichen Egoismus zu propagieren vermag, die gleichzeitig Selbstbehauptung und masochistische Unterwerfung intendiert, die den einzelnen zwar zur Sozialität verpflichtet, selbst aber mit Gewalt und Unterdrückung Humanität verhindert, bringt die Menschen zwangsläufig in eine widersprüchliche, schizophrene Situation.

Solchen Menschen fehlt oft der Mut und auch die Kraft, sich wirksam den Faktoren zu widersetzen, die sie daran hindern, ein erfülltes und sinnvolles Leben zu führen. In der Psychotherapie muß hier die Bemühung einsetzen, den »subjektiven Wertentwurf« des Hilfesuchenden transparent zu machen, ihn gemeinsam mit diesem kritisch zu überprüfen, damit der Betreffende schließlich in der Lage ist, neue Werte wahrzunehmen und seinen Werthorizont im Hinblick auf mehr Leben und Verantwortlichkeit zu erweitern.

Bedürfnisse und Motivationen

Als wesentliche Hindernisse der therapeutischen Kooperation erweisen sich neurotische Bedürfnisse und Motivationen, deren Hartnäckigkeit allen Beteiligten Geduld abverlangt. Zwischen den Zielsystemen der Hilfesuchenden (Werte, Ideale, Lebensplan) und ihren Bedürfnissen (Vollkommenheit, Sicherheit usw.) besteht eine komplexe Beziehung, denn Werte ergeben sich aus Bedürfnissen, aber schaffen sie andererseits auch. Die schwierige und vieldiskutierte Frage nach den eigentlichen Motiven des menschlichen Handelns wollen und können wir hier nicht in aller Ausführlichkeit behandeln.

Unser Standpunkt beruht auf der Überzeugung, daß die Menschen an ihr Leben höhere Ansprüche stellen, als allein durch ein gesundes biologisches Gleichgewicht und die Befriedigung von Trieben zu erfüllen sind. Daher können wir die ansicht jener Motivationstheoretiker nicht teilen, die meinen, daß im Streben nach Glück und Lust oder im Versuch, Spannungs- und Defizitzustände zu mindern, *die* Motivationsquelle des Menschen überhaupt zu suchen ist.

Für den Verlauf einer Therapie und das Ziel der Charakterveränderung ist es außerordentlich wichtig, genau herauszuarbeiten, wie der individuelle Stellenwert bestimmter Bedürfnisse und Motivationen ist, wie diese vom einzelnen erlebt und umgeformt werden oder wie sie mit seinem Lebensplan in Zusammenhang stehen. So werden wir beim ängstlichen und gehemmten Analysanden nur selten ein offenkundiges Bedürfnis nach Selbstbehauptung finden. Wir bemerken vielmehr, daß er dieses Bedürfnis in Selbstverleugnung und das Bestreben umwandelt, »nicht unangenehm aufzufallen«, »den anderen nicht zur Last zu fallen« usw. Es mag uns jemand versichern und natürlich selbst davon überzeugt sein, daß er mit seiner Zurückhaltung und Bescheidenheit nur das Wohl der anderen im Auge hat oder daß seine immer wieder geäußerten Selbstzweifel und Kleinheitsgefühle keineswegs das Mitleid und die Nachsicht seiner Umgebung erwecken sollen. Wir tun gut daran, hinter diesen Beteuerungen nach weiteren Handlungsmotiven zu suchen.

Meist sind sich die Betreffenden ihrer Scheinmotivation gar nicht bewußt, oder genauer gesagt, sie stehen ihrem eigenen Tun und Handeln ratlos gegenüber, weil sie spüren, daß sie sich mit ihren Bemühungen im Kreis drehen. Sie verstehen die Sprache nicht, die verschlüsselt in ihren Handlungen und Verhaltensweisen liegt und die über die wahren Bedürfnisse und Motive ihres Handelns Auskunft zu geben vermag.

Das innere Verbot, eigene Wünsche und Bedürfnisse zur Geltung zu bringen, und die hieraus folgende Kargheit der Lebensmöglichkeiten wirkt sich auch in den Beziehungen aus. Wenn andere Menschen es verstehen, sinnvoller, glücklicher, unbeschwerter und selbstbejahender zu leben, löst dies neben Neid stets Empörung aus. Man wertet sie ab, hält sie für egoistisch, leichtsinnig und unmoralisch. Aus dem Vergleich mit diesen ziehen die Betreffenden das Fazit, daß sie selbst moralisch integer sind und daß die Haltung der anderen aufs schärfste abzulehnen ist. In den Therapiegesprächen zeigen sie sich im höchsten Maß erstaunt, wenn sie weder von der Gruppe noch vom Therapeuten für ihr selbstverleugnendes Verhalten den erhofften Beifall ernten, sondern möglicherweise auf Motive aufmerksam gemacht werden, die ihnen selbst entgangen sind. Es wundert uns nicht, daß wir das Bedürfnis nach »moralischem Glanz« besonders bei Menschen finden, die sonst kaum Möglichkeiten sehen, sich Geltung und Bedeutung zu verschaffen. Daß Frauen hiervon stärker betroffen sind als Männer, das wird jedem einleuchten, der sich mit der Geschichte der Frauen und ihrer Entwicklung vertraut gemacht hat. Ein Beispiel soll das »typisch Weibliche« dieses Problems verdeutlichen:

Ein Paar in mittleren Jahren, mit zwei schon fast erwachsenen Kindern, kommt nach jahrelangem zermürbendem Ehekrieg in die Therapie. Die Frau berichtet, daß sie in ständiger Sorge um ihren Mann lebe, weil dieser trotz eines schweren Rückenleidens nicht in der Lage sei, sich zu schonen, und daß er auf seine Gesundheit und ihre Ängste keinerlei Rücksicht nehme. Wegen dieser unterschiedlichen Einstellungen gebe es oft heftigen Streit.

Der Mann, ein sehr expansiver und trotz seiner Beschwerden robust erscheinender Typ, klagt über die Überfürsorglichkeit und Strenge seiner Frau, die ihm manchmal auf die Nerven gehe und von der er sich bevormundet und bedrängt fühle.

In den Gesprächen mit der Frau wird deutlich, daß diese neben ihrem opferbereiten und erduldenden Verhalten eine Fülle von Anklagen, Beschuldigungen und versteckten Aggressionen ihrem Mann gegenüber bereithält. Ihr selbst wird nicht bewußt, daß sie dazu neigt, ihren Mann als rücksichtslosen, übermächtigen und egozentrischen Menschen zu charakterisieren, dem sie seinen Lebenswillen, seine Zähigkeit und Lebensfreude nicht nur neidet, sondern auch sehr übelnimmt. Von sich betont sie stets die Bereitschaft zum Verzicht und die Treue, mit der sie bereits jahrelang ihrem »schwierigen« Mann zur Seite gestanden hat und auch weiter stehen wird.

Dieser wiederum erzählt, daß er sich schon nach dem ersten Ehejahr von seiner Frau für viele Monate trennte, ohne ein Lebenszeichen von sich zu geben oder seinen Aufenthaltsort bekanntzumachen. Ihm seien schon sehr bald Zweifel an der Beziehung gekommen. Die Ehefrau, auf diese »Beziehungskrise« angesprochen, zeigt auch hier ihre »moralische Untadeligkeit«. Sie sagt, daß sie nie auf die Idee gekommen wäre, daß es noch eine andere Möglichkeit gegeben hätte als die, geduldig auf ihren Mann zu warten, schließlich sei es doch ihre Pflicht gewesen, treu zu sein. (An dieser Stelle möchten wir darauf hinweisen, daß die Betreffende zwar aus einer nicht konfessionell gebundenen, aber sehr »moralisierenden« Familie stammt, in der die Tugenden der Demut, Bescheidenheit, des Verzichts und der Treue zu absolut vorrangigen Werten erhoben wurden, während der Mann seine Kindheit ohne Vater verbrachte, aber im Zusammenleben mit vier verwöhnenden Frauen – Mutter, Tanten und Schwestern –, für die er der Mittelpunkt des Lebens war und gegen die er sich stets zur Wehr zu setzen versuchte.)

Im Verlauf der Therapie ergibt sich nun folgende Situation: Der Mann kommt zu dem Schluß, sich endgültig von seiner Frau zu trennen, nachdem diese mit Hilfe der Gruppe ihr Begabtenabitur bestanden hat. Er kann in den kraftaufwendigen Ehekämpfen nur noch eine Behinderung ihrer beider Entwicklung und keine Möglichkeit einer Annäherung mehr sehen. Obwohl auch die Frau sich immer offener zugesteht, die Partnerschaft als schwere Belastung zu empfinden, reagiert sie auf den aktiven Trennungsschritt ihres Mannes keineswegs mit Gefühlen der Erleichterung, sondern mit Wut, Enttäuschung, heftigen Vorwürfen und solchen Aggressionen, daß sie selbst zutiefst erschrocken ist.

In ihren Gesprächen nach der Trennung arbeiten wir gemeinsam heraus, daß sie den größten Teil ihrer Selbstbestätigung und »Daseinsberechtigung« aus der Rolle der leidenden und erduldenden Ehefrau gezogen hat und angesichts der jetzt gegebenen Möglichkeit, endlich einmal ihre eigenen Bedürfnisse kennenzulernen und in den Vordergrund zu stellen – ein Leben nach eigenen Vorstellungen führen zu können –, nur Leere und Angst empfindet.

Wie stark ihr Selbstbild von dem Bedürfnis nach »moralischem Glanz« bestimmt ist, zeigt eine Beziehung, die sie anknüpft, nachdem der stärkste Trennungsschmerz vorbei ist. Obwohl sie ihren neuen Partner in vielerlei Hinsicht liebenswert und anziehender findet, die Sexualität wie nie zuvor genießt und er ihr die Sensibilität und Aufmerksamkeit entgegenbringt, die sie sich in ihrer Ehe immer vergeblich gewünscht hat, ist sie nicht imstande, sich richtig einzulassen. Ihr wird klar, daß sie die erotische Spannung deshalb vermißt, weil sie nicht in masochistischer Weise um ihren Partner »leiden«, sich nicht »nach ihm verzehren« muß.

Ein sekundäres Bedürfnis, dem wir therapeutische Aufmerksamkeit widmen müssen, ist das nach der Vereinfachung der Lebensvielfalt. Menschen, die unter dem Druck ihrer zwanghaften Über-Ich-Vorstellungen ein Gefühl für sich selbst verloren haben, erschrecken angesichts der bunten Fülle und Kompliziertheit des Lebens. Sie sind bestrebt, alle Erfahrungen zu schematisieren und einem »Richtig-Falsch-Katalog« zuzuordnen. Zwischentöne, Nuancen und Widersprüche verwirren und ängstigen sie. In der Therapie kann das so aussehen, daß sie uns auf irgendeine Weise zwingen wollen, zu Sachverhalten so Stellung zu beziehen, daß eine unumstößliche Wahrheit dabei herauskommt. Sie wollen vom Therapeuten wissen, was zutreffend und verbindlich, was einzig und allein richtig ist.

Sie zeigen die starke Neigung, die Kompliziertheit des Lebens auf einige »handliche Ideen und Regeln« zu reduzieren. Alles soll möglichst einfach und überschaubar sein und ihren eigenen Denk- und Gefühlsschemata entsprechen. Dazu gehört, daß sie sich schlecht vorstellen können, daß andere Menschen anders leben, fühlen und denken könnten, als sie selbst es in einer bestimmten Situation tun. So sind sie einerseits aufgrund ihrer inneren Gebote und Tabus tatsächlich außerstande, das Leben als etwas Komplexes, Widersprüchliches, nie ganz zu Erfassendes zu akzeptieren, und vereinfachen und verfälschen somit die Wirklichkeit in unzulässiger Weise, andererseits wird gerade durch die Begrenztheit und Starrheit dieser Vorstellungen ihr Leben kompliziert und strapaziös. Bagatellen werden aufgebauscht, und man ist dauernd damit beschäftigt zu überlegen, wie man eigentlich sein müßte, um wirklich leben zu können. Diese Menschen sind in Gedanken entweder bei versäumten Gelegenheiten, bei Niederlagen in der Vergangenheit oder bei den schrecklichen Anstrengungen und Anforderungen, die in Zukunft auf sie zukommen werden, alles dies in dem Gefühl, wie bedauerlich es doch ist, daß das Leben so mühevoll und kompliziert ist. Es ist so, wie eine Patientin von Karen Horney einmal meinte: »Das Leben ist schrecklich; es ist so voller Realität.«

Möglicherweise sind die bereits erwähnten Bedürfnisse (nach Vereinfachung, moralischem Glanz und einer anderen Identität) nur die spezifische Ausformung eines viel umfassenderen Bedürfnisses. Wir denken hierbei an den Wunsch, vollkommen zu sein. Es liegt nahe, hinter der zwanghaften Betonung von Unzulänglichkeiten, dem fleißigen Hervorheben vermeintlicher Schwächen und Fehler und der gleichzeitigen Anhäufung phantastischer Ansprüche und Sollvorschriften die Verehrung eines »Gottähnlichkeitsideals« zu vermuten.

Es ist das Bedürfnis nach dem Absoluten und Äußersten oder wenn man so will, das Prinzip des »Alles oder Nichts«, der Versuch, die Grenzen des Machbaren und Möglichen aufzuheben. Die Faszination und Macht, die von diesem Ideal ausgeht, zeigt sich in dem Widerstand und der Heftigkeit, mit der sich die Betreffenden in der Therapie zur Wehr setzen, wenn es darum geht, den Wert dieses Ideals zu hinterfragen.

Denken und Handeln

Wenn unsere Annahme richtig ist, daß das Über-Ich nicht ein abgespaltenes Persönlichkeitssegment ist, sondern im Verlauf komplizierter Wechselbeziehungen zwischen dem einzelnen und seiner Umwelt zu einer Haltung wird, die das gesamte Dasein eines Menschen in bestimmter Weise prägt, müssen wir auch in den Bereichen des Denkens und des Handelns auf typische »Wesensmerkmale« stoßen. Wir glauben in der Therapie beobachtet zu haben, daß das Denken des Menschen seinen Stimmungen, Gefühlen, Werten, Überzeugungen und Bedürfnissen weitgehend entspricht, daß es überdies die Art seines Tätigwerdens und Handelns in charakteristischer Weise lenkt und beeinflußt und es dementsprechend viel mehr ist als ein bloßes rationales Geschehen.

Das denkende Sich-Zurechtfinden in der Welt, das Ordnen, Begreifen und über die Welt Verfügen hängt, abgesehen vom Bildungsgrad und Wissensstand eines Menschen, entscheidend von dessen »psychischer Optik« ab, von seiner spezifischen Brille, die ihn die Welt und das Leben in einer nur ihm eigenen Weise wahrnehmen läßt. So kann im Umgang mit depressiven Menschen jeder die eindrückliche Erfahrung machen, daß die Gedankenwelt einen düsteren, schweren und beklemmend engen Charakter haben kann. Denken vermag aber auch Weltoffenheit und Weltzugewandtheit auszudrücken, kann in neugierigen und wißbegierigen Fragen, in dem Suchen nach Lösungen Helligkeit, Lebendigkeit und Weite vermitteln. Daß letzteres sich unter der lebensfeindlichen Last eines rigiden Über-Ich wohl kaum entwickeln kann, wird jeder nachvollziehen können.

Wenn wir den davon Betroffenen zuhören, kann man sich des Eindrucks nicht erwehren, daß ihr Denken stereotyp um immer ähnliche Fragen und Sachverhalte kreist. Sie denken vielleicht, daß die anderen nicht zufrieden sind mit ihnen, daß sie verabscheut und verurteilt werden, daß das Leben ihnen übel mitspielt, daß man ihren wahren Wert verkennt, oder aber daß sie aufgrund ihres Leidens und ihrer überhöhten Ansprüche besser sind als alle anderen. Es ist in gewisser Weise eine sado-masochistische Gedankenwelt, die vor uns ausgebreitet wird, da die Gedanken entweder auf die Erwartung von Strafe und Ablehnung gerichtet sind oder aber Situationen triumphaler Überlegenheit ausmalen. Weil die Betreffenden es nicht verstehen, im Augenblick zu leben und die gebotenen Möglichkeiten zu ergreifen, ist es naheliegend, daß ihr Denken häufig an den Erfordernissen der aktuellen Lebenssituation vorbeigeht. Sie sind damit beschäftigt, über ihre dunkle Vergangenheit nachzugrübeln oder voller Sorge an die Zukunft zu denken.

Abgesehen von der Stereotypie und Starrheit, die allerdings in jedem Falle eine individuelle Note hat, zeigt sich der von Über-Ich-Kategorien befrachtete Denkfluß in spezifischer Weise blockiert und gehemmt. Da die Betreffenden sich häufig keine eigenen Urteile gestatten, sind auch Skepsis und Zweifel gegenüber herkömmlichen Wertvorstellungen und gesellschaftlichen Normen ein Sakrileg. Angst und autoritärer Gehorsam werden so zu wirkungsvollen Denkblockaden.

Die autoritäre Denkhemmung, die Ausschaltung der eigenen Persönlichkeit bei der Beurteilung von Situationen, Aufgaben und Sachverhalten läßt schließlich die Welt übersichtlich und geordnet erscheinen. Wenn alle wesentlichen Wahrheiten schon feststehen, gibt es schließlich nichts mehr zu fragen und zu hinterfragen. Das dogmatische Denken und die Orientierung an einem lebensfernen Perfektionsideal werden zum »geistigen Korsett«, das nicht nur den Handlungsspielraum der Betreffenden einengt, sondern die Handlungsfähigkeit selbst verkümmern läßt und oftmals lähmt.

Für sie kann jedes Tätigwerden schon deshalb qualvoll sein, weil es die Möglichkeit des Scheiterns und Kritisiertwerdens in sich birgt. Der Gedanke, etwas falsch gemacht oder nicht berücksichtigt zu haben, ist ihnen entsetzlich. Die Angst vor Unvollkommenheit und der Verletzung von Verboten gestattet ihnen nur zögernd, an Aufgaben heranzugehen. Zumindest versuchen sie irgendwelche Arrangements zu treffen, um das Perfektionsideal vor »dem Zugriff der Realität« zu schützen.

Bei näherem Hinsehen handeln sie meist nach dem Motto: Besser gar nichts wollen als etwas Unerlaubtes wollen; besser gar nichts tun als etwas Falsches tun. Ihr schablonenhaftes und schematisches Denken verbietet es, die alte Gangart aufzugeben. Etwas Neues aufzunehmen und auszuprobieren hieße, eine »gefährliche Bewegung« zu machen, und so finden wir nicht nur das Denken, sondern auch das Handeln maßgeblich von einer »anxiety of innovation« geprägt. Diesbezügliche Korrekturen in therapeutischen Sitzungen werden je nach Charakterbild ängstlich, erstaunt oder empört zurückgewiesen. Wer auf die Idee der Unabhängigkeit um jeden Preis fixiert ist, wird in kritischen Situationen nicht auf den Gedanken kommen, daß ihm die anderen bei der Lösung seiner Probleme helfen könnten. Wer aus Angst vor Ablehnung oder Liebesverlust jeder Auseinandersetzung aus dem Wege geht, wird es als Unmöglichkeit betrachten, mit der Angst den Versuch der Selbstbehauptung zu wagen. Auf Hinweise dieser oder ähnlicher Art reagieren die Betreffenden mit Äußerungen wie: »Das habe ich ja noch *nie* getan, wie sollte ich das können?« Oder: »Das dürfte ich tatsächlich tun? Aber dann wäre ja die ganze Angelegenheit gar nicht so schwierig« (und damit für sie offenbar auch weniger wertvoll).

Es ist nicht die Sache der hier beschriebenen Hilfesuchenden, etwas spielerisch oder aus Freude an der Bemühung selbst zu versuchen. Obwohl sie ständig überfordert, überanstrengt, bemüht und leidend erscheinen, sind die entsprechenden Fähigkeiten wie Durchhalten, Ausdauer, Geduld und das Ringen um ein Problem nicht nach ihrem Geschmack. In Wirklichkeit begnügen sie sich doch häufig mit Andeutungen von Lösungsversuchen. Wenn sie nicht alles sofort wissen, begreifen und in die Tat umsetzen können, ist ihnen das nur eine Bestätigung für ihre grundsätzliche Unfähigkeit. Ihren perfektionistischen Haltungen widerstrebt es, sich unter Schwierigkeiten an Ziele heranzutasten, Fehlschläge als eine Herausforderung an ihre Kraft und Fähigkeiten zu akzeptieren und zu sehen, daß sie selbst und ihr Leben stets unfertig und in Entwicklung bleiben werden. Daher glauben wir sagen zu können, daß auch im herkömmlichen Sinn intelligente und fähige Menschen unter der Herrschaft eines allmächtigen Über-Ich »dumm« erscheinen können, weil sie meist unfähig sind, aus ihren Fehlern und Schwächen vernünftige Konsequenzen zu ziehen.

Beziehung zu sich selbst

Der bewußte Gedanke, daß Menschen über das Verhältnis zur sozialen Umwelt hinaus auch zu sich selbst eine bestimmte Art der Beziehung haben, ist keineswegs so selbstverständlich, wie es auf den ersten Blick erscheinen mag. Wenn wir in Therapiegesprächen mit manchem Analysanden das Thema Selbstbeziehung berühren, ernten wir vielfach Erstaunen und Ratlosigkeit. Der Gedanke, eine Beziehung zu sich selbst zu haben, ist den Betreffenden entweder so fremd, daß sie zunächst gar nicht wissen, was damit gemeint sein könnte, oder aber sie berichten spontan von Gefühlen der Angst, Leere und Sinnlosigkeit, wenn sie mit sich allein sind. Die meisten von ihnen teilen die Befürchtung, daß da Schreckliches oder gar nichts zutage käme, wenn sie beginnen würden, ihre emotionale Einstellung und den tatsächlichen Umgang mit dem eigenen Selbst zu überprüfen.

Eine spezifische Art von störender und quälender Beobachtung, in der die Einheit von Erleben und Tun auseinandergerissen wird, ist für Menschen mit einem rigiden Über-Ich charakteristisch. Bei ihnen haben wir es nicht mit einem aufmerksamen und wohlwollenden Nacharbeiten eigener Erlebnisinhalte zu tun, sondern mit dem zwanghaften Bedürfnis, sich stets und überall zu kontrollieren und zu zensieren. Im Zusammensein mit anderen registrieren diese Menschen ihr Verhalten permanent. Sie fühlen sich dadurch angespannt und während des sozialen Kontakts getrennt und allein. Besonders Frauen beobachten, wie sie »ja« sagen, wenn sie eigentlich »nein« sagen möchten, und Zusagen machen, von denen sie im gleichen Augenblick wissen, daß sie diese gar nicht einhalten wollen, weil diese später wieder Anlaß für heftige Selbstanklagen und Vorwürfe werden könnten.

Das eigentliche Dilemma der Selbstbeziehung jener Hilfesuchenden liegt darin, daß sie ihre tatsächlich vorhandenen Fähigkeiten, Empfindungen, Bedürfnisse und Schwächen nicht akzeptieren und daher über kein lebendiges Selbst verfügen. So sind auch ihre Selbstgespräche nur scheinbar Ausdruck eigener Ideen, Wünsche und Ziele. Die Stimmen, die sie in ihrem Innern vernehmen, sind oftmals Stimmen aus der Vergangenheit. In ihnen melden sich die Eltern, Lehrer und Autoritäten zu Wort, um aufzurechnen, abzurechnen, zu mahnen und zu verwirren.

Selbstgespräche müssen ebenso wie das Sprechen geübt und gelernt werden. Wesentliche Voraussetzung für diesen Lernprozeß ist es, daß Menschen in der Beziehung zu anderen Gelegenheit hatten, ein angemessenes (das heißt nicht narzißtisches) Gefühl der Bedeutung und des Geachtetseins zu entwickeln. Wer sich selbst als unwichtig und für andere belanglos erfahren oder aber immer im Mittelpunkt gestanden hat, wird Mühe haben, für sich selbst Interesse aufzubringen. Der Austausch mit dem eigenen Selbst erfordert zudem die Fähigkeit, sich in Ruhe und Muße zu begegnen. In der Hektik der alltäglichen Anforderungen und des immer wiederkehrenden Kleinkrams ist es nicht immer leicht, solche Situationen zu schaffen.

Wir hören in der Therapie immer wieder, daß viele Menschen Angst vor der Stille haben. Sie berichten, wie peinlich und qualvoll sie bereits kurze Gesprächspausen in den Sitzungen erleben. Wir können uns vorstellen, daß solche Gefühle nicht dazu angetan sind, die Begegnung mit sich selbst zu suchen, einmal abzuwarten und zu hören, was man sich selbst zu sagen hat. Für manche Hilfesuchenden ist es schwer vorstellbar, daß ihre Selbstgespräche einen anderen Inhalt haben könnten als Selbsthaß, Anklagen, masochistische Verkleinerung, Verdammungswünsche, Selbstverleugnung und Selbstmitleid. Die Betreffenden fühlen sich den selbstzerstörerischen Tendenzen hilflos ausgeliefert oder aber geben offen zu, daß sie ihre selbstquälerischen Impulse zumindest insofern bewußt genießen, als diese ihnen wenigstens vorübergehend ein intensives Selbstgefühl vermitteln. Andere wieder kreisen in narzißtischer Selbstbereicherung nur um ihre Größenphantasien.

In allen diesen Fällen drückt die destruktive und hemmende Beschäftigung mit sich selbst einen Mangel an Selbsterkenntnis und echter Fürsorge der eigenen Person gegenüber aus. Wie bereits angedeutet, interessiert sich der vom Über-Ich tyrannisierte Mensch nicht wirklich für sich selbst. Ihm geht es vielmehr und in erster Linie darum, die Fiktion seines Selbst, seine idealisierte Vorstellung von sich so lange wie möglich aufrechtzuerhalten und auch durch die Therapie möglichst unangetastet zu lassen. Solange der innere Zwang wirksam ist, das eigene Tun im Sinne der Idealvorstellungen umzudeuten und so die wahren Handlungsmotive zu verstecken, sind der Bemühung um Selbsterkenntnis enge Grenzen gesetzt. Wenn die Betreffenden in der Therapie zu ahnen beginnen: »So bin ich also wirklich«, decken sie meist diese Einsicht angstvoll mit dem Kommentar zu: »So will ich aber nicht sein.«

Wir ahnen bereits, daß viel Geduld, Ermutigung, aber auch Korrektur von seiten des Therapeuten und der Gruppe erforderlich sind, bis die Betreffenden die Kraft haben, sich mit ihrem wirklichen Selbst auszusöhnen und zu befreunden, bis sie die Angst vor ihrem »So-Sein« verlieren. Solange Menschen hartnäckig ihr idealisiertes Selbst verteidigen, können sie keine wirkliche Beziehung zu sich selbst entwickeln.

Bei einigen Menschen zeigt sich der Hang zum Selbstbetrug darin, daß sie alles von sich weisen, was nur im entferntesten andeuten könnte, daß sie nützliche Fähigkeiten und positive Eigenschaften haben. Dementsprechend scheinen sie ihre Erfolge immer nur dem glückliche Zufall zu verdanken. Andere neigen dazu, alles selektiv auszusparen, was sie irgendwie an persönliche Schwächen und Mängel erinnern könnte. Sie scheinen nach der Parole zu leben: »Ich bin völlig in Ordnung, nur die Wirklichkeit ist es nicht.« Gleichgültig, welche Haltung ein Mensch einnimmt, in allen Fällen ist der Selbstbetrug mit Lügen, Schmeicheleien, Drohungen und Verfälschungen verbunden.

Die »hohen Kriegskosten«, die die Betreffenden für ein solch strapaziöses Unternehmen bezahlen, finden ihren Niederschlag auch in psychosomatischen Beschwerden. Wenn im seelischen Bereich die überwiegende Stimmung feindselig, kühl und angestrengt ist, werden wir auch in den Körperreaktionen häufig Dissonanzen feststellen können. Schließlich finden alle Tätigkeiten und sozialen Interaktionen mit und durch den Leib statt. Der Mensch ist Leib, und daher lohnt es sich zu fragen, ob die Über-Ich-Konflikte nicht auch in der Körpersphäre zu spezifischen Störungen führen. Wir wollen hier nicht ausführlich auf das Problem der Psychosomatik eingehen, möchten aber die Erfahrung festhalten, daß beispielsweise übertriebene Gewissenhaftigkeit durchaus zu Blutdruckveränderungen beitragen kann. Die dauernde Angespanntheit, mit der besonders die expansiven Menschen ihre Ziele zu erreichen versuchen, und der Ärger, mit dem sie reagieren, wenn etwas nicht gelingt, wie sie es erzwingen wollen, lassen ihren Blutdruck häufig gefährlich ansteigen, während die gehemmten Menschen dazu neigen, mit niedrigem Blutdruck zu reagieren, weil sie sich von ihren überhöhten Ansprüchen und Anforderungen im wahrsten Sinne des Wortes »niedergewalzt« fühlen. Indem sie selbst vor Aufgaben kapitulieren, paßt sich ihr Kreislauf dieser Stimmung an. Der Blutdruck wird ebenso matt und traurig wie sie selbst.

Ebenso deutlich wird der Zusammenhang zwischen Körperreaktionen und Über-Ich-Ansprüchen auch im Hinblick auf Magen- und Verdauungsbeschwerden überhaupt. Das ehrgeizige Streben, es allen recht machen zu wollen, verbunden mit dem Bedürfnis nach grenzenloser Liebe und Anerkennung, das sich in übertriebenem Verantwortungsbewußtsein und dem magnetischen Anziehen von Verpflichtungen zeigt, erzeugt Spannungen, die, wenn sie nicht nach außen abgeleitet werden, »seelische Verdauungsstörungen« nach sich ziehen. Je nach Charakter stellen sich Magenbeschwerden, Verstopfung oder Durchfall sein. Verspannungen des Kopfes (Migräne usw.), aber auch der Hals- und Rückenmuskulatur können ebenfalls Anzeichen dafür sein, daß Menschen sich ihren tatäschlichen oder vermeintlichen Anforderungen nicht gewachsen fühlen und psychisch und physisch in Kampfbereitschaft sind. Auch Zustände von Erschöpfung und Mattigkeit ohne deutliche medizinische Befunde können darauf schließen lassen, daß auch der Körper zum Austragungsort von Konflikten und Idealen geworden ist. Kurz gesagt, die Haltung des Hilfesuchenden kommt einem Dauerstreß gleich, wobei das Gewissen der Betreffenden in diesem Geschehen die Funktion eines »Verstärkers« hat.

Als wir mit der Arbeit an diesem Thema begannen und in Einzel- und Gruppengesprächen viele Menschen unterschiedlichen Alters und Herkunft fragten, wie sie ihr Gewissen erleben, stellte sich heraus, daß die überwiegende Mehrheit Gewissen als »schlechtes Gewissen« erfährt.

Die meisten Menschen, die wir in der Therapie kennenlernen, leiden unter ihren negativen Gewissensregungen, wobei sich meist herausstellt, daß es sich dabei weniger um persönliche sittliche Stellungnahmen als um Angst vor Ablehnung und Bestrafung handelt. Es ist das Familiengewissen, das religiöse Gewissen, das Parteigewissen, das Kulturgewissen, das »Man-Gewissen«, das letztlich darüber entscheidet, nach welchen sittlichen Kriterien die Betreffenden ihr Leben zu gestalten haben.

Die Unfähigkeit, den Regungen des eigenen Selbst Aufmerksamkeit und Gehorsam zu leisten, finden wir bei Über-Ich-Geschädigten besonders ausgeprägt. Ihre »Gewissenhaftigkeit« beschränkt sich meist auf die ängstliche Beachtung autoritärer Regeln, deren strikte Einhaltung dann ein trügerisches Gefühl von Sicherheit und Geborgenheit, von »gutem Gewissen« zu erzeugen vermag.

Tatsächlich schafft das autoritäre Gewissen mit seinem Zwang zur Unterwerfung und Selbstaufgabe keine Harmonie, sondern Dissonanz und Entfremdung. Es deckt letztlich nur den Tatbestand des Identitätsersatzes auf. Solange die Betreffenden keine echte persönliche Identität erleben und der Mut, sich der Erfahrung des eigenen Selbst zu stellen, nicht vorhanden ist, brauchen sie immer wieder »Instanzen«, die ihnen scheinbar befehlen und vorschreiben, wie sie zu sein haben.

Soziale Mitwelt

Nachdem wir versucht haben, ein Bild von der Selbstbeziehung derjenigen Hilfesuchenden zu entwerfen, die in besonders krasser Weise von Über-Ich-Ansprüchen geplagt werden, wollen wir uns nun der Frage zuwenden, wie sich ihre Desorientiertheit hinsichtlich der eigenen Identität und der Mangel an Selbstliebe und Selbstachtung in der Beziehung zur sozialen Mitwelt niederschlagen.

Zwar scheint die psychologische These, daß die Art und Weise, wie ein Individuum mit sich selbst umgeht, auch in der Beziehung zu seinen Mitmenschen wiederzufinden ist, weitgehend richtig, aber die therapeutische Erfahrung lehrt auch, daß sich Selbsthaß und Fremdhaß nicht immer die Waage halten. Obgleich es einleuchtet, daß ein Mindestmaß an Selbstliebe und Selbstachtung notwendig ist, um auch anderen Empfindungen von Freundschaft, Zuneigung und Wohlwollen entgegenzubringen, erleben wir in der Therapie immer wieder Menschen, die im Umgang mit anderen Personen sanftmütig, nachgiebig, kleinmütig und unterwürfig erscheinen, die vor lauter Zaghaftigkeit ihre Bedrüfnisse nicht anmelden können, während sie, mit sich allein gelassen, zu wütenden (meist inneren) Gewaltausbrüchen neigen, die bis zum selbstzerstörerischen Exzeß (Suizid) gehen können.

Die verzerrte Wahrnehmung und Erlebensweise der Beschriebenen läßt diese dahin tendieren, jedes soziale Gegenüber als potentielle Quelle von Bedrohung und Enttäuschung zu erleben. Für sie lauert in allen Beziehungen die Gefahr des Verurteilt- und Verachtetwerdens. Der momentane Freund kann sich im nächsten Augenblick zum Feind und »Ankläger« wandeln, oder sie entlarven den scheinbar Liebenswürdigen in seiner menschlichen Unzulänglichkeit als ebenso banal und nichtssagend wie alle anderen.

Mit Über-Ich-Konflikten befrachtete Menschen neigen in ihrer Selbstdarstellung dazu, sich entweder so schwach und hilflos zu zeigen, als ob sie völlig außerstande wären, ihr Leben selbst zu führen, oder sie bekunden lautstark und demonstrativ, daß sie die übrige Welt nicht brauchen, daß sie alleine mit allen Problemen fertig werden und eher »kaputtgehen«, als sich die Blöße zu geben, einmal um Hilfe zu bitten. Während Menschen mit masochistischen Tendenzen sich außerstande fühlen zu sagen: »Ich will dies oder jenes« oder: »Das will ich auf gar keinen Fall«, wollen Personen mit sadistischen Neigungen in der Regel »dies oder jenes um jeden Preis, komme, was da wolle«, sie wollen alles oder nichts, ein Entweder-Oder, den Himmel auf Erden oder, wenn das nicht geht, wenigstens die Hölle auf Erden.

In der direkten Begegnung mit anderen Menschen führen beide Formen der Beziehungsstörung eher zu Distanz als zu Gefühlen der Verbundenheit und Nähe. Im Falle der masochistischen Selbstverkleinerung macht die »Ichlosigkeit« der Betreffenden es dem jeweiligen Gegenüber schwer, einen klaren

Eindruck davon zu gewinnen, wer der andere eigentlich ist, was er in Wirklichkeit fühlt und denkt. Versuche, anderen eine gleichberechtigte Beziehung anzubieten, scheitern häufig nicht nur wegen unkonturierten Verhaltens, sondern auch deswegen, weil sie in Beziehungen primär Möglichkeiten der Selbstaufgabe und Unterwerfung suchen. Sie bieten ihren Partnern die Rolle eines machtvollen Tyrannen an, der über Wohl und Wehe zu entscheiden hat.

In den Therapiegesprächen äußert sich diese Haltung mitunter auf sehr subtile Weise, so zum Beispiel indem die Betreffenden Aufmerksamkeit und Interesse als unverdient abwehren und die Therapiesituation zu einer »Gerichtshofsitzung« umfunktionieren. Sie sind nicht imstande, berechtigte Bewunderung und Anerkennung anzunehmen, weil dadurch ihre »Unterlegenheitsposition« in Frage gestellt würde und sie näher an die anderen Menschen heranrücken würden, oder aber, weil sie in ihrem grandiosen Überlegenheitsstreben entdeckt würden. In der Hartnäckigkeit, mit der die Betreffenden ihre Unzulänglichkeit verteidigen und festhalten, wird die aggressive Komponente dieser Selbstverleugnungstendenzen deutlich. Ihre unausgesprochene Parole lautet: »Wenn ich leide, sollen die anderen auch leiden. Wenn ich mich nicht freuen kann, warum sollen sich die anderen dann freuen?«

Beim expansiven Typ mit sadistischen Neigungen ist der Wunsch, andere leiden zu sehen, weniger versteckt. Sein Perfektionsideal und die Härte, mit der er mit sich selbst umgeht, lassen ihn auch die Menschen in seiner Umgebung in spezifischer Weise sehen. Er ist stets auf der Suche nach ihren Fehlern und Schwächen und entwickelt wahrhaft detektivische Fähigkeiten darin, diese schon nach kurzer Zeit zu entlarven. Es bereitet ihm Genugtuung zu sehen, wie unvollkommen andere Menschen sind. Gleichzeitig stellen sie eine bedrohliche Gefahr für ihn dar, weil er im Umgang mit ihnen daran erinnert werden könnte, daß auch sein idealisiertes Selbst auf »tönernen Füßen« steht. In seinen Beziehungen bringt er daher nur wenig Verständnis und Interesse für die Nöte und Konflikte der anderen auf. Wenn diese sich hilflos und schwach zeigen, wird er ungeduldig. Er fühlt sich peinlich berührt oder findet es entwürdigend, wie man sich eine solche »Blöße« geben kann.

Die unpersönliche Kühle und Distanz, die wir in seinen Beziehungen finden, resultieren nicht aus dem Bedürfnis nach Selbstaufgabe, in ihnen zeigt sich vielmehr der zwingende Wunsch, »um jeden Preis« überlegen und unabhängig zu erscheinen. Nicht selten verbreitet ein solcher Mensch – häufig ist er männlich – in seiner näheren Umgebung ein Klima von Unbehagen und Angst, weil die anderen spüren, daß seinen Ansprüchen nur schwer zu genügen ist, und weil er mit unerbittlicher Schärfe die »schwachen Stellen« seiner Beziehungspersonen hervorhebt. So hält auch er sich die Menschen »vom Leib« und bleibt mit seinen glanzvollen Vollkommenheitsvorstellungen letztlich allein.

Zwischenmenschlicher Kontakt wird durch die ständige Unzufriedenheit und das stete Messen und Vergleichen nicht zu einer Quelle der lebendigen Selbsterfahrung und Bereicherung, sondern zu einer immer wiederkehrenden schmerzlichen Enttäuschung, von den anderen getrennt und letztlich mit den Problemen alleine zu sein.

Konfliktbewältigung und Abwehrmechanismen

Obwohl wir dazu neigen, die Über-Ich-Struktur hinsichtlich ihrer Bedeutung für die Lebensgestaltung und Bewältigung realer Aufgaben als ein komplexes »Abwehrsystem« zu begreifen, erscheint es uns notwendig, die in konkreten Situationen wirksam werdenden »Mechanismen« genauer zu untersuchen. Wir sprechen hier von Mechanismen und tun dies in dem Bewußtsein, daß es sich letztlich nur um Hilfskonstruktionen handelt. Vom Standpunkt einer ganzheitlichen Betrachtung steckt in allen Abwehrreaktionen der »ganze Mensch« mit seiner weltanschaulichen Grundposition und keine wie immer geartete Instanz. Aufgrund unserer therapeutischen Erfahrung glauben wir sagen zu können, daß in den verschiedenen von der Psychoanalyse postulierten Abwehrmechanismen – Verdrängung, Regression, Reaktionsbildung, Isolierung, Ungeschehenmachen, Projektion, Introjektion, Wendung gegen die eigene Person, Verkehrung ins Gegenteil und Sublimierung – der Aspekt der »Abwehr moralischer Probleme« den der Abwehr von Triebansprüchen heute bei weitem überwiegt.

Wir haben die Überzeugung gewonnen, daß Verdrängung und alle übrigen Mechanismen letztlich nur dazu dienen, die Flucht vor der Selbstwerdung, der Aufgabe, sich selbst zu erkennen und das Leben nach besten Kräften zu gestalten, abzusichern. In der Regression wird dieses Ziel im Wunsch deutlich, nicht wirklich erwachsen werden zu wollen, sich nicht selbstverantwortlich der als schrecklich erlebten Realität stellen zu müssen. So legt denn auch die Ich-Losigkeit mit ihren begleitenden Gefühlen der Ohnmacht und Bedeutungslosigkeit die Haltung des »Ungeschehenmachens« nahe. Nur so vermögen sich die Betreffenden zu suggerieren, daß hinter ihren Taten und Handlungen nicht das Wirksamwerden persönlicher Stärken und Schwächen steht, sondern Triebe, höhere Gewalt, die Umstände, die anderen, die böse Kindheit, der Zufall und wer weiß was noch. Unter den verschiedenen Abwehrmechanismen, die wir kennen, scheint die Projektion besonders wirkungsvoll zu sein. Dabei unterscheiden wir verschiedene Arten der Projektion. Die Tatsache, daß Hilfesuchende imstande sind, Menschen mit phantastischen Eigenschaften auszustatten, finden wir ebenso wie die Tendenz, alle anderen als unwürdige Nichtse zu erleben.

Mit Hilfe der projektiven Abwehr wird die Realität so umgestaltet, daß sie den jeweiligen Bedürfnissen entspricht. Menschen mit passiven und masochistischen Charakterzügen neigen dazu, ihre Umwelt so zu erleben, daß ihre selbstauferlegte »Ich-Einschränkung« gerechtfertigt oder sogar notwendig erscheint. Sie sind der festen Überzeugung, daß die anderen sie klein, hilflos und abhängig haben wollen und daß sie jede expansive Regung ablehnen und verurteilen.

Das innere Verbot, sich selbst zu behaupten, und die Unterdrückung aggressiver Tendenzen führen häufig zu einer Reaktionsbildung, so daß an der Oberfläche auf den ersten Blick nur ein freundliches, sanftmütiges Ich sichtbar wird, während im Inneren ein Vulkan von Gefühlen tobt. Die auf andere projizierten Feindseligkeits- und Abwehrtendenzen erschweren und deformieren den sozialen Kontakt. Meist sind die Mitmenschen den Projektionen relativ verständnis- und machtlos ausgesetzt und reagieren ihrerseits mit ähnlichen Verhaltensmustern. So kann es vorkommen, daß sich zwischenmenschliche Begegnung im Austausch oder der Abwehr von Projektionen erschöpft und die Beteiligten einander nie wirklich kennenlernen. Wie immer auch die Abwehrmechanismen individuell aussehen mögen, sie sind stets getreues Abbild gesellschaftlicher Abwehr- und Verdrängungsmechanismen. Dem einzelnen wird schon frühzeitig eine Ideologie vermittelt, nach der es makelhaft, »krank« oder »neurotisch« ist, Probleme zu haben oder Krisen zu erleben. Sie gaukelt den Menschen vor, daß das Leben eigentlich glatt, reibungslos und ohne größere Spannungen verlaufen müßte. Es ist ein Konzept, in dem das Leben vorwiegend als Möglichkeit der Gewinn- und Lustmaximierung betrachtet wird und Schwächen, Versagen, Schuldempfinden und existentielle Krisen zwangsläufig zu bedrohlichen Störfaktoren werden.

Die meisten Menschen beklagen sich in der Therapie irgendwann einmal darüber, daß das Leben ganz anders, viel schwieriger ist, als sie es sich je vorgestellt haben. Die Unfähigkeit, das »Heile-Welt-Bild« aufzugeben und sich vorhandenen Widersprüchen und Gegensätzen zu stellen, ist bei Menschen mit starkem Über-Ich besonders hartnäckig ausgeprägt. Statt der Bereitschaft, das eigene Leben als einen Lernprozeß zu akzeptieren, der nicht gleichmäßig und ohne Schwankungen, sondern mit Hochs und Tiefs verläuft, zu dem Zweifel und Angst, Getrenntsein und Verbundenheit ebenso gehören wie Erfolg und Mißerfolg, Gefühle von Schwäche und Stärke usw., finden wir in der Über-Ich-Struktur ein moralisches Gerüst, in dem das Leben wie ein Ding eingezwängt wird. Die Aufgabe der Therapie ist es, die ängstliche Abwehr abzubauen, um das erstarrte Leben wieder zum Fließen zu bringen und dem einzelnen so einen Zugang zu seinen Möglichkeiten zu verschaffen.

Teil 4

Das Gewissen der Liebe? Zur weiblichen Moral der Verbundenheit

Vorurteile über die Frau

Sigmund Freuds Behauptung, daß die Frau, anders als der Mann, sublimierungsunfähig und damit auch außerstande sei, große Kulturleistungen zu erbringen, ist wenig originell. Sie reiht sich nahtlos in den uralten Chor von Männerstimmen ein, der beschwörend tönt, daß die Frau nicht als »wahrer Mensch« betrachtet werden kann. Schon lange bevor die Kirchenväter die Existenz einer weiblichen Seele bezweifelten, beklagte Buddha bereits 600 Jahre vor Christi Geburt die Sündhaftigkeit und Schlechtigkeit der Frauen: »Die Frau ist schlecht. Sie sündigt, sooft sich eine Gelegenheit dazu bietet.« Und Konfuzius etwa zur gleichen Zeit: »Eine Frau ist das Geschöpf auf Erden, das andere am häufigsten zum Schlechten verleitet und selbst am verführbarsten ist.« Insofern verkündet auch die Bibel im Buch Jesus Sirach, Kapitel 25, Vers 24, nichts Neues: »Von einer Frau stammt der Anfang der Sünde her, und um ihretwillen sterben wir alle.« Im 19. Jahrhundert kleidet der französische Sozialist Proudhon, dessen politisches Bekenntnis ihn zur Solidarität mit Ausgebeuteten und Unterdrückten verpflichtet, seine Arroganz gegenüber Frauen in Sätze wie den folgenden: »Die Frau ist eine Art Zwischending zwischen dem Mann und den übrigen Lebewesen.«

Patriarchale Vorurteile und Abwertung von Frauen wurden schließlich durch scheinbare wissenschaftliche Objektivierung festgeschrieben. Bei Untersuchungen über menschliche Entwicklung galt das Interesse dem »Normmenschen« Mann; Abweichungen und Besonderheiten in der Haltung von Frauen konnten als unzulänglich und minderwertig eingestuft werden. Es muß bezweifelt werden, ob jetzt, zum Ende des 20. Jahrhunderts, in den Köpfen der Mehrheit der Männer an die Stelle eines grotesk verzerrten, aus Ressentiments gespeisten Frauenbildes ein fundamental neues getreten ist. Trotz über zwanzigjähriger intensiver Bemühung der Frauenbewegung, ein anderes Bewußtsein von der Realität weiblicher Menschen zu schaffen und damit auch veränderte Lebensbedingungen herbeizuführen, wirken offensichtlich die alten Phantasie- und Klischeebilder in Menschen beiderlei Geschlechts, vor allem aber in Männern weiter, bestimmen Erwartungen und prägen Alltagshandlungen. Die männliche Angst vor der weiblichen Sexualität schuf sich als Inkarnation weiblicher Reinheit und Jungfräulichkeit das Marienbild und benötigte doch gleichzeitig die Vorstellung von der unersättlichen und sittlich verworfenen Frau, der potentiellen Hure.

Wie entstehen »weibliche Werte«?

Sehr wahrscheinlich haben Frauen zu jeder Zeit gewußt, daß die männliche Definition von Frausein nur wenig mit ihrer eigenen Wahrnehmung und ihren Erlebnisinhalten zu tun hatte, ohne sich dagegen wirksam zur Wehr setzen zu können. Sie hatten keine »Stimme« und mußten nicht nur in der Kirche, sondern überhaupt in der Öffentlichkeit schweigen.

Zumindest diese Situation hat sich gründlich verändert. Frauen, die durch die Emanzipationsbewegung in ihrem Denken, Fühlen und Handeln geprägt wurden, haben, nachdem sie nicht mehr bereit waren, die Erforschung weiblicher Lebensrealität dem »männlichen Blick« zu überlassen, das Schweigen durchbrochen. In vielfältigen Untersuchungsergebnissen wurde deutlich, daß es für Frauen keinen einzigen Lebensbereich gibt, der nicht von der Tatsache durchdrungen wäre, als Mädchen in einem bestimmten Dressurverfahren verbogen zu werden, dabei Haltungen zu erlernen, die später dem Mann, nicht aber der eigenen Person zugute kommen sollen. Im Gegenteil, es wurde erschreckend klar, daß die traditionelle Erziehung zur Frau genau darauf abzielt, die Entwicklung einer ganzheitlichen, selbstverantwortlichen Person zu verhindern.

Im Zusammenhang mit diesen Erkenntnissen wurde ebenfalls aufgedeckt, daß hinsichtlich der Entstehung innerer Wertorientierungen und moralischer Kriterien für Entscheidungen in Konfliktsituationen lange so getan wurde, als ob für beide Geschlechter im Verlauf ihres Heranwachsens Inhalte, Normen, Ge- und Verbote – die entweder als gesellschaftlich relevant und daher verbindlich gelten oder aber im Kontext einer religiösen Morallehre und Ethik stehen – in *gleicher* Weise verpflichtend wären. Als ob es möglich wäre, daß die in allen Lebensbezügen Ungleichen ausgerechnet in puncto Gewissensbildung dieselbe Schulung teilen würden. Kinder beiderlei Geschlechts wachsen nicht in einem »wertneutralen Raum« heran. Unabhängig davon, ob die ihnen vermittelten Wertvorstellungen in einer christlichen Religion wurzeln, ob sie der marxistischen oder humanistischen Ethik oder anderen religiös-philosophischen Traditionen entstammen, bildet die Ideologie des Patriarchats übergreifend einen wesentlich prägenden Bezugsrahmen. Innerhalb dieses Systems sind es bekanntlich immer noch in erster Linie die Frauen, denen die Verantwortung für die Betreuung der Kinder obliegt, die weit mehr umfaßt als die Sorge um das physische Wohlbefinden. Über diese komplizierte Verflechtung kindlicher Bedürfnisse und mütterlicher Einflußnahme schreibt Peter Brückner: »Indem sie dem Säugling sich zuwendet, gibt sie mehr: ›Ideen, die sich des Kindes in der Wiege bemächtigen und sich ihm mit der Liebkosung der Mutter mitteilen, es in seinen Spielen umgeben, in der Form verschiedener Gefühle mit der eingeatmeten Luft bis auf das Knochenmark durchdringen‹, gibt ihm Tradition, die im gesamten emotionalen Verhalten und Umgangsstil der Mutter unthematisch anwesend ist« (P. Brückner, Zerstörung des Gehorsams).

Nun hat aber die Frauenforschung erwiesen, daß es die Situation des Säuglings als Neutrum nicht gibt, sondern daß die Mütter mit ihren weiblichen und/oder männlichen Kindern sehr unterschiedlich umgehen. Zum Beispiel werden Mädchen früher als Jungen entwöhnt, und wenn sie das Fläschchen bekommen, wird dieses im Durchschnitt mit zwölf, bei den Jungen erst mit fünfzehn Monaten abgesetzt. Wenn Mütter den Kindern die Brust geben, dauert im Alter von zwei Monaten die Stillzeit bei einem Mädchen 25 Minuten, während der Junge 45 Minuten Nahrung und mütterliche Nähe aufnehmen kann. Bei der Reinlichkeitserziehung erwiesen sich die Frauen den Jungen gegenüber nachsichtiger, wenn diese noch die Hosen voll machen, Mädchen sind im Altersvergleich früher sauber. Unterschiede gibt es auch beim Erwerb der Sprache: Vergleiche ergaben, daß Mädchen sehr viel früher als Jungen sprechen lernen.

Im Verlauf des Entwicklungsprozesses gibt es eine Fülle weiterer Privilegien für den Knaben und Benachteiligung für das Mädchen. Besonders auffällig sind diese in bezug auf die Aneignung des eigenen Körpers. Das Geschlechtsorgan des Jungen ist zwar noch klein, weist aber deutliche und sichtbare Ähnlichkeiten mit dem des Vaters oder anderer Männer auf. Das männliche Kind lernt damit spielerisch selbstbewußt umzugehen, es im wahrsten Sinn des Wortes zu (be)greifen und zu benennen. Beim kleinen Mädchen sind die Ähnlichkeiten mit dem mütterlichen Körper noch zu gering, und es wird nicht auf ihr Geschlecht aufmerksam gemacht. In ihrem Buch »Jokastes Kinder« schreibt Christiane Olivier zu dieser mißlichen Lage des weiblichen Kindes: Es ist wie niemandes Körper. Die Mutter sagt nicht: »Du bist ein kleines Klitorismädchen«, sondern denkt allenfalls: »Du wirst eine Vaginafrau sein, die später mit einem Mann Lust erleben wird.« Die direkte oder indirekte Botschaft der Mütter an die Töchter, auf die Zukunft (mit einem Mann) zu hoffen und zu warten, führt fast zwangsläufig dazu, daß Mädchen sich in ihrem Körper selten »richtig« und wirklich »zu Hause« fühlen. Unwissend und mit einem »namenlosen Geschlecht« heranwachsend, nistet sich in ihrem Gefühl und Bewußtsein die tiefe Überzeugung ein, daß etwas nicht mit ihnen stimmt, daß sie nicht vollständig sind. Abgesehen davon verwehrt ihnen die Erziehung, anders als dem Jungen, sich bei körperlichen Übergriffen oder Verletzungen durch Einsatz von Körperkraft und lautem Widerstand zu wehren. Dies verstärkt den Eindruck, sich nicht wirklich selbst zu gehören. Entwickeln Mädchen trotz aller äußeren Widrigkeiten aggressive Umgangsformen der Selbstbehauptung, erfahren sie Bestrafungen, Disziplinierungen und Ausgrenzung.

Was hat dies alles mit der moralischen Entwicklung, der Gewissensbildung zu tun? Die Entstehung von Wertvorstellungen, die Orientierung an moralischen Inhalten geschieht nicht abstrakt, intellektuell. Sie ist wesentlicher Bestandteil der Entwicklung von Identität und Persönlichkeit. Diese wiederum ist nicht geschlechtsneutral, sondern auf ein konkretes »Ergebnis« bezogen, das in der traditionell-patriarchalisch orientierten Erziehung beinhaltet, »richtige Frau« und »richtiger Mann« zu werden.

Nur so ist die unterschiedliche Behandlung von Frauen im

Umgang mit ihren Kindern zu begreifen, wobei die geschlechtliche Arbeitsteilung, aus der heraus dies alles geschieht, auch im Hinblick auf die Ausprägung moralischer Leitlinien zu einem »arbeitsteiligen«, das heißt geschlechtsspezifischen Gewissen führt. Die Verwirklichung dieser dubiosen Morallehre in den Beziehungen und der täglichen Lebenspraxis sichert dann den Kreislauf und damit die patriarchale Tradition.

Was aber geschieht ganz konkret zwischen Mutter und Tochter in diesem komplizierten Lernprozeß? Führen wir uns zunächst noch einmal deutlich vor Augen, daß die Mutter in der Regel eine Frau ist, deren eigenes erotisches Begehren auf den Mann gerichtet ist. Von diesem möchte sie geliebt, anerkannt und geachtet werden. Sie sehnt sich nach seiner Nähe, seiner Zärtlichkeit und wünscht sein erotisches Begehren, um sexuelle Befriedigung zu erleben. Leider sieht die Wirklichkeit für die meisten Frauen und Mütter so aus, daß das von ihnen heiß begehrte »Liebesobjekt Mann« durch Abwesenheit glänzt, sich distanziert verhält, in Schweigen versunken ist, müde, überarbeitet oder sonstwie unzugänglich ist und in der Beziehung nicht wirklich zur Verfügung steht. Alle diese Mangelgefühle führen bei der traditionell erzogenen Frau nicht dazu, ihn von »seinem Sockel« zu stoßen. Was immer auch geschieht oder von ihm an Liebestaten unterlassen wird, sie gestattet ihm weiterhin, an der Spitze der Wertepyramide zu thronen, darin geübt, den Mann und das Männliche als obersten Wert in dieser Kultur gelten zu lassen und allenfalls an der eigenen Liebesfähigkeit zu zweifeln. Sie weiß nur zu gut, daß »sein männlicher Blick« darüber entscheidet, ob sie »eine richtige Frau«, liebenswert und attraktiv ist. Mit dieser Frau, die so einseitig auf Liebe ausgerichtet ist, die in ihrer Liebesarbeit die Hauptquelle von Identitätsgefühlen sieht, steht das kleine Mädchen in überaus engem Kontakt.

Carol Gilligan beschreibt in »Die andere Stimme«, wie sich in dieser dichten Mutter-Tochter-Beziehung die Wertvorstellungen des Mädchens entwickeln. Von Anfang an ist die Identitätsentfaltung des weiblichen Kindes untrennbar mit der Erfahrung von Nähe und Bindung verknüpft. Die Mutter erlebt das gleichgeschlechtliche Kind »als Fortsetzung ihrer selbst« (während der Junge als männlicher Gegenpol empfunden wird, von dem sie erwartet, daß er sich einmal von ihr trennt, um ein Mann zu werden). Durch diese Erfahrung wird das frühe Selbstbild des Mädchens nachhaltig von dem Gefühl der Verbundenheit geprägt. Sich als »Teil einer anderen Person« zu empfinden und Verschmelzungsgefühle in Nähesituationen zu erleben, wird nicht als Bedrohung der eigenen Identität, sondern als deren wesentlicher Bestandteil erfahren. Gilligan schreibt hierzu: »Mädchen entwickeln eine stärkere Fähigkeit, die Bedürfnisse oder Gefühle eines anderen als ihre eigenen zu erleben (oder zu glauben, daß sie die Bedürfnisse und Gefühle eines anderen so erleben).«

Diese spezifischen sozialen Verhaltensmuster, deren Basis Empathie und ein starkes Interesse an der Aufrechterhaltung von Beziehungen ist, setzen sich auch in den kindlichen Spielen fort. Mädchen spielen häufiger als Jungen in kleineren, intimeren Gruppen. Sie bevorzugen private Räume als Spielort und ahmen in Rollenspielen, zum Beispiel mit der besten Freundin, soziale Muster nach. Ihr Spiel ist stark kooperativ orientiert und im Gegensatz zu den Jungen, deren Spiele bei häufig vorkommenden Streitigkeiten nicht abgebrochen, sondern mit Debatten über verletzte Spielregeln weitergeführt werden, damit sie anschließend fortgesetzt werden können, beenden Mädchen bei Ausbruch von Streitigkeiten in der Regel ihr Spiel. »Statt ein System zur Lösung von Streitigkeiten zu entwickeln, ordnen die Mädchen die Fortsetzung des Spiels der Fortsetzung der Beziehung unter.« Ihre wesentlichsten Lektionen bezüglich der Aneignung von Werten, die Gesamthaft zur weiblichen »Verbundenheitsmoral« werden, erhalten Mädchen naturgemäß im Umgang mit der Mutter und anderen Frauen. Das kleine und heranwachsende Mädchen beobachtet die Mutter bei ihrer täglichen Liebesarbeit. Sie erlebt sie in Akten der Versorgung, des Eingehens auf die Wünsche und Bedürfnisse anderer Menschen, sieht sie pflegen, trösten, ermutigen, spürt, wie sie darum bemüht ist, es »gemütlich und heimelig« zu machen, wie sie im Umgang mit anderen Menschen »verbindlich« ist und Beziehungsfäden knüpft. Die Tochter beobachtet das Interesse der Mutter am Vater, dem Mann. Sie sieht, wie diese vorsichtig mit ihm umgeht, sich geduldig oder unwillig abmüht, ihn zum Mitmachen zu bewegen, zum Sprechen. Sie spürt, wie sie ständig

»mit ihm« beschäftigt ist, seine Gefühle zu erahnen und zu übersetzen versucht. Er ist abwesend, aber in ihren Gesprächen stets präsent: »Wenn er kommt...«, »Wenn er da ist...«, »Wenn... dann.« Offenbar ist er der wichtigere Teil von beiden. Seine Anwesenheit verändert die gesamte Situation, das Klima, die Stimmung, die Spielregeln. Selbst wenn die Mutter (was inzwischen meistens der Fall ist) berufstätig und zumindest stundenweise außer Hause ist, bleibt sie in den Augen der Kinder eine unkonturierte Person. Da sie in fast jedem Fall für die Befriedigung wesentlicher Bedürfnisse zuständig bleibt, existiert sie im Bewußtsein der Kinder wie eine Art Naturelement, das grenzenlos zur Verfügung steht. Besonders das Mädchen fühlt die Schuldgefühle und das schlechte Gewissen der Mutter, wenn diese auf Bitten und Wünsche mit einem abgrenzenden »Nein« reagiert.

In unzähligen Situationen erlebt das Mädchen die mütterliche Bemühung um Harmonie, beobachtet sie bei überfordernden und selbstverleugnenden Zerreißproben, die meist zugunsten der anderen ausfallen, spürt direkt oder indirekt die starke Furcht vor Konflikten und offenen, vielleicht aggressiven Auseinandersetzungen. Mag sein, daß sie die Mutter bei Unaufrichtigkeiten ertappt, Handlungen, die vor dem Vater geheimgehalten werden müssen, weil er sonst... Während sich all dies und noch mehr abspielt, bewegt sich das Mädchen nicht in einem Freiraum. Es ist einbezogen, steckt mittendrin in diesem Spiel, wird als Verlängerung der mütterlichen Person mit eingesetzt, von ihr angehalten, »lieb zu sein«, »den Mund zu halten« und alles mögliche »ihr und ihm zuliebe« zu tun oder zu lassen. Denn vieles, was im Bewußtsein und in der Wahrnehmung des Mädchens nicht zusammenpaßt und äußerst widersprüchlich ist, geschieht anscheinend aus Liebe. Liebe scheint das Zauberwort zu sein, mit dem alle haarsträubenden Ungereimtheiten im Zusammenleben geglättet werden.

Es kann sein, daß der Tochter auch auffällt, daß die Mutter kaum »persönliche« Wünsche äußert. Sie scheint relativ bedürfnislos und bereits dann glücklich und zufrieden zu sein, wenn es »den anderen« gutgeht, für die Befriedigung ihrer Bedürfnisse und Erwartungen gesorgt ist. Es gibt andere Merkwürdigkeiten, die das Erleben und Bewußtsein eines weiblichen Kindes mitbestimmen, ohne daß dies unbedingt sprachlich benannt werden müßte. Da ist einmal die Tatsache, daß in fast allen durchschnittlichen Wohnungen Zimmer für die Kinder existieren, Wohn- und Schlafzimmer, Küche und Bad, und falls der Vater keinen Hobbyraum hat oder seine Garage als Tüftelecke und Rückzugsmöglichkeit benutzt, zumindest irgendein Bereich in der Wohnung, den er »sein« nennt. Für die Mutter gibt es äußerst selten einen eigenen Raum. Sie ist überall und gleichzeitig nirgends wirklich abgegrenzt und konkret präsent. Ähnlich verhält es sich mit der Zeit, die ihr persönlich zur Verfügung steht. Freie Zeit, die sie mit eigenen Interessen und Belangen füllt, scheint sie stehlen zu müssen. Es entsteht der Eindruck, daß immer dann, wenn sie etwas »nur« für sich selbst tun möchte, irgend jemand in ihrer Umgebung gleichzeitig zu kurz kommt, sich vernachlässigt oder verletzt fühlt.

Im Zusammenhang mit der Gestaltung des Zusammenlebens, der Erledigung täglich anfallender Versorgungsarbeiten, dem Einkaufen von Nahrungsmitteln und ihrer Zubereitung, dem Saubermachen und Ordnunghalten in der Wohnung und den tausend winzigen Details, die zur Schaffung und Erhaltung einer wohnlichen Atmosphäre beitragen, sehen die Töchter ihre Mütter überwiegend allein. Klare Forderungen in bezug auf Mithilfe und Aufgabenteilung sind relativ selten; noch ungewöhnlicher sind Konsequenzen auf seiten der Mutter, falls Absprachen nicht eingehalten werden. Es darf damit gerechnet werden, daß sie letztlich doch wieder nachgiebig und weich zu stimmen ist, daß sie ihre Forderungen vergißt, daß sie »alleine macht« und weiter mütterlich funktioniert. Im Grunde scheint es völlig belanglos zu sein, ob sie Bitten, Klagen oder Drohungen ausstößt, die Erfahrung hat gelehrt, daß sie weder zu einer konsequenten Verweigerung noch zu einem unbefristeten Streik in puncto Liebes- und Beziehungsarbeit imstande ist, also sind ihre Verärgerung, Aufregung und Unzufriedenheit nicht so ernst zu nehmen. Sie werden schon wieder verschwinden, und es bleibt alles wie zuvor.

Die Tochter lernt in Verbindung mit vielen Alltagssituationen, daß die Mutter Schwierigkeiten hat, etwas für sich zu *nehmen,* daß sie sich überhaupt *berechtigt* fühlt, etwas eindeutig und unnachgiebig zu *wollen.* Sie spürt auch, daß aus dieser selbstverleugnenden Haltung kein stabiles Selbstwertgefühl erwächst, sondern Unsicherheit, Gereiztheit, körperliches Unwohlsein oder Krankheit, unterdrückte Wut und Zorn, die sich kaum je Luft machen.

Gleichzeitig erlebt und beobachtet die Tochter die Mutter mit anderen Frauen, denen es ähnlich zu gehen scheint, und wenn sie den Gesprächen aufmerksam lauscht, hört sie, daß der Inhalt der Gespräche meist um Beziehungsfragen kreist. Überall sieht das Mädchen dieses »in Beziehung Sein zu anderen Menschen« der Frauen, ein soziales Geflecht, an dem auf unterschiedliche Weise kontinuierlich gearbeitet wird. Es erlebt, wie die Frauen sich etwas geben, was der Vater offensichtlich nicht im gleichen Maße zu geben imstande ist: einfühlsame Anteilnahme in bezug auf das Befinden, trostspendende oder aufmunternde Worte, Wärme und Nähe, gleichberechtigter Austausch. Hin und wieder gibt es auch ein bißchen Tratsch und Klatsch, auf jeden Fall aber Seufzer und Augenverdrehen, wenn es um »ihn« geht. Da wird gemeinsam herumgerätselt, wie seine merkwürdige Haltung »richtig verstanden« werden kann, da werden Worte gesucht, die ihm Lernschritte schmackhaft machen könnten, da werden seine Schwächen und Fehler benannt, um sie gleich darauf wieder durch Akte von Einfühlung und Verständnis zu revidieren.

Wenn die Männer, die Partner, die Väter ausnahmsweise einmal mit anwesend sind, kann das Mädchen verwundert feststellen, daß die Situation völlig verändert ist, ein anderes Klima und ganz andere Themen stehen im Mittelpunkt. Es lernt, daß Frauen sich in Gegenwart von Männern anders verhalten, Gesprächsinhalte aussparen, überhaupt weniger das Wort ergreifen. Sie erleben die Bezogenheit der Frauen auf den Mann und die Bereitschaft, sich an dem zu orientieren, was er vorgibt. Und wieder einmal erhält das weibliche Kind die Bestätigung dafür, daß dem Mann eine enorme Bedeutung zukommt, obwohl nicht klar ersichtlich ist, womit er diese überhaupt verdient hat. Wenn der Vater nicht imstande ist, der Mutter liebevoll und zärtlich zu begegnen, wenn er ihre Fähigkeiten und Qualitäten nicht anerkennt und sie in persönlichen Wünschen nicht akzeptiert, ihr bei der Erfüllung nicht hilft, bleibt für ein Kind rätselvoll, was er der Mutter eigentlich so Wichtiges gibt. Alles, was die Mutter leistet, was von ihr tagtäglich zur Verfügung gestellt und von allen selbstverständlich gedankenlos konsumiert wird, ist, wenn es von der Person des Vaters kommt, ein herausragendes, denkwürdiges Ereignis, eine unerhörte Tat. Er kommt, er geht, wann und wie er will.

Und er steht nicht zur Verfügung! Nein, im Gegenteil, seine Zeit ist kostbar, er hat Wichtigeres zu tun, als sich mit den Banalitäten des Alltags, mit persönlichem Kleinkram abzugeben. Er grenzt sich ab: Bis hierher und nicht weiter! Jede Annäherung an diese schwer einnehmbare Festung ist ein Wagnis und schwer einschätzbar. Ob daraus seltene Glücksgefühle oder schwere Niederlagen erwachsen, weiß man/frau nie vorher. Er hat Ecken und Kanten, an denen man sich stoßen und verletzen kann. Aber zweifellos ist er eine interessante Person, die Phantasien, Wünsche und Sehnsüchte weckt.

Er ist verlockend, obwohl man/frau ihn nie wirklich *hat*, denn anders als die Mutter, die sich selbst gibt und schenkt, gewährt er nur Audienzen, kurze Besuche in seiner Nähe. Er bleibt konturiert, verschenkt sich nicht ganz, gehört niemandem, nur sich selbst. Auch diese Beobachtungen und Erfahrungen fließen in die Wertvorstellungen von Mädchen mit ein.

Selbst wenn die hier nur sehr unvollständig angedeuteten Basiserfahrungen im Einzelfall ganz anders aussehen, da sie von vielen Faktoren mitbestimmt werden, bleibt die Tatsache, daß das heranwachsende Mädchen auf eine soziale und gesellschaftliche Struktur trifft, in der trotz einiger Veränderungen und Bestrebungen, diese auszuweiten, das alte Frauen- und Mutterbild noch existiert und wirksam ist.

Prägende Eindrücke nehmen Kinder nicht nur in den Beziehungen zu Hause, sondern auch in der übrigen sozialen Umgebung und Öffentlichkeit auf. Der Kindergarten und die Schule sind weitere Institutionen, in denen die Geschlechterrollen tradiert werden. Besonders die Lehrinhalte in der Schule, das Aussparen der kulturellen und wissenschaftlichen Beiträge von Frauen früher und heute bewirken eine Bestätigung und Festigung der bereits vorhandenen Vor- und Fehlurteile bei beiden Geschlechtern. Hinzu kommt, daß es äußerst schwierig ist, sich der Beeinflussung durch Medien und Reklame zu entziehen, die ebenfalls auf suggestive Weise Bilder und Gefühle in uns erzeugen, die in Handlungen und Wertentscheidungen mit einfließen.

Doch nehmen wir an, daß das Mädchen längst beschlossen hat, »auf keinen Fall so zu werden wie die Mutter«. Wenn sie es ablehnt und sogar verabscheut, ähnlich selbstverleugnend zu werden, und überhaupt ein ganz anderes Leben führen will, hat sie bereits mehr von dem »mütterlichen Erbe« aufgenommen, als sie denkt. Das Erbe, das vor allem in der Befähigung zur Liebesarbeit in den Beziehungen zum Mann besteht, in der Aneignung potentiell menschlicher Fähigkeiten und Qualitäten, die nicht primär zur eigenen Persönlichkeitsentwicklung, sondern dazu dienen, anderen zur Verfügung gestellt zu werden, und in dem Zwang, sich nicht vom bestehenden Klischee von Weiblichkeit zu entfernen, läßt sich nicht allein per Willensakt abstreifen.

Da der Prozeß weiblicher Identitätsentwicklung in der Verbundenheit mit der Mutter stattgefunden hat, fällt es Mädchen und Frauen häufig sehr schwer, ihr Ich von dem der Mutter abzugrenzen und zu einem klaren Gefühl des Eigenseins und Anderswollens zu finden. Das weibliche Kind verfügt kaum je über die Erfahrung, für abgrenzende Trennungsschritte und Selbstbehauptungshandlungen gelobt und ermutigt worden zu sein. Im Gegenteil, wahrscheinlich hat es bei seinen »Ausbruchversuchen« aus der geschlechtlichen Rolle enorme Widerstände erlebt, vielleicht Bestrafungen und Beschimpfungen, auf jeden Fall aber die Bedrohung von Liebesverlust, die Furcht, fallengelassen zu werden.

Wenn sie nicht mehr »das kleine liebe Mädchen von Mama« ist, wer ist sie dann? Gibt es dann noch eine *andere* Existenz? Eine befriedigende Antwort auf diese Frage könnte von einem anwesenden Vater gegeben werden, der seine liebevollen und zärtlichen Gefühle der Tochter gegenüber nicht zu Übergriffen sexueller oder anderer Art mißbraucht, sondern ihr durch seine Aufmerksamkeit die Erfahrung von »Richtigsein«, von Akzeptanz und Bedeutung vermittelt. Christiane Olivier schreibt: »Nur der Vater könnte seiner Tochter die ihr angemessene Stellung als geschlechtliches Wesen geben, denn er sieht das weibliche Geschlecht als komplementär zu seinem eigenen und als unentbehrlich für sein Lustempfinden.« Doch wir haben bereits früher festgestellt, daß dieser verläßliche Vater, der die mißliche Lage des Mädchens aufheben und ändern könnte, nicht anwesend ist und meist nur als Wunschvorstellung existiert. Von der Mutter »abzurücken«, eigene, möglicherweise sogar von ihr verbotene Wege einzuschlagen bedeutet von daher für das Mädchen eine Last, unangenehme Empfindungen auf sich zu nehmen, einen Preis zu zahlen für das unverzichtbare existentielle Bedürfnis, sich als einmaliges, unverwechselbares Selbst zu erleben und zu verwirklichen.

Viele Frauen berichten in Therapiegesprächen von diesem zähen und mühseligen Unterfangen, »von der Mutter loszukommen«, von dem Wunsch, sich von den mütterlichen Wertvorstellungen klarer abgrenzen zu können, um ihr Frausein mit eigenen, anderen Inhalten zu füllen. Sie sind hin- und hergerissen zwischen Zuneigung und Empörung. Sie klagen über diese schwer verdauliche Mischung von Schuldgefühlen, schlechtem Gewissen und Wut darüber, welchen Einfluß »diese Frau« noch auf ihr erwachsenes Leben hat, wie sie immer noch die »Grenzen überschreitet« und sich einmischt, ihre Person mit der der Tochter vermischt. Dieses magische Band scheint unauflösbar. Die Befreiung aus dieser Umklammerung, die zur Verbundenheit zwingt, geht nur sehr selten ohne Schmerzen und Verletzungen auf beiden Seiten vor sich.

Zurückweisungen von Anforderungen und Überforderungen werden von seiten der Mutter kommentiert: »Aber du bist doch mein Mädchen, du gehörst doch zu mir«, selbst wenn dieses inzwischen bereits eine Frau von vierzig Jahren mit eigener Familie und Kindern ist.

Kaum eine Frau, die in ihren Therapiegesprächen nicht in Beziehungszusammenhängen von Schuldgefühlen, Skrupeln und schlechtem Gewissen geplagt wird. Diese beziehen sich allerdings so gut wie nie auf die Frage, ob sie selbst ihre persönliche Entwicklung vernachlässigt, der eigenen Person gegenüber etwas Wesentliches versäumt, sondern ob sie nicht zuwenig für die Menschen tut, den Partner und Mann, die Kinder, die Eltern, besonders die Mutter, Freundinnen und Freunde in Not, die sie liebt. Diese Haltung wirft die Frage auf, wie es eigentlich substantiell mit der moralischen Entscheidungsfähigkeit von Frauen aussieht. Was ist das für eine Art Gewissen oder moralische Instanz, die sie im Verlauf der Weiblichkeitsdressur, auf dem Weg zur liebesfähigen Frau verinnerlichen?

Anpassung an falsche Ideale

Wenn alles in der Erziehung darauf abzielt, daß Mädchen und Frauen ihre Wertekonflikte zugunsten anderer Menschen entscheiden müssen, um als richtig weiblich zu gelten, wenn im Zweifelsfall die Bedürfnisse und Wünsche anderer wichtiger und wertvoller sind, fehlt dann nicht ein wesentliches Kriterium für persönliches Gewissen, die Würde freier Entscheidungsfähigkeit?

Mädchen, die die traditionelle Erziehung durchlaufen, werden nicht als ganze Person, als moralisch verantwortungsfähige Subjekte in ihr erwachsenes Leben entlassen. In ihrem Essay »Feminismus und Moral« schreibt Christina Thürmer-Rohr zu diesem Sachverhalt: »Der Mann als Wertsetzer setzt Ich-Leerräume der Frau voraus, die sie ihm bereithält zur Füllung. Diese Ich-Leerräume werden von der Frau – einer patriarchalen Frauenmoral gemäß – erfüllt: gefüllt mit Er. Die Werthaftigkeit des Männlichen und die Wertlosigkeit des Weiblichen ist an die weibliche Bereitschaft zur Leere, zur Bereitstellung ihrer »Wohnung« für den Mann gebunden; denn die Füllung mit dem Mann, durch den Mann, bedarf ja eines Raumes, der darauf wartet, von ihm bewohnt und beinhaltet zu werden, von ihm bebildert.«

Insofern entlarvt sich die angeblich so wertvollere und menschlichere Frauenmoral als eine Dienstleistungsmoral, die auf der Akzeptanz der Ungleichheit und Ungleichwertigkeit der Geschlechter basiert und diese durch spezifische Liebestätigkeiten unterstützt. Weil Mädchen in ihrer Entwicklung meist nicht ermutigt werden, bezüglich des Geschlechtermißverhältnisses ihren Wahrnehmungen zu trauen und die Wahrheit zu sagen, fällt es Frauen nicht leicht, ihre Komplizinnenschaft mit dem männlichen Partner zu sehen und die Verantwortung dafür zu übernehmen.

In gewisser Weise stellt die traditionelle Weiblichkeitserziehung eine systematische Anleitung zur Unaufrichtigkeit dar. Sie beinhaltet Einübung darin, Mißstände nur verschleiert, unter dem Deckmantel von Liebe wahrnehmen zu dürfen, Einübung in Schweigen, denn es ist strengstens verboten, Ausbeutung, Abwertung und Ungerechtigkeit laut beim Namen zu nennen, geschweige denn andere Bedingungen einzufordern.

So wie im alten China den weiblichen Kindern die Füße verstümmelt wurden, um einem männlichen Schönheitsideal zu entsprechen, bandagiert die »Anleitung zum Weiblichsein« die Wahrnehmungs- und Kritikfähigkeit von Frauen, bis sie selbst die geistige Verstümmelung für einen normalen Zustand halten und an die Schizophrenie ihrer Alltagserfahrungen gewöhnt sind. Diese drücken sich zum Beispiel darin aus, daß ihre menschlichen Qualitäten, Beziehungs- und Liebesfähigkeit, einerseits abstrakt gepriesen und andererseits konkret abgewertet und lediglich als Dienstleistungen benutzt werden. Gleichzeitig gestattet es den Frauen, sich im Glanz moralischer Integrität zu sonnen, während sie in Wirklichkeit in den Akten »ihm zuliebe« etwas tun oder unterlassen, aus Furcht vor Bestrafung durch Liebesverlust handeln.

Diese Bereitschaft zu (Selbst-)Täuschungen in der Beziehung zum liebesunfähigen, vielleicht gewalttätigen Mann läßt die Frauen ihren eigenen unmoralischen Beitrag zur Aufrechterhaltung männlicher Überlegenheitspose und weiblicher Ohnmacht leisten, während sie sich gleichzeitig als unschuldiges Opfer wähnen. Denn es erfordert Mut und Klarsicht, die Beziehungswirklichkeit ungeschönt und unverschleiert anzuschauen. Den Gedanken an die Liebesunfähigkeit ihrer Partner lassen Frauen nur sehr selten zu. Er ist schrecklich und flößt ihnen Angst ein, Angst vor Leere und Angst vor den Konsequenzen, die aus dieser Einsicht folgen müßten. Wirklichkeitsverleugnung erspart Frauen, sich zu wehren, auf Veränderung zu bestehen, sich notfalls abzuwenden und zu gehen.

Sie nähren die Illusion des »Dahinter«, die beinhaltet, daß hinter allem Mangel, hinter Unzugänglichkeit, Schweigen und Gewalt etwas ganz anderes verborgen ist, was durch vermehrte Liebesarbeit freigesetzt werden kann. Derartige Bemühungen sind nicht selbstlos motiviert, sie werden aus dem starken

Wunsch heraus geleistet, die eigene Existenz bestätigt und anerkannt zu empfinden, eine Existenz, die sich vor allem in der Fähigkeit, Nähe herzustellen und zu lieben, als »richtig weiblich« erweisen soll. Bedingungslose Gehorsamsleistungen gegenüber dem Liebesgebot dienen der Abwehr existentieller Ängste und Zweifel an der eigenen Identität.

Es ist daher kaum verwunderlich, daß Frauen massive Schuldgefühle entwickeln, wenn sie sich von der traditionellen weiblichen Rolle entfernen, Wünsche nach freier Selbstbestimmung und expansiven Lebensäußerungen spüren. Frauen, die bereit und willens sind, sich aus der einseitigen Verpflichtung zur Nähe und Liebesarbeit zu lösen, den Gefahren von Verweigerung und Widerstand auszusetzen, betreten *verbotene Zonen*, in denen zunächst einmal Verunsicherung und Einsamkeit auf sie waren.

Das Erbe der Mütter – Weibliche Grundkonflikte

Wie schwierig und mühselig diese Schritte besonders für Frauen sind, die nicht aus einem von der Frauenbewegung geprägten Lebensraum kommen, wird in den Therapiegesprächen immer wieder deutlich. Um zu veranschaulichen, zu welchen weiblichen Grundkonflikten die Aneignung des »mütterlichen Erbes« führen kann, möchte ich einige charakteristische Beispiele aus der therapeutischen Arbeit darstellen, Probleme bezüglich Werteentscheidungen, die so oder ähnlich das Leben vieler Frauen prägen.

Cora, eine neunundzwanzigjährige Laborantin, die Unterstützung in der Therapie sucht, weil sie die Trauer über den Verlust ihres Mannes, der zweiunddreißigjährig an Krebs starb, lange Zeit nicht ausdrücken kann, verliebt sich eines Tages doch wieder. Von Anfang an registriert sie an Bernd eine emotionale Abgeschlossenheit, die sie bei dem Versuch, mit ihm über persönliche Angelegenheiten ins Gespräch zu kommen, behindert. Bei einigen Verabredungen, die auch mit gemeinsamen Übernachtungen und sexuellen Annäherungen verbunden sind, bekommt sie heftige Bauchschmerzen, sogar Krämpfe und Durchfall. Sie sagt: »Es ist ganz furchtbar. Wenn wir zusammen sind, ist meine Spontaneität wie weggeblasen. Darüber ärgere ich mich. Ich bin doch sonst nicht so. Bei Bernd lege ich jedes Wort auf die Goldwaage. Dauernd denke ich, daß ich ihn überfordern oder verletzen könnte. Das erinnert mich auch so fatal an die erste Zeit mit meinem Mann. Da habe ich auch immer befürchtet, etwas falsch zu machen und nicht richtig zu sein. Wobei der mich auch wirklich ziemlich oft korrigiert und kritisiert hat. Intellektuell war er mir immer überlegen, aber mit dem Ausdrücken von Gefühlen hatte er Mühe. Da hat er im Laufe der Jahre auch einiges von mir gelernt. Manchmal, wenn ich allein bin und mir vorstelle, daß nun alles wieder von vorne anfängt, werde ich innerlich ganz müde und traurig. Das ist ja richtige Arbeit, wieder bei A anzufangen, um jeden Schritt von Austausch und Verständigung anzubahnen. Kann denn das sein, daß das immer wieder bei Null anfängt, oder verliebe ich mich in die falschen Männer?

Es gibt Momente, in denen ich ganz klar weiß, daß ich das so nicht mehr will. Mit meinem Mann hat das Jahre gedauert, bis wir auch über Gefühle offen sprechen konnten. Nun soll das also wieder von vorne losgehen?«

Zu Coras Geburtstag wünscht Bernd ihr, daß sie im neuen Lebensjahr etwas weniger diskutierfreudig sein soll. Damit zielt er auf ihre Versuche, etwas von seinem Innenleben zu erfahren. Er spricht gerne über geschäftliche Sachen und über Sport. Er sagt: »Ich weiß nicht, was du willst. Ich hab' dich doch lieb. Das mußt du doch merken!« Schließlich schreibt Cornelia ihm Gedichte ab, »damit er, ohne sich angegriffen zu fühlen, etwas von meinem Anliegen begreift«.

Isabelle, eine sechsunddreißigjährige Jorunalistin, ist eine faszinierende Frau, dunkel, lebhaft und von brillanter Sprachgewandtheit. Während ihrer Studienzeit war sie in marxistischen Gruppen aktiv. Heute gehört sie der »linken Szene« an. Sie kann scharfsinnige Analysen über die gesellschaftliche Verankerung der Unterdrückung und Benachteiligung von Frauen liefern, Vorträge zum Thema Sexismus halten und ist doch unfähig, in ihrer Partnerschaft emotionale und konkrete Unterstützung bei Arbeitsprojekten zu fordern, die sie ihrerseits Philipp, ihrem Partner, gerne und häufig zur Verfügung stellt. In diesen Situationen fühlt Isabelle sich wider besseres Wissen rechtlos. Die Furcht, von ihm verlassen zu werden, macht sie korrumpierbar. Sie glaubt, daß sie nicht allein sein kann.

In manchen Sitzungen schäumt sie vor Wut, weil sie immer wieder darauf hereinfällt zu denken: »Wenn ich ihm jetzt noch einmal in dieser Drucksituation helfe, ihn bei der Fertigstellung des Artikels unterstütze, wird er mir das nächste Mal auch helfen und mich nicht im Stich lassen, wenn es mir ähnlich geht.« Die erwünschte gegenseitige Hilfe kommt nur in Ausnahmefällen zustande, und so klagt Isabelle regelmäßig darüber, daß Philipp sie »ausbeutet«, sowohl in intellektueller und emotionaler als auch in sexueller Hinsicht. In einer Stunde, in der Anna und sie über ihre Schwierigkeit sprechen, Philipp einmal etwas zu verweigern, sagt sie an einer Stelle: »Mir wird jetzt klar, daß das ein doppelter Verzicht wäre. Verstehst du? Ich mache das doch nicht nur seinetwegen. Es macht mir ungeheuren Spaß, anzuregen und Ideen zu einer Arbeit beizutragen. In dieser Fähigkeit drückt sich schließlich etwas von meinem Wesen, von meiner Person aus. Es ist doch ein tolles Gefühl, kompetent zu sein. Ich springe einfach auf die Reize an. Total. Zu sagen oder bloß zu denken, mein Lieber, dieses Mal aber ohne mich, mach deinen Kram mal alleine, daß wäre wie, wie . . . ja, als ob ich mich selbst unfreiwillig einschränkte, mir etwas wegnähme, was ich gerne haben und erleben möchte. Klar, ich möchte das auch zurückkriegen, dieses ganze Engagement, mit dem ich mich reinwerfe in Projekte. Das muß doch möglich sein, verdammt noch mal. Manchmal geht es ja auch. Aber viel, viel zu selten. Das macht mich wahnsinnig, wie der mich dann so cool im Stich lassen kann und alles andere wichtiger ist. Gerade dann, wenn ich auf ihn zähle. Eine Bombe könnte ich schmeißen. Glaub' mir.«

Neben diesen aktuellen Konflikten leidet Isabelle an unverstandenen und unverarbeiteten Erfahrungen aus ihrer Kindheit, die wiederum Rückwirkungen auf ihr jetziges Leben haben. Schon sehr früh gab es schmerzliche Trennungserlebnisse, überhöhte Anforderungen von seiten der Eltern und der übrigen Verwandten, weil sie »ein ganz besonderes Kind sein sollte«. Jahrelang mußte sie sexuelle Übergriffe des Vaters und vermutlich auch von anderen männlichen Verwandten erdulden, weil alle Versuche, sich zur Wehr zu setzen, daran scheiterten, daß die Vorgänge besonders von der Mutter bagatellisiert oder geleugnet wurden. Wie es bei sexuellem Mißbrauch häufig der Fall ist, stellte sich auch bei Isabelle im Laufe der Jahre das Gefühl ein, mitgemacht zu haben und selbst schuld zu sein. Als erwachsene Frau empfindet sie ihre exzessiven sexuellen Wünsche so bedrohlich, daß sie mitunter Phantasien hat, in denen sie ihr Geschlecht zerstören will. Andererseits gibt es keine Situation, in der sie sich so eindeutig richtig fühlt, wie wenn der Mann in ihr drin ist: »In dem Moment habe ich keine Angst, verlassen zu werden. Die Sicherheit ist fast noch wichtiger als die Lust. Danach bin ich süchtig. Das brauche ich so dringend. Und manchmal fühle ich mich wie ein Schwein, frage mich, ob ich nicht von diesem ganzen alten Mist vergiftet bin für immer.«

Die verwirrenden und demütigenden Gewaltakte in der Kindheit geschehen in der ganz normalen Familie, sie sind eingebettet in die Haltung, »daß alles für das Mädelchen getan wird«. Bis zu ihrem achtzehnten Lebensjahr ist Isabelle ständig der elterlichen Überwachung und Kontrolle ausgesetzt. Enge freundschaftliche Kontakte zu Gleichaltrigen werden untersagt. Als Raum für Rückzugsmöglichkeiten bleibt einzig die Phantasie.

Die vielschichtigen Abhängigkeitsgefühle, die Erfahrung, von dem trotz allem geliebten Vater mißbraucht worden und gezwungen zu sein, sich gehorsam seinem Willen zu unterwerfen, die Hinweise der Mutter, »daß sie sich nicht so anstellen soll«, bewirken in Isabelle eine so tiefe Verstörung, daß sie an ihrer Wahrnehmung zweifelt und zeitweise befürchtet, verrückt werden zu müssen. Es ist sehr wahrscheinlich, daß sie mit ihren »sexuellen Dienstleistungen« als Stabilisierungsfaktor für den Familienfrieden zu sorgen und die Eheprobleme *für* die Eltern zu kompensieren hatte.

Mit dieser grausamen, zerstörerischen Hypothek kommt Isabelle in die Therapie, und es zeigt sich bald, daß hinter ihrer äußeren Unangepaßtheit, dem offensiven, selbstbewußten Charme der alte, erzwungene Gehorsam zur Gefügigkeit jederzeit wieder abrufbar ist, wenn es um Liebesfragen, um ihre persönlichen Wünsche und Gefühle geht. Die Fähigkeit, Verweigerung zu praktizieren, auf ausgewogene, gleichberechtigte Hilfe zu bestehen und andernfalls Konsequenzen zu ziehen, paßt nicht in das Selbstbild eines Mädchens, einer Frau, die während jahrelanger sexueller Attacken Selbsthaß anstatt Selbstachtung wachsen fühlte.

Einmal sagte Isabelle in einem Gespräch: »Ich habe im Zusammenhang mit Partnern zwar häufig versucht, meine Unzufriedenheit und Ansprüche zu äußern, aber heute ist mir klar, daß ich nie wirklich bereit war, daraus die Konsequenz einer vielleicht auch nur zeitweiligen Trennung zu ziehen. Tatsächlich nicht einmal stundenweise. Gräßlich. Aber es ist die Wahrheit. Nach der Verletzung suche ich sofort wieder die Nähe. Wie zwanghaft. Gleichzeitig ist immer die Angst da, nicht klar und rechtzeitig ›Nein‹ sagen zu können oder Übergriffe abzuwehren. Selbst wenn ich das ›Nein‹ denke, in meinem Gefühl steht es mir nicht zu. Ich darf es nicht äußern. Irgendwie spielt in der Beziehung zu Männern, nicht generell, sondern beim jeweiligen Liebespartner, auch nach all den Jahren immer noch das Gefühl eine Rolle, daß ich es nicht verdient habe, daß man lieb mit mir umgeht. Dann kommt wieder dieses ›Schwein-Gefühl‹ hoch, all das aus der Beziehung zum Vater.«

Maren, eine siebenunddreißigjährige Ärztin, kommt in die Therapie, nachdem ihr Mann sie wegen einer anderen Frau verlassen hat. Für sie ist das Ganze unfaßbar. Ein Schock. Sozusagen aus heiterem Himmel. Eine kurze Zeit ist sie so verstört und verzweifelt, daß Selbstmordgefahr besteht und in erster Linie das Verantwortungsgefühl für ihre beiden kleinen Kinder sie an diesem Schritt hindert und »aufrechterhält«. Maren beschreibt sich selbst als eine Frau, die allerhand vertragen kann, »die meisten halten mich für eine starke Type«. Es dauert einige Monate, bis sie in einem Therapiegespräch sagt: »Wenn ich ehrlich bin, dann war es doch nicht so aus heiterem Himmel. Ich hab's gewußt und doch nicht gewußt, im Grunde nicht wissen wollen. Lange bevor er wirklich auszog, war da ein Gefühl. Ich hab's immer wieder runtergedrückt. Außerdem bei dem ganzen Rummel, Arbeit, Kinder, Wohngemeinschaft. War ja auch immer was los. Immerzu mußte ich dies oder das erledigen. Ich wollte nicht wahrhaben, was wirklich los war, daß wir innerlich gar keine Verbindung mehr hatten. Nein, das stimmt so auch nicht. Wie soll ich das bloß sagen? ... Ich hatte ja die Verbindung zu ihm. War ganz stark auf ihn bezogen und hab' mich auch sicher gefühlt. Vielleicht hab' ich das mit Geliebtwerden verwechselt? Er ist ja nächtelang weg und immer mit der Begründung, daß er nach Gewerkschaftssitzungen mit Leuten noch auf ein Glas Bier irgendwo hingegangen sei. Dann wird's eben mal spät. Ich tue mir schwer, so direkt in Worten meine Zuneigung auszudrücken. Meine Liebe hab' ich wohl mehr durch ›Machen‹ gezeigt. Ich hab' ihm alle möglichen Arbeiten abgenommen, auch die Kinder, obwohl wir ja beide berufstätig sind. Manchmal kommt es mir heute so vor, und ich bin ziemlich entsetzt darüber, als ob mein Gefühl für ihn mir ausgereicht hat, um mich geliebt zu fühlen. Kannst du verstehen, was ich meine? Das gibt's doch gar nicht. Das wäre doch absurd. Neulich, als Erwin die Kinder abgeholt hat und wir so ein bißchen miteinander geredet haben, hat er doch tatsächlich mit treuherzigem Augenaufschlag gesagt: ›Ich wußte gar nicht, daß du so an mir hängst.‹ Ich dachte, mir knallen sämtliche Sicherungen durch, aber in solchen Momenten kann ich kein Wort rausbringen.

Jeder traut mir zu, daß ich kämpferisch und selbstbewußt bin, Erwin übrigens wohl auch, aber sobald es um diese Fragen geht, werde ich ganz still und ängstlich oder müde. Der Kopf wird leer, und ich bin stumm. Ich könnte auf der Stelle einschlafen. Weg sein. Wie betäubt. Bestenfalls fällt mir noch für 'ne Sekunde ein, daß man kein Recht hat, Liebe zu fordern. Das hat mir meine Mutter schon ausgetrieben.«

Von dem Druck, jener zur einseitigen Anpassung »zwingenden Liebe«, spricht auch *Margot*, eine Frau, die nach einem knappen Jahr der Trennung von Mann und Kind trotz denkbar schwieriger Voraussetzungen glaubt, zur Wiederaufnahme der Beziehung bereit sein zu müssen. Margot hat Robert, ihren Mann, nach über fünfzehn Jahren Ehe verlassen, weil sie sein ständiges Nörgeln und Besserwissen nicht mehr ertrug und außerdem das Gefühl hatte, »daß es doch noch was anderes im Leben geben muß, als morgens früh zur Arbeit zu gehen« (sie ist erfolgreiche Abteilungsleiterin in einem großen Geschäft), »abends müde nach Hause zu kommen, Mann, Kind und Haushalt zu versorgen und ab und zu mal was zu feiern. Ich meine, das Leben muß doch auch Höhen und Tiefen haben. Schließlich bin ich erst sechsunddreißig Jahre.«

Margot verliebt sich also nicht zufällig in einen anderen Mann. Sie zieht zu Hause aus und mietet eine kleine Wohnung. Die Trennung scheint endgültig. Robert, der Ehemann, nimmt in wenigen Wochen fast vierzig Pfund ab und beschließt, nicht zuletzt auf dringendes Anraten von Freunden, therapeutische Hilfe zu suchen. Im ersten Gespräch sagt er: »So schlecht ist es mir noch nie in meinem Leben gegangen. Ich will alles tun, damit sie zurückkommt.« Aus seiner Schilderung der Beziehungssituation geht hervor, daß er Margot bereits bei geringfügigen Kleinigkeiten wie ein Lehrer korrigiert, aber Hemmungen empfand, Anerkennung oder Bewunderung für ihren beruflichen Erfolg auszudrücken. Gespräche oder persönlicher Austausch über Erlebnisse fanden schon lange nicht mehr befriedigend statt. Robert verbringt seinen Feierabend mit Basteleien im Hobbykeller, während Margot mit Hausarbeiten beschäftigt ist, an wenigen Abenden Fortbildungsveranstaltungen besucht und sich ab und zu einmal mit Freundinnen verabredet. Zur Sexualität fehlt ihr meist die Lust, selbst Zärtlichkeiten wehrt sie ab.

Nach über einem Jahr stellt sich heraus, daß die Beziehung zwischen Margot und dem neuen Partner keinesfalls erfreulicher ist. Er traktiert sie mit Besitzansprüchen und massiven Forderungen. Als ihr klar wird, daß er Alkoholiker ist und sie nach der ersten Verliebtheitsphase bei Meinungsverschiedenheiten mit körperlicher Gewalt bedroht, bricht sie jeglichen Kontakt zu ihm ab. Das Scheitern dieser Verbindung verunsichert sie sehr, mehr aber noch die eigene Fehleinschätzung. Ich lerne Margot bereits zu einem früheren Zeitpunkt kennen, und zwar nachdem ich sie kurz nach Beginn von Roberts Therapie zu einem Gespräch bitte, um einmal aus ihrer Sicht von den Schwierigkeiten in der Partnerschaft und jenen Gründen zu hören, die schließlich zur Trennung führten.

Ungefähr zwei Monate danach kommt Robert freudestrahlend in seine Stunde und teilt mir mit, daß Margot nun wieder zu ihm zurückgezogen ist. Obwohl er es nicht ausspricht, signalisiert er, »daß nun eigentlich erst mal alles wieder – na ja, nicht ganz, aber doch fast – in Butter ist«. Ich bin skeptisch über diese überstürzte Annäherung, zumal Margot mir sehr deutlich vermittelte, wie unsicher und voller Zweifel sie sich in bezug auf Robert fühlt und im Grunde wünscht, »einmal Ruhe und Zeit für mich selbst zu haben, um alles, was inzwischen passiert ist, zu verdauen. Außerdem fühle ich mich in meiner kleinen Wohnung ganz wohl.«

Ich bitte Margot erneut um ein Gespräch, um von ihr persönlich zu hören, was inzwischen so Entscheidendes geschehen ist. Daraufhin beginnt sie zu erzählen: »Natürlich habe ich Robert gesagt, daß ich es besser finden würde, wenn wir vorläufig in den getrennten Wohnungen bleiben, uns besuchen und verabreden, um über die dazwischenliegende Zeit und alles Ungeklärte, was uns betrifft, zu reden. Klar, ich fürchte mich davor, daß alles wieder von vorne anfangen könnte, genau wie früher. Im Grunde haben wir uns ja noch nicht verändert. Robert gibt sich große Mühe. Durch die Gespräche mit dir ist er auf manches aufmerksam geworden. Trotzdem, ich hätte meine Wohnung noch gerne behalten. Das stimmt schon. Wäre vielleicht doch ganz toll, so 'ne vorsichtige Annäherung. So'n bißchen, als ob man sich noch mal ganz neu kennenlernt. Aber Robert kann das nicht aushalten. Ich hab' versucht, mit ihm darüber zu reden, ganz vorsichtig, ob es nicht besser wäre ... und so. Unmöglich. Das ist wie eine Mauer. Wütend ist er geworden. Dann hat er gesagt: ›Wenn du dir das Zurückkommen so vorstellst, können wir uns ja auch gleich scheiden lassen.‹ Der verstand überhaupt nicht, was ich wollte. Daß das nicht gegen ihn gemeint war. Also hab' ich die ganze Sache fallenlassen. Gut, im Augenblick geben wir uns beide unwahrscheinlich Mühe, aber ob das gutgeht, wenn die Alltagsbelastungen wieder mal größer werden?

Er hat mir auch gar nicht erzählt, daß du es auch für sinnvoller gehalten hättest, mit dem Zusammenziehen noch eine Weile zu warten. Irgendwann hat er mir die Kassette von seiner letzten Stunde gegeben, und da war's dann drauf. Wenn du so willst, hab' ich nur um des lieben Friedens willen nachgegeben, damit wenigstens das, was jetzt wieder zwischen uns schön ist, nicht kaputtgeht. Vielleicht war's falsch. Ich weiß es nicht. Ich weiß nur, daß es auf die Dauer für mich keine Lösung ist, wenn ich meine Wünsche nicht offen aussprechen darf.«

Hanne, eine fast noch mädchenhaft wirkende Frau von vierunddreißig Jahren, hat bereits eine Ausbildung als Ingenieurin erfolgreich abgeschlossen. Nun studiert sie noch Sozialpädagogik. Sie lebt allein, ab und zu gibt es einen Freund. Rein äußerlich betrachtet hat sie es geschafft, sich dem gängigen Klischee des Frauseins zu entziehen. Ihre technische und handwerkliche Kompetenz findet allgemein Anerkennung, wobei ihre Hilfe bei Wohnungsrenovierungen und der Bewältigung komplizierter Holzarbeiten im Bekanntenkreis besonders geschätzt wird.

Dabei sind ihre Interessen nicht einseitig, sondern schließen auch zwischenmenschliche Aspekte, psychologische und pädagogische Probleme mit ein. Trotz ihrer beachteten Fähigkeiten lebt Hanne ein einsames, von fast asketischer Kargheit und Strenge geprägtes Leben. Kontakte zu anderen Menschen empfindet sie beunruhigend und anstrengend, zumal sie das Gefühl hat, daß man nicht an ihrer Person, wohl aber an ihren Fertigkeiten interessiert ist. Als sie mit der Therapie beginnt, leidet sie unter massiven psychosomatischen Beschwerden, Isolationsgefühlen und Konzentrationsstörungen beim Lesen bestimmter Texte in ihrem Zweitstudium.

In den Gesprächen mit ihr stellt sich bald heraus, daß alles, was mit Entspannung, der Erweiterung ihres intellektuellen und kulturellen Erfahrungshorizonts und Selbstfürsorge zusammenhängt, auf mysteriöse Weise *verboten* ist. Im krassen Gegensatz dazu steht ein fast zwanghaftes Verhalten, bis zur physischen Erschöpfung und Selbstvergessenheit zu arbeiten. Auszuruhen, Kraft zu tanken und sich zu pflegen, selbst für eine gesunde, aber noch genußvolle Ernährung zu sorgen, das scheint Luxus zu sein. Während der Sitzungen, in denen sie anfangs in angespannter Haltung bewegungslos verharrt, entstehen Phasen, in denen sie länger in Schweigen versinkt. Anna und ihr wird nach einer Weile verständlich, daß im Grunde bereits die Aufnahme der Therapie, der bloße Versuch, etwas in ihrem Leben ändern zu wollen, *zuviel gewollt* und daher »falsch« ist. In der Frauengruppe führt Hannes Stummheit und ihre Tendenz, das Verhalten der anderen zu mißbilligen, dazu, daß die übrigen Frauen eingeschüchtert und abgeschreckt werden. Einige glauben sogar Haß und Verachtung an ihr wahrzunehmen, wenn sie selbst in ihren Gruppengesprächen Schwächegefühle und Trauer ausdrücken wollen. Hanne erscheint den anderen als Zensor. Bei der Durcharbeitung der Übertragungssituation wird für sie und die übrigen Teilnehmerinnen die Wiederholung verständlich.

In der Begegnung mit der Gruppe, die sie als undurchdringliche, geschlossene Einheit wahrnimmt, leben die alten Gefühle aus der Beziehung der Mutter wieder auf, wobei Hanne, ohne daß es ihr bewußt geworden wäre, in der Gruppensituation die eisige Strenge der Mutter nachahmte, während die anderen mit der gleichen furchtsamen Beklommenheit reagierten, wie sie selbst es als Kind tat.

Hanne stammt aus einer Handwerkerfamilie mit fünf Kindern, von denen sie die Älteste ist. Nach ihr werden noch drei Brüder und eine jüngere Schwester geboren. So wie sie das Leben in der Familie erinnert, besteht es überwiegend aus harter Arbeit. Gesprochen wird nur das Allernötigste. Schon sehr früh nimmt sie wahr, daß die Mutter über ihr Schicksal verbittert und unzufrieden ist. Ihre kindlichen Versuche, diese aufzuheitern und zu unterstützen, werden mit großer Schroffheit und Härte abgewehrt. Unmerklich entwickelt Hanne im Laufe der Jahre die Vorstellung, daß sie die heiß ersehnte Liebe der Mutter vielleicht gewinnen kann, wenn sie sich selbst einschränkt und bedürfnislos wird. Mangel und Verzicht erhalten den Glorienschein der Tugend. Das Unglück der Mutter erlaubt kein eigenes Glück und wird ihr so zum Maßstab. Die strikte Einhaltung dieser Tabugrenze scheint die einzige Möglichkeit zu sein, so etwas wie Nähe zu ihr zu empfinden.

Noch lange nachdem Hanne von zu Hause weggezogen ist und die äußeren Lebensbedingungen neue Möglichkeiten bieten, gehorcht sie dem Mangel. Jedes Vergnügen, alles, was nicht unbedingt notwendig ist, zählt zum Überfluß. Kino- oder Theaterbesuche, Ausstellungen zu besichtigen oder die Teilnahme an Konzerten, einfach mal herumzubummeln, essen zu gehen, alles Unvernünftige sprengt Hannes exzessive Selbsteinschränkung und bleibt daher unmöglich. Zu Beginn der Therapie spricht sie noch in solchen Sätzen, daß sie das nicht nötig hat. Die Eingrenzung des Lebensraumes geht sogar soweit, daß sie bei der Lektüre von Büchern Kopfschmerzen, Augenflimmern, Blutleere im Gehirn bekommt, sobald von Themen wie Freiheit, Selbstverwirklichung und Gedanken die Rede ist, die ihr Weltbild in Frage stellen. Als sie schließlich im Laufe der Zusammenarbeit doch beginnt, Interesse an ihren verdrängten Wünschen und Bedürfnissen zu entwickeln, und aus dem »Gefängnis« herausmöchte, fangen damit die eigentlichen Schwierigkeiten erst an. Ihre Versuche, die von der Mutter gesetzten Grenzen zu überschreiten, bedrohen das alte Wertesystem, ihre Selbsttäuschungen, die Illusion einer Nähe, die trotz aller Opferleistungen nie existiert. Die Eroberung des Glücks ist von heftiger Angst und Trauer begleitet.

In einer Stunde sagt sie dazu: »Ich spüre, daß jetzt etwas ganz Neues beginnen könnte, etwas, was auf alles übrige Auswirkungen hat. Ich wünsch' mir so viel. Zum ersten Mal ohne das verstecken zu müssen. Das ist alles so aufregend. Manchmal schüttelt es mich richtig. Neulich, nach meinem ersten Besuch im Institut, bin ich mit einem richtigen Glücksgefühl rausgekommen. Ganz toll war das. Ich hab' es festhalten wollen, aber da kam dann auch ein Gefühl der Trauer, von Abschied. Ganz seltsam. Verstehst du, die Entscheidung gegen den Mangel bedeutet, daß ich mich innerlich wirklich von meiner Mutter trennen muß. Zu akzeptieren, daß sie es mir nicht gönnen kann, daß ich es besser habe als sie, tut so weh. Ich hab' das ja all die Jahre über künstlich aufrechterhalten, dabei ist von ihr nie ein Anzeichen von Interesse an meinem Leben gekommen. Wenn ich nach Hause Briefe schreibe, kommt monatelang keine Antwort, und wenn, nur ein inhaltsleeres Kärtchen. Das zu sehen fällt mir unwahrscheinlich schwer, weil ich mir immer so sehr ihre Zuneigung gewünscht habe. Die ganze verdammte Einschränkung war umsonst, alles. Der ganze Verzicht. Aber trotzdem ist dieses Loslassen wie ein körperlicher Schmerz. Innen drin. Wie ein Reißen. Ich weiß, daß es keine andere Möglichkeit für mich gibt.«

Diese und eine Vielzahl anderer Liebes- und Gehorsamsmuster wurzeln in einer Tradition von Weiblichkeitserziehung, die Frauen zu Spezialistinnen für Beziehungs- und Liebesarbeit heranbildet und auf ein moralisches Wertesystem verpflichtet, in dem Nähe, Liebe, Verbundenheit und das Wohl anderer (besonders männlicher) Menschen höher bewertet werden muß als Selbstfürsorge und Selbstachtung.

Begünstigt werden diese selbstverleugnenden Haltungen durch die frühen Erfahrungen, daß Nähegefühle ein Gefühl von »Richtigsein« vermitteln, während Distanz und Trennungsschritte in einer Beziehung das Versagen von weiblicher Liebesfähigkeit und damit ein bedrohliches Falschsein nahelegen. Im übrigen erinnern sich fast alle Frauen daran, daß es ihnen bereits als Kind nicht erlaubt war, sich distanzierend, aggressiv, abwehrend und damit trennend zu verhalten.

Resultat ist, daß Frauen sich häufig durch das Auftreten von Distanz bedroht fühlen, sei es nun, daß die Schritte von einer anderen Person eingeleitet werden, zum Beispiel vom Partner, oder aber auch, daß sie selbst Distanz- und Abgrenzungswünsche spüren.

Insofern ist die Moral der Frauen nicht nur eine »Dienstleistungsmoral«, sondern auch eine »Angstmoral«. Sie sind keineswegs die »besseren Menschen«, nur weil sie sich als kinderhütendes Geschlecht Fähigkeiten aneignen mußten, die das Überleben und Leben der menschlichen Spezies sicherten und schließlich zu jenem »verlogenen Mutterkult« führten, der nicht sehen will, daß viele Mütter keineswegs imstande sind, ständig liebevolle und zugewandte Gefühle den Kindern gegenüber zu haben. Daß sie, im Gegenteil, auf Grund der eigenen emotionalen Mangelsituation und Überforderung durch vielfältige Arbeitsbelastungen häufig ablehnende oder auch aggressive Haltungen einnehmen. Die Identifikation mit dem von der Gesellschaft entworfenen Mutterbild und die bestürzende und beängstigende Erfahrung, daß die eigene Befindlichkeit damit keineswegs übereinstimmt, führt ebenfalls zu mehr oder weniger geheimgehaltenen Wertekonflikten von Frauen, da die Wahrheit alle Beteiligten sehr erschreckt.

Im Verlauf der bisherigen Geschichte haben sich sowohl die »Liebesmoral« der Frauen als auch die »Gewaltmoral« der Männer disqualifiziert. Obwohl Frauen eine mehr das Leben erhaltende und beschützende Struktur ausbilden konnten, haben sie bis jetzt an der zerstörerischen Liebesunfähigkeit der meisten Männer nichts verändert. Sie haben durch ihre permanenten Versuche, die Mißstände wegzulieben, die Unmoral der patriarchalen Kultur, die auf Ausbeutung und Unterdrückung beruht, begünstigt und erhalten, zumal weibliche Gewissensstätigkeit sich häufig nicht über private Beziehungs- und Familienangelegenheiten hinaus erstreckte.

Die Aufklärungsarbeit der Frauenbewegung hat wesentlich dazu beigetragen, daß Frauen zunehmend bezüglich ihrer Verantwortlichkeit nicht nur in privaten, sondern auch in gesellschaftlichen Zusammenhängen ein anderes Bewußtsein entwickeln. Ein wesentliches Anliegen der therapeutischen Arbeit mit Frauen ist neben anderen, ihnen dabei zu helfen, die Unmoral in der traditionellen Weiblichkeitsmoral zu erkennen und zu entlarven, darüber hinaus Unterstützung und Ermutigung bei jenen Schritten von Ungehorsam zu bieten, die auf dem Weg, eine eigenverantwortliche, ganzheitliche Person zu werden, beängstigend, aber auch unerläßlich sind.

Teil 5

Das Gewissen des Mannes: Verbote von Sanftmut, Bindung und Nähe

Ernstzunehmende Erkenntnisse kann nur eine Psychologie erbringen, die jedes psychische Phänomen für die Frau und den Mann gesondert untersucht. In unserer Gesellschaft leben die Geschlechter grundsätzlich anders, komplementär aufeinander bezogen.

Männer haben bisher fast alles, nur nicht sich selbst erforscht. Weil sie die Herrschenden waren und sind, weil sie alles haben, was sie meinen zu brauchen. Unter der Perspektive einer die Gleichberechtigung fördernden Geschlechtsforschung ist die erste Aufgabe für Männer die Männerforschung. Nicht die herkömmliche, die ohne und zum großen Teil gegen die Interessen der Frauen orientiert war, sondern eine, die an den Ergebnissen der feministischen Forschung anknüpft.

In diesem Sinne ent-deckende Gesellschafts-, Herrschafts- und Männerkritik muß sich auch dem Phänomen des Gewissens zuwenden. Das Gewissen oder Über-Ich des Mannes, seine zentrale ethische Kapazität steht in dieser Gesellschaft im Dienst seiner Machtausübung. Es meldet sich erst, wenn seine Privilegien und Vorurteile bedroht werden. Auch Männer leiden im Patriarchat, aber sie haben keine Bereitschaft zu leiden, sie verdrängen es. Weder die Angst noch die viel schlimmere Angstlosigkeit wird durchgearbeitet. So fehlt den Männern manches Menschliche. Ihr Wertentwurf enthält jedenfalls kaum ein Bewußtsein von der Ausbeutung und Entrechtung der Frau. Wir vermissen den Gewissensruf der Männer selbst dann, wenn es um ihre eigene emotionale Verkümmerung, Infantilisierung und parasitäre Haltung gegenüber der Frau geht. Ein politischer Kampf zur Abschaffung der Männerherrschaft und der Ausbeutung der Frau darf sich nicht in einem Ringen mit den mächtigen Männern erschöpfen. Uns Männern kann nicht nur einfach an einer »wissenschaftlichen« Analyse der Verhältnisse gelegen sein. Eine tatsächliche gesellschaftliche Veränderung erfordert die lebenslange Arbeit eines jeden Mannes an der eigenen Person und Geschichte. An einer Berücksichtigung des Status der Komplizin des herrschenden Mannes werden wir nicht vorbeikommen, sie sollte allerdings kritischen Frauen überlassen bleiben.

Der Mann ist demnach nicht als bloßer Gegenstand der Forschung zu betrachten. Seine Gefühle, Stimmungen und Haltungen, seine Werte als Positionen, Macht- und Gewaltstrukturen bedürfen einer humanistischen, das heißt feministischen Praxis. Weil seine Beziehungsfähigkeit nicht ausgebildet ist, müssen wir soziale Felder bereitstellen, in denen Männer sich mit anderen Männern zusammensetzen, um sich gegenseitig zu verstehen, aufmerksam zu machen und zu helfen. Das erfordert den Aufbau eines neuen Verantwortungsbewußtseins. Der Mann muß lernen, sich nicht nur für die allgemeine gesellschaftliche Situation, sondern auch für die persönlichen Defizite und Irritationen zu interessieren. Die meisten »Frauenprobleme« entstehen durch unerkannte, verdrängte und ungelöste Probleme von Männern.

Wir brauchen Aufschlüsse und Erfahrungen darüber, wie dem Mann die Gewalt anerzogen wird, wie sie im Erziehungsprozeß vermieden und im erwachsenen Mann abgebaut werden kann. Wieso tritt das männliche Gewissen nicht vor Gewalttaten in Aktion? Wie ist es überhaupt ausgestattet, um dem Mann Gewaltanwendung nahezulegen? Tun wir nicht so, als wüßten wir noch gar nichts. Wir »wissen« vieles. Wir leben mit einem Wissen aus Irrtümern, Behauptungen und Festlegungen über uns, unsere Beziehungen zu anderen Männern und zu Frauen. All das ist in unserem Werterahmen und in einem emotionalen Hintergrund verankert und bestimmt unsere Handlungen. Ungewiß ist uns, was uns und anderen Menschen guttut, was Leben, Frieden und gegenseitige Hilfe erhält.

Eine Gewissensbeschreibung erfordert vielerlei: aktuelle männliche Grundwerte, abgeleitete männliche Werte und ihre humanistische Trägheit, die Entstehung der Werte- oder Verbotsbildung beim Mann in der Kindheit, eine genauere Beschreibung der psychologischen Hintergründe gewisser Werte und Verbote, Wertekonflikte, Wertemängel und die Beschäftigung mit der Frage, ob es heute überhaupt noch männliche Werte in dieser Gesellschaft gibt.

An dieser Stelle können wir nur erste Anregungen geben. Die lebendige Forschung und Praxis hat die Aufgabe, die Relevanz eines jeden ethischen Ziels an der Lebenssituation des einzelnen Mannes zu messen: Was sagt er dazu? Was die anderen Männer, mit denen er lebt und arbeitet, was die Frauen?

Jeder Mann, der mit dieser Arbeit beginnt, wird an den tatsächlichen Veränderungen seines Lebensstils zu beurteilen sein. Mittel zu dieser Praxis und Forschung wären die Aufarbeitung der individuellen Lebensgeschichten, der aktuellen Situation, der menschlichen Beziehungen und die Erfahrungen über die Art der Einbettung und Gestaltung der Zusammenarbeit in einer Männergruppe. Es wären die Bedingungen zu ändern, unter denen Männer so werden, wie sie sind (Kindheit, Erziehung), und die, unter denen sie so bleiben können, wie sie geworden sind. Schließlich müssen Bedingungen geschaffen werden, die Männern erlauben, sich zu verändern (Erwachsenenleben).

Warum kennen Männer keine inneren Verbote, Frauen zu entwerten, zu schädigen und auszubeuten? Warum passen sie sich den Herrschaftsstrukturen des Patriarchats widerspruchslos an? Warum bevormunden sie Frauen und Kinder, schränken diese ein und behindern deren Befreiungsbestrebungen? Was wollen sie eigentlich damit? Warum setzen sie Aufklärungsbestrebungen Widerstand entgegen (Lernverbote)? Warum meinen sie selbst, an diesen Gegebenheiten nicht wirklich etwas ändern zu können (Therapieverbot)? Das pragmatische Forschungsziel, die Veränderung der Person, der Beziehung und des Gewissens bedarf der Einbettung in das konkrete gegenwärtige Leben – dergestalt, daß Möglichkeiten zur autonomen, von Interessen anderer, geistiger und persönlicher Gängelung durch Organisationen unabhängigen Denk-, Fühl- und Spracherprobung für Männer geschaffen werden.

Am Anfang steht die Aufgabe, feministische Erkenntnisse für Männer lehr- und lernbar zu machen. Dennoch ist es in der gegenwärtigen Phase der Auseinandersetzung unabdingbar, daß Frauen nur mit Frauen und Männer nur mit Männern zusammenarbeiten. Sonst würden sie sich weiterhin gegenseitig stören. Selbstverständlich kann eine längerfristige Gewissens- und Wertebildung bei Männern nur sinnvoll sein, wenn die Bedürfnisse der Frauen und Kinder, die mit Männern zusammenleben möchten, berücksichtigt werden. Erkenntnisse und Änderungen der männlichen Verantwortungsstruktur sollten nicht durch ein Geschlecht allein gewonnen oder angebahnt werden. Beide Geschlechter haben viel zu erforschen, und wir benötigen die Bereitschaft, sich irgendwann die Mühe zu machen, die Ergebnisse der anderen Hälfte der Menschheit zu kommentieren und auszuwerten. Auch die emanzipierte Frau beansprucht nicht, alleinige Wahrheitssucherin zu bleiben. Sie wartet auf den emanzipierten Mann, der Sinn und Gerechtigkeit in Arbeit, Liebe und Gemeinschaft will. Bisher allerdings wartet sie vergebens.

Männer dürfen nicht länger die Liebesarbeit der Frauen fordern, sie müssen lernen, ihre Beziehungen als ihre Produkte zu begreifen. Solange Männer nicht ihren Anteil an der Humanisierung der Geschlechterbeziehungen übernehmen, bleibt auch die »emanzipierte« Frau meist nur eine neue Antwort auf die sich verändernden Bedürfnisse des traditionellen Mannes.

Auch Männer sind Menschen, also prinzipiell lernfähig. Sie wären an einer Gleichberechtigung interessierter, wenn Gewalt und Verwöhnung, die Hauptstrukturen männlicher Sozialisation, vermieden werden könnten. Solange Männer ihr Interesse nicht durch Taten, sondern allenfalls durch Bekundungen und Proklamationen zum Ausdruck bringen, wird es schwer sein, ihre wahren Bedürfnisse zu berücksichtigen, wenn Werte und Verbote problematisiert werden. Auch dies ist nur eine programmatische Erklärung zur Notwendigkeit einer männlichen Geschlechterforschung und -praxis.

Wir werden uns nun der Phänomenologie des männlichen Gewissens zuwenden. Wir begreifen das Gewissen als die Gesamtheit aller emotionalen und mentalen Motivationsgrundlagen des Menschen. Es besteht aus Werten und Verboten, deren Erstrebung oder Vermeidung sich durch Gefühle und Gewissensrufe ankündigt. Der Mann entwickelt zum Beispiel Schamgefühle, wenn er Werten zuwiderhandelt oder Verbote übertritt. Ethische Konflikte entstehen, wenn mehrere Werte oder Verbote unvereinbar sind. Werte und Verbote können bewußt oder unbewußt sein, im letzteren Fall wird der Mann mit Stimmungen oder durch neurotisches Verhalten reagieren.

Den Kern des traditionellen männlichen Gewissens bilden drei soziale oder soziologische Kategorien: Gewalt, Machtmißbrauch und Herrschaft. Diese Phänomene basieren auf psychischen Bereitschaften, auf dem Autonomiewahn und der Distanzierung, der Distanzlosigkeit, dem Schweigen und der Angstvermeidung der Männer, denen wir uns später zuwenden werden.

Der höchste Wert in der Kultur, in der die Männer herrschen, ist die Gewalt, körperliche oder psychische Schädigung anderer Menschen. Wir erleben sie anläßlich sozialer Ereignisse, in denen die Anwendung einer destruktiven Aggression gegen Menschen nicht nur gebilligt, sondern ausdrücklich gefordert wird: im Krieg, im Kampf, bei der Zerstörung der Umwelt, bei der Konkurrenz auf dem Markt und im Unternehmen. Wir erleben sie außerdem in sozialen Ereignissen, in denen destruktive Aggressionen offiziell mißbilligt und außerdem heftig bestritten werden: in der Familie, in der Ausbeutung und Entwertung der Frau, bei der Zerstörung des Vertrauens der Kinder, bei sexuellem Mißbrauch der Kinder und bei der direkten körperlichen Gewalt in der Ehe oder Beziehung gegenüber der Frau.

In entsprechenden Konfliktsituationen, wenn ihre Interessen denen anderer Menschen zuwiderlaufen oder wenn sie sich noch nie die Mühe gemacht haben, die Bedürfnisse der Beteiligten kennenzulernen, erleben Männer einen Gewissensruf: »Du bist im Recht, deine Bedürfnisse sind die wichtigsten. Wende Gewalt an, damit du zu deinem Recht kommst.« Oder: »Man will dich unterwerfen, überholen, bestrafen oder attakkieren. Das darf niemand. Es ist dein Recht, dich zu wehren, nötigenfalls mit Gewalt; diese ist als Notwehr zu interpretieren.« Entsprechende Verbote beziehen sich auf Nachgiebigkeit, Rücksichtnahme, Passivität, Hingabe und Sich-führen-Lassen.

Gewalt sollte nicht mit Macht verwechselt werden. Macht bedeutete ursprünglich so etwas wie »mögen, vermögen, können«. Heute verstehen wir darunter das Vermögen eines einzelnen oder einer Gruppe, innerhalb sozialer Beziehungen den eigenen Willen gegen Widerstände anderer durchzusetzen.

Macht erlaubt Menschen, andere zu einem bestimmten Verhalten, zu Handlungen oder Unterlassungen zu bewegen. Ihre Grundlagen sind körperliche, geistige oder psychische Stärken, der Erwachsenenstatus, Autorität, Kenntnisse, Fähigkeiten, berufliche Positionen, Herkunft, Zugehörigkeit zu einer bevorzugten Gruppe, Organisation usw. Da wir wissen wollen, wann in Interaktionen Gewalt angewendet wird, müssen wir uns auch fragen, wie Macht eingesetzt wird, zum Wohle oder zum Schaden menschlichen Lebens, zur Unterdrückung von Menschen oder zur Abwendung von Gewalt gegen Menschen.

Der männliche Wert ist nicht Machtanwendung, sondern Machtmißbrauch: Anwendung von Machtmitteln, um andere auszunutzen. Dies geschieht mittels Gewaltanwendung. Sind männliche Werte wie Stolz, Ruhm oder Ehre bedroht, hat der Mann Bedürfnisse, die ihm in der Kindheit fraglos befriedigt wurden; ängstigt er sich oder fühlt sich gedemütigt, schämt oder ekelt er sich, befürchtet er, daß gewisse Privilegien, seine physische oder psychische Versorgung verlorengehen, dann reagiert sein Gewissen: »Du wirst benachteiligt. Wehre dich! Du darfst wütend sein und gewalttätig. Sonst bist du ein Nichts, ein Schwächling, ein Weichling, Jammerlappen, ein Versager, eine Person wie die Frau.«

Es ist nicht immer einfach, Machtanwendung von Machtmißbrauch zu unterscheiden. Männer leiden fast alle unter Minderwertigkeitsgefühlen, Geltungsstreben und mangelndem Selbstwertgefühl. Darum sind sie so leicht korrumpierbar, wenn man ihnen Macht einräumt. Ein Mann, emotional kraftlos, ist nicht mehr frei, wenn er Macht besitzt. Besonders wenn er es verstanden hat, über lange Zeit und nicht nur in bestimmten Situationen eine quasi generelle, nicht hinterfragte Macht auf sich zu vereinigen, tendiert die Machtansammlung zwangsläufig zum Machtmißbrauch. Beispiele sind die Ausbeutung der Arbeitskraft anderer bei Kapitalansammlung, die Partnerschaft mit der Frau als Besitz der Frau, Bestrafungen anderer Menschen durch Anwendung von Gesetzen oder Besserwisserei oder Bevormundung Abhängiger nach der Schaffung von ursprünglich sachlicher und fachlicher Autorität.

Der dritte männliche Grundwert ist die Herrschaft, die institutionalisierte Ausübung von Macht innerhalb einer sozialen

Gemeinschaft. Herrschaft polarisiert, es gibt Herrschende und Beherrschte. Die Herrschenden übernehmen kraft ihrer Position die Führung in der Gruppe, geben offene und versteckte Befehle, und die Beherrschten entsprechen den Befehlen, leisten Gehorsam. Außerdem müssen sie mit dem Machtmißbrauch und der Gewaltanwendung rechnen, die von den Herrschenden oder ihren Helfern ausgeht. Herrschaft ist auf Dauer angelegt und basiert auf Regeln, die ein für allemal gelten.

In unserer Gesellschaft dominiert die Herrschaft des Mannes über die Frau, wir nennen sie Sexismus. Sie zeigt sich dadurch, daß der Mann die äußere, öffentliche, politische Welt offen und die private, innere, familiäre Welt auf geheimgehaltene Weise beherrscht. Die Frau vermag in der häuslichen Welt bestimmte Kompensationen ihrer grundlegenden Ohnmacht zu installieren, um sich dem Manne nicht total unterwerfen zu müssen. Diese nimmt der Mann zum Anlaß, eine leicht erkennbare Unwahrheit in die Welt zu setzen: Er herrsche »draußen« und die Frau im Hause und in der Familie. Auf Versuche der Frau, in der häuslichen Welt die Führung zu übernehmen, reagiert das männliche Gewissen mit dem Gefühl der Angst und der Scham. Diese Gefühle dienen seiner angeblichen Gegenwehr, der Verweigerung oder der Vorbereitung der Gewalt gegen die Frau, sofern nicht alles strikt seinem Willen gemäß geschieht. Mit der Fiktion von der Macht der Frau im familiären Bereich im Kopf, vermag der Mann eifersüchtig zu werden, gewissenlos die Kooperation einzustellen oder krank zu werden. Bestimmte männliche Neurosen und Krankheiten sind Proteste gegen die Intention der Frau, sich im Haus nicht mehr von diesem Mann beherrschen zu lassen.

Das männliche Gewissen ist durch die Ausübung von Herrschaft zu beruhigen, es schweigt, wenn er seine Macht für die eigenen Interessen und nur für diese einsetzt und wenn er gegen Frau und Kind Gewalt ausübt. Es meldet sich erst wieder, wenn frau ihm Widerstand entgegensetzt. Wenn sie sich nicht länger zu Hause einsperren läßt (Gewissensruf: Eifersucht), wenn sie sich nicht mehr für Haus, Mann und Kinder verantwortlich fühlt (Gewissensruf: Scham) oder wenn sie dem Manne »untreu« wird, weil sie nicht mehr für ihn sorgen will (Gewissensruf: Angst). Wenn sie ihm gar beweist, daß sie eigentlich stärker und tüchtiger ist als er, besteht der Gewissensruf aus der Depression des Mannes.

Werte und Verbote signalisieren die Blindheit des Mannes gegenüber Bedürfnissen, Rechten und der Würde anderer Menschen. Er meint immer, die anderen kontrollieren, domestizieren und instruieren zu müssen. Die beiden Berliner Sozialwissenschaftlerinnen Barbara Kavemann und Ingrid Lohstöter stellen in »Väter als Täter« fest: »Gewalt ist heute noch ein legitimes Erziehungsmittel in vielfältigen Erscheinungsformen ... Vor allem von der geliebten Tochter wird ein besonderes Maß an Anpassung ... gefordert.« Die Autorinnen stellen fest, daß das Thema Gewalt, obgleich so aktuell wie eh und je, bei Frauen eine Art Müdigkeit erzeugt. Es wird als abgedroschen empfunden, weil trotz langer Bemühung der Frauen bei Männern keine Trauerarbeit und Einsicht zu bemerken sei. Es zeige sich vor allem eine allgemeine Gleichgültigkeit der männlichen und weiblichen Bevölkerung angesichts der Gewalt gegen Kinder. In einem Experiment des Kinderschutzbundes Hamburg ließ man in einer belebten Straße in einer Parterrewohnung ein Tonband laufen mit den Schreien eines Kindes und seines prügelnden Vaters. Es wurde festgestellt, daß von 989 Passanten, die innerhalb einer Stunde vorbeigingen, sieben an der Tür klingelten oder die 30 Meter weiter liegende Polizeiwache verständigten, weniger als ein Prozent.

Gewaltanwendung gegenüber Frau und Kindern ist tatsächlich der am wenigsten in Frage gestellte patriarchalische Wert, der gewisseste. Männer, die sich selbstkritisch mit diesem Thema befassen, sind selten. Roger Garaudy analysiert in »Das schwache Geschlecht ist unsere Stärke« die männliche Ordnung mittels Macht und Unterdrückung; Männersache sind »nicht nur die Markt- und spätere Industriegesellschaft, sondern auch Politik, Polizei, Armee, Kultur, Hierarchien aller Art«. Garaudy liefert eine mit ehtischen Kategorien verknüpfte phänomenologische Beschreibung der Männerherrschaft: »Mit diesen Formen der Macht, mit den daraus folgenden Konflikten und Rivalitäten und selbst noch mit der diesem System immanenten ›Moral‹ dominieren die von jetzt an (weil von Männern geübt) als ›viril‹ erachteten ›Werte‹ der Stärke, der Gewalt, des durch Sieg über den Schwächeren errungenen Erfolgs. Ob im Krieg, in der Wirtschaft, im Machtkampf: ›Ruhm und Ehre‹ sind jeweils gleichbedeutend mit dem Triumph durch Vernichtung eines Rivalen.« Alle Formen von Herrschaft, so Garaudy, setzen als eigentliche Grundlage die tiefste und umfassendste Herrschaft voraus: die »Urherrschaft des Mannes über die Frau«.

Hans Peter Lütjen aus Hamburg hat die Initiative »Männer gegen Männer-Gewalt« vorbereitet. Er bezeichnet Gewalt als typisch männliche Erscheinung und fragt: »Wann endlich lassen wir uns davon beschämen?« Er bekundet einen Ekel vor sich selbst, vor der Gewalt und vertraut auf das öffentliche Bekenntnis in Männer-Selbsthilfegruppen, die Männern helfen wollen, ihre Gewalt gegenüber Frauen zu überwinden.

Abgeleitete männliche Werte

Weil das Gewissen des Mannes, seine Verantwortungsbereitschaft und seine Verantwortungslosigkeit, seine Werte und Verbote vielfältige institutionelle »Errungenschaften« schufen, die politischen, organisatorischen oder kulturellen Charakter haben können, sollen sie an dieser Stelle Erwähnung finden. Das männliche Gewaltspektrum reicht von der Rivalität und Konkurrenz bis zum bewaffneten Kampf, dem Krieg. Immer geht es um die Vermeidung von Niederlagen, um Sieg und Zerstörung. Da Aggressivität zu den männlichen Werten zählt, vermittelt dem Mann die Ausübung von Macht angenehme und bestätigende Gefühle von Ruhm und Stolz. Im Zusammenhang mit seinem vermeintlichen Herrscherrecht über die Frau kommen spezifische psychische Haltungen ins Spiel, zum Beispiel der männliche Autonomiewahn, Distanz und Distanzlosigkeit, Schweigen und Angstvermeidung.

Weil die männliche Welt des Eigentums und der Macht Hilfsmittel zum Schutz und zur Aufrechterhaltung des Systems benötigt, sind Autorität und Hierarchie wichtig. Hilfsorgane, die Macht zu konzentrieren und zu zentralisieren, sind zum Beispiel Verwaltungsbehörden, Polizei, Parlament und Militär.

Durch diese männlichen Kontroll- und Ordnungssysteme wird auch die Anwendung von Gewalt organisiert und legitimiert. Die Gerichtsbarkeit soll und kann Ruhe und Ordnung, letztlich die Nichtinfragestellung männlicher Werte schützen und gewährleisten. Den sozialen und politischen gesellschaftlichen Institutionen entsprechen psychische Bereitschaften in den Menschen. Zu ihnen zählen Unterwürfigkeit und Unterdrückung, die Haltung, Gehorsam zu leisten und/oder Befehle zu erteilen. Eine quasi religiöse Rechtfertigung erhalten die einzuhaltenden »Spielregeln« durch die schriftliche Niederlegung in Gesetzen und Rechtsverordnungen. Dies alles dient der Stabilisierung des männlichen Herrschaftssystems.

In diesem Zusammenhang müssen auch die Organe der Kirche genannt werden, die mittels einer Doppelmoral ebenfalls zwischen Herrschenden und Beherrschten zu unterscheiden vermögen. Während die Verinnerlichung ererbter Schuldhaftigkeit, die Orientierung an Armut, Keuschheit, Gehorsam, Demut und Opferhaltung vor allem Frauen und Kindern zur moralischen Identifizierung dient und sie mittels Strafandrohnung manipulierbar macht, ist auf seiten der »herrschenden Kirche« von der Einhaltung des Tugendkatalogs wenig zu spüren, statt dessen von zynischer und arroganter Überlegenheit im Umgang mit den Gläubigen und offenkundiges Interesse an Reichtum und Macht.

Alle männlichen, das heißt staatlichen und kirchlichen Institutionen funktionieren nach dem Prinzip der Delegation von Verantwortung. Prototyp dafür war und ist die Armee. In dieser militärischen Zentralisierung von Gewalt verlernen Männer eigenständig, selbstkritisch und eigenverantwortlich zu handeln. Zuwiderhandlungen gegen Gehorsamsanforderungen gelten als Sakrileg und werden im Ernstfall des Krieges mit hohen Strafen, auch der Todesstrafe, belegt.

Die spezifisch männliche Delegation von Verantwortung hindert sie letztlich daran, in einer öffentlich oder privat brisanten konflikthaften Situation uneingeschränkt und ungesichert Verantwortung zu übernehmen. Die gesamte Männlichkeitserziehung erschwert oder verhindert die Ausbildung eines persönlichen Gewissens im Dienste des Lebensschutzes.

Schulen und Universitäten liefern den männlichen Nachwuchs für Militär und wirtschaftliche Unternehmungen. Hier werden sie zu Technokraten und Bürokraten ausgebildet, zu Männern geprägt, die befehlen und gehorchen, die notfalls auch Gewalt anwenden, wenn es »zum Ziel« führt oder es ihnen vom in der Hierarchie höherstehenden Mann befohlen wird.

Die prinzipielle lebensfeindliche, suizidale Gesellschaft der Männer beruft sich auf einige weitere »Errungenschaften«. Wir registrieren beispielsweise die Verfolgung von andersdenkenden Minderheiten (Rassismus, Antisemitismus, Sexismus), die Gleichschaltung des menschlichen Fühlens und Denkens mit Hilfe der männerdominierten Kommunikationsmedien (Fernsehen, Zeitungen, Bücher) und die in Forschungszentren praktizierte praxisferne Arbeit, die Wissen bereitstellt.

Statt Gewaltanwendung müssen Männer Gewaltlosigkeit lernen, statt Machtmißbrauch gegenseitige Hilfe, statt Herrschaft über die Frau Gleichberechtigung, statt Gesetz Adhocratie (ein Ausdruck von Betty Friedan), das heißt nicht generelle, sondern fallweise, situationsbezogene Regelungen.

Es kann uns Männern nicht um eine bloße Gleichberechtigung der Frau gehen, weil die Gleichberechtigung der Frau innerhalb dieses Systems die Gewalt und den Machtmißbrauch wahrscheinlich nicht beseitigen könnte. Die Verschiedenheit von Mann und Frau ist legitim, wenn Männer sich nicht weiter nur »männlich« verhalten. Wir Männer müssen von den Frauen lernen. Androgynie, wie sie etwa Elisabeth Badinter fordert (Ich und Du), greift zu kurz. Das Gewissen und die Verantwortungsbereitschaft der Männer müssen in Richtung weiblicher Werte geschult werden. Für Männer kann Gleichberechtigung nicht das Lernziel sein. Statt dessen müssen wir von Frauen lernen, uns weibliche Werte aneignen. Das weibliche Gewissen liegt näher bei der Humanität und der Wahrheit des Lebens, die Wahrheit liegt nicht in der Mitte zwischen den ethischen Entwürfen der beiden Geschlechter.

Gewissensbildung beim Mann: Macht und Ausbeutermoral

Für die moralische Entwicklung des Jungen ist von entscheidender Bedeutung, daß er sich im Prozeß seines Heranwachsens ethisch von der Mutter, seiner »ersten Liebe«, trennen muß (Distanz), um zum Mann zu werden, psychisch aber lebenslang von der Frau abhängig bleibt (Distanzlosigkeit). Sowohl diese Trennungserfahrung als auch die parasitäre Angewiesenheit prägen wesentlich sein Identitätsbewußtsein. In ihrem Buch »Die andere Stimme« beschreibt Carol Gilligan eindrücklich, wie »Männlichkeit« durch ethische Trennung definiert wird. Jungen und Männer entwickeln ganz andere Auffassungen vom Selbst als Mädchen und Frauen.

Zunächst wächst das männliche Kind in der nahen, von Abhängigkeitsgefühlen geprägten Beziehung zur Mutter auf und erlebt hier das ganze Spektrum menschlicher Gefühle – Wärme, Geborgenheit, Freude, Lust, Angst und Schmerz – ebenso wie ein weibliches Kind. Feministische Forschungen haben gezeigt, daß die Mütter ihre Söhne bereits zu einem sehr frühen Zeitpunkt anders, und zwar bevorzugter behandeln als die Töchter. Mütter erleben ihre Söhne als erotische Gegenpole und quasi als Vervollständigung ihrer selbst.

In der Wahrnehmung des Kindes steht die Mutter »grenzenlos« zu seiner Bedürfnisbefriedigung zur Verfügung, und der Sohn lernt nicht, daß sie eine Person mit eigenen Interessen sein könnte.

Die Tatsache, daß Frauen immer noch in überwältigender Mehrheit für die Bedürfnisbefriedigung der Kinder zuständig und die Väter in diesem Geschehen abwesend sind, läßt im Jungen ambivalente Gefühle entstehen. Einerseits ist die Mutter seine primäre Bezugsperson und daher für sein Befinden von ungeheurer Bedeutung. Andererseits wird ihm sehr bald klar, daß er nicht zu ihrem Geschlecht gehört und sie von daher nicht wirklich Vorbild für seine geschlechtliche Identitätsentwicklung sein kann.

Aufgrund der Abwesenheit des Vaters, dessen Männlichkeit von der Mutter idealisiert und als überlegen dargestellt wird, stellt sich für den Knaben Männlichkeit als fehlende Verfügbarkeit und als Unzugänglichkeit dar. Zu dieser äußerst komplizierten Situation schreibt Nancy Chodorow in »Das Erbe der Mütter«: »Abhängigkeit von der Mutter, Zuneigung zu ihr und Identifikation mit ihr repräsentieren das Nicht-Männliche; er muß die Abhängigkeit abwehren und Zuneigung und Identifikation leugnen. Die Einübung in die soziale Geschlechterrolle ist daher beim Knaben viel rigider als beim Mädchen. Ein Knabe verdrängt die Eigenschaften, die er für weiblich hält, wehrt sie ab und wertet Frauen ebenso ab wie alles, was er in der Außenwelt für weiblich hält. Auf diese Weise definieren Knaben Männlichkeit und eigene Versuche, ein Männlichkeitsgefühl aufzubauen, in erster Linie negativ.« In gewisser Weise zwingt die patriarchale Vorstellung von Männlichkeit den Jungen dazu, den kostbaren Erfahrungsschatz von Gefühlen, den er in seiner Kindheit im Zusammenhang mit Nähe, Fürsorge und Pflege erlebt hat, rigoros aus der eigenen Identität abzuspalten und abzuwerten und andererseits von der Frau zu bekommen. So kommt es zu der absurden Haltung von Männern, daß sie einerseits wie alle Lebewesen Anteilnahme, Wärme und Geborgenheit brauchen, diese auch besonders in der Beziehung zu Frauen suchen und meist finden, sich aber andererseits von Bindung und Nähe existentiell bedroht fühlen. Der Mann fürchtet, seine »Männlichkeit« zu verlieren, wenn er zuviel von sich gibt, während Frauen eher in der Sorge leben, »nicht genug zu lieben«.

Aus diesem Grunde fliehen Männer häufig menschliche Nähe, sobald sie genügend Kraft getankt haben, um wieder »in der Welt« und »bei den Dingen« zu sein, die ihre Identität nicht bedrohen. Die Ausbeutermoral von Männern wurzelt also in der Erfahrung, daß Mütter den Kindern grenzenlos zur Verfügung stehen sollen, während es Vätern gestattet ist, sich der Erhaltung und Pflege von Leben zu entziehen und ihre Untauglichkeit (die einzig auf einem Mangel an Praxis beruht) noch damit zu glorifizieren, daß sie »Größeres und Wichtigeres« zu tun haben.

Indem der Junge gezwungen wird, die mütterliche Wertewelt seiner Kindheit zu verlassen, sie mit Haß und Abscheu zu betrachten, verliert er den inneren Kontakt zu seiner eigenen Person und zu den komplexen Zusammenhängen von Leben überhaupt. Er ist biologisch imstande, Leben zu erzeugen. Der Aufgabe, es zu nähren, zu achten, zu schützen und es zu lieben, ist er nicht gewachsen. Die Wurzeln seiner Vernichtungs- und Kriegsmoral, der Zwang zu zerstören, was ihn bedroht, anstatt es verstehen zu lernen, sind darin zu suchen, daß Identifikation mit Männlichkeit den Preis verlangt, die umfassende Lebendigkeit der Kindheit abzuspalten. Der Mann ist der einsame Krieger, der, überall Feinde witternd, die Abschreckung zu seiner Lebensmaxime macht. Besser, daß man/frau ihn fürchtet, als ihn nicht ernst zu nehmen und für zu weich und weiblich zu halten.

Ohne die Väter intensiv und von Anfang an in die Pflege der Kinder einzubinden und ihnen damit die Wiederaneignung des verlorengegangenen Kindes in sich selbst zu ermöglichen, wird es kein inhaltlich neues Vorbild von Männlichkeit geben.

Nun möchten wir einige psychologische Bereitschaften ethischer Prägung darstellen. Sie enthalten Inkonsequenzen, aber ein vertieftes Verständnis für sie wird gestatten, Möglichkeiten zur positiven Veränderung auszumachen.

Werte und Verbote: Autonomie und Distanz

In »Männer lassen lieben« habe ich die Abhängigkeit des Mannes von der Frau geschildert und von der Frauensucht des Mannes gesprochen. Jedenfalls ist der Mann psychisch abhängiger von der Frau als umgekehrt. Um das abzuwehren, redet er sich kompensatorisch ein, autonom und unabhängig von der Frau zu sein. Wir haben es – psychoanalytisch gedeutet – mit einer Reaktionsbildung zu tun. Diese Bereitschaft darf nicht Autonomie, sie muß Fiktion von der Autonomie, vielleicht Autonomiewahn genannt werden. Sie existiert nur in der Phantasie des Mannes. Sein Gewissen treibt ihn in die vermeintliche Autonomie, und deshalb unterläßt er vieles, weil er meint, dadurch abhängig zu werden (Gewissensruf: Ekel vor sich selbst).

Die Frau ist für die Hausarbeit zuständig, für Wohnung, Kleidung und Nahrung, auch wenn sie nicht mehr mit dem

Mann zusammenwohnt. Sie erzieht die Kinder auch nach der Trennung vom Mann, sie betreut den Mann therapeutisch. Infolgedessen ist sie freundlich, entwickelt sie Sympathie, wendet sich ihm zu und fühlt sich in seine Bedürfnisse besser als in die eigenen ein. Sie bringt Interesse für ihn auf, fragt ihn und hört ihm zu. Weil sie anwesend ist, ein markantes Gegenüber, ist sie dem Manne eine pflegende Heimat.

Verbal vertritt der Mann den Wert Autonomie oder das Verbot Abhängigkeit, de facto lebt er anders. Diesen Widerspruch verdrängt er. Genau diese widersprüchliche Haltung ist ihm durch das patriarchalische Arrangement zwischen Mutter und Vater in der Kindheit nahegelegt worden. Weil Angewiesensein zur verdrängten weiblichen Identität des Mannes gehört, fühlt er sich für eine Aneigung der tröstlich-therapeutischen Kräfte weder verantwortlich noch fähig. Sein Gewissen ruft nicht, wenn er auf diese Weise verwöhnt wird.

Gesundheit, Entwicklung und Produktivität assoziiert der Mann mit seiner Vorstellung von Autonomie, der Fähigkeit zur Trennung von der Frau. Aber nicht nur, daß er eine wirkliche Trennung nicht verkraftet, die nicht eingestandene Verbundenheit mit der therapeutisch handelnden Frau erscheint ihm als Hemmschuh für seine männliche Entwicklung. So lernt er nicht, Verantwortung für die Frau zu übernehmen und Sensibilität für ihre Bedürfnisse zu entwicklen. Er redet sich ein, diese Lappalie, diese Fürsorge, diese Hilfe doch schon längst geleistet zu haben und zu leisten. Was die Frau ihm bietet, braucht er nicht. Reife ist dem Mann also nicht tatsächliche, sondern eingebildete Autonomie.

Im sogenannten öffentlichen Leben und im Beruf, in Politik, Wirtschaft, Technik und Wissenschaft trennt er sich am liebsten von der Frau. Autonom denken und verantwortlich handeln kann er höchstens, wenn die Frau ihm untergeordnet bleibt. Ist sie gleichberechtigt, dann reagiert er diffus, irrational und verweigernd. Wir sehen jeden Tag, welche entsetzlichen Früchte dieses Arrangement getragen hat.

Im privaten Bereich verbraucht der Mann seine wenigen Kräfte, indem er gegen Gedanken, Gefühle und Entscheidungen der Frau Sturm läuft, sie leugnet oder die Frau entwertet. Sein Gewissen ruft, wenn die Tüchtigkeit, Führungsqualität und Entscheidungsbereitschaft der Frau ihm offensichtlich wird.

Zu den Gegenkräften, die die Frau in die Inferiorität zurückholen sollen, gehört die Eifersucht. Unter Männern wird das Trotzen, Sich-Verweigern und die Behinderung der Frau als männlich hingestellt. Für die psychischen Bedürfnisse der Frau verantwortlich fühlen wird der Mann sich erst, wenn er sein eigenes Bedürfnis nach Zuwendung, Mitgefühl und Trost spüren kann. Die Wahrheit bleibt, daß beide, Mann und Frau, gegenseitig voneinander abhängig sind, wenn sie zusammenleben.

Auch Sicherheit erleben Männer paradoxerweise in Handlungen der Trennung von der Frau. Diese hält freilich nicht lange an. Wenn der Mann sich wieder zuwendet, fühlt er sich erneut unsicher. Statt sich zu isolieren und auf Krisen aggressiv zu reagieren, müßte der Mann sich dafür interessieren, wie er lernen kann, Konflikte mit der Frau friedlich und geduldig zu lösen.

Ruhiger, sanfter und verbindlicher müßten wir Männer werden. Solche Art Stimmungen wären sicherlich mit charakteristischen Lern- und Übergangsstörungen verbunden, mit Entbehrungen und psychischen Schmerzen. Auf diese sind wir durch unsere verwöhnende Erziehung nicht vorbereitet. Wahre weibliche Autonomie schlösse den verbindlichen Bindungsakt wie auch vorübergehend notwendige beherzte Trennungen ein, die Absage an offensichtlich bisher naheliegende symbiotische Anklammerungen. Männer sehen Extreme: totale Symbiose oder unwiderrufliche Ablösung. Gegenseitige Abhängigkeit aber erfordert gegenseitige Hilfe, Trennung und Verbindung erfordern Flexibilität. Egoismus ist nicht das Gegenteil von Verantwortungsbereitschaft für andere. Gewachsene Bindungen sind schwer, oft überhaupt nicht zu ersetzen. Der Mann aber suggeriert sich ständig, daß es auf die Aufrechterhaltung gewachsener, lebendiger, produktiver Beziehungen nicht ankommt, weil er jederzeit andere Beziehungen zu Männern und auch zu Frauen aufzunehmen sich zutraut. Hier irrt er ebenfalls.

Weil der Mann seinen Autonomiewahn nicht erkennt, entwickelt er Scham- und Kleinheitsgefühle, wenn er seine Bindungsbedürfnisse spürt. Nicht, wenn er sie befriedigt, schämt er sich, wahrscheinlich angebrachterweise, sondern wenn er sie entdeckt. Die Frau, die den Mann schont und verwöhnt, die sich ihm gehorsam anpaßt und ihn nicht kritisiert, nie nein sagt, erscheint dem Mann nah. Diese Nähe wünscht er sich. Wenn die Frau dagegen Nähe herstellen will, indem sie die Distanz der Schonung und Idealisierung des Mannes durchbricht, erlebt der Mann eine Distanzierung. In der Nähe der konsequenten Frau entwickelt er Scham- und Schuldgefühle, auf die er mit Distanzlosigkeit reagiert: »Sie tritt dir zu nahe, wehre dich!«

Wir kennen die Begriffe Nähe und Distanz: Nähe als friedliches, wohltuendes Miteinander und Distanz als kaltes, fremdes, uninteressiertes Aneinandervorbei. Distanzlosigkeit darf nicht mit Nähe verwechselt werden. Sie bedeutet Enge und Miteinander, gegenseitige Behinderung und Ausbeutung, Übergriffe und Gewaltanwendung. Mann und Frau leben oft distanzlos miteinander, so daß sie sich nur noch verzerrt wahrnehmen und dazu neigen, sich in scheinbar befreienden Trennungen zu verschleißen. Diesen drei Begriffen möchte ich um des besseren Verständnisses willen einen vierten, den der Verstehensferne, hinzufügen: eine gewisse Entfernung aus der Distanzlosigkeit, die nicht eigentlich Distanz bedeutet, sondern ermöglicht, daß Partner sich richtiger sehen, wahrnehmen und respektieren. Nähe als Wärme, Geborgenheit und Zuwendung braucht Verstehensferne. Distanzlosigkeit als Untrennbarkeit, Aneinandergefesselt-Sein kann zur Gewalt führen, mit dem Ziel der endgültigen Distanzierung.

Männer reagieren innerhalb eines Beziehungsgeschehens paradox: Sie assoziieren Nähe, Intimität und Bindung mit Distanzlosigkeit (Gewalt) – Gewissensruf: Zwangsgefühle – und Trennung (Distanz) mit Gewaltverzicht (Verstehensferne). Der Mann fühlt sich gezwungen, in Konfliktfällen »stark«, oft gewalttätig zu reagieren, weil er sonst weder seinem Ich-Ideal noch der Vorstellung entspricht, die – wie er meint – die Frau von ihm hat. Er befürchtet, daß sie ihn, wenn er nachgiebig und gewaltlos ist, nicht mehr als begehrenswerten Mann akzeptieren kann.

Es scheint nötig, den Begriff Nähe nunmehr differenzierter zu beschreiben, auf die der Mann distanzlos reagiert. Er fühlt sich nicht für die menschlichen Beziehungen und Belange verantwortlich und läßt sich »fallen«. Mit der Verwöhnung akzeptiert er auch die unweigerlich mit ihr verbundene Entmündigung und Abhängigkeit von der Frau (passive Distanzlosigkeit). In diesem psychischen Rahmen fühlt er sich wohl und sieht keine Notwendigkeit, ihn zu verändern.

Nun müssen die entsprechenden aktiven Reaktionen von Frau und Mann einbezogen werden. Die Frau begnügt sich nicht mehr mit der passiven, dienenden und therapeutischen Rolle, sie wünscht, aktive Nähe herzustellen. Sie will die Distanz aufbrechen, die zwischen ihr als kompetenter Dienerin und ihm als trägem Herren besteht. Diese aktive Nähe erlebt der Mann nicht als solche, sondern als Distanzierung. Die Frau wehrt sich, verweigert sich und streikt. Sie beansprucht nun die Führung, gibt ihre Unsicherheit gegenüber dem Mann auf. Sie benennt seine Fehler, wehrt sich gegen seine Affekte und bricht seine Tabus. Außerdem fordert sie ihn zum Lernen auf, auch zum Von-der-Frau-Lernen. Dieser vermeintlichen Distanzierung begegnet der Mann mit aktiver Distanzlosigkeit, Manövern, die vertraute passive Nähe der Frau wiederherzustellen. Er erlebt die aktivierende Nähe der Frau als völlig unberechtigte Konfrontation und Frechheit. Die Aufforderung, für sich und andere soziale Verantwortung zu übernehmen, erscheint ihm gefährlich, weil er befürchtet, nun nicht mehr all das tun zu dürfen, was er will.

Es wird sich tatsächlich etwas ändern müssen, aber der Mann benimmt sich hysterisch, er befürchtet, in eine Falle zu gehen, verraten zu werden, in der neuen Situation zu ersticken. Völlig konfus und nicht mehr in der Lage, die Realität zu berücksichtigen, befürchtet er, abgelehnt, betrogen und gedemütigt zu werden. Weil der Mann von heute kein positives Bild einer humanen Männlichkeit auf der Basis der Gleichberechtigung hat, werden sein Mißtrauen und sein Ungeborgenheitsgefühl sehr groß. Sie geben seine Angst wieder, dem vertrauten Ideal von

Männlichkeit nicht zu entsprechen. Weil der Mann also in keiner Weise auf Veränderungen gefaßt und vorbereitet ist, ruft die ungehorsame, die aktive Nähe fordernde Frau, die der Mann als distanzierend erlebt, bisher meist nur seine trotzig-aktive Distanzlosigkeit, Gewaltphantasien und Gewaltausübung, also Gegenwehr hervor. Er verstößt gegen sein traditionelles männliches Gewissen, wenn er sich nicht gegen die aktive Näherung der Frau wehrt (Gewissensruf: Gekränktheit, Gedemütigtwerden).

Die passiv nahe Frau lebt in zu starker Sorge, den Mann zu verletzen. Sie dient ihm, erfüllt ihre traditionellen Pflichten. Dabei opfert sie sich. Wenn sie aktiv wird und sich dem Mann psychisch und ethisch nähert, entwickelt er die erwähnten Gewissensbisse. Die Führung durch die Frau fürchtet der Mann (Gewissensruf: Haß), darum werden sich gewisse Einschränkungen und Verletzungen seines Selbstwertgefühls nicht vermeiden lassen. Im Gegenteil, das gänzliche Fehlen eines aufbrechenden Minderwertigkeitsgefühls beim Mann weist auf eine gehorsame Partnerin hin. Das Gewissen des Mannes stabilisiert seine immense Verteidigungsbereitschaft, die in den grimmigen Vorsatz mündet, sie niemals in Frage stellen oder gar verletzen zu lassen.

Es wird aber zu Krisen kommen müssen, in denen die Frau seelisch wächst, indem sie den Mann zu einem neuen Verständnis von zwischenmenschlicher Beziehung nötigt. Er wird auf die Dauer mit Sicherheit eine neue ethische Perspektive entwikkeln, die ihm erlaubt, Verletzungen durch die »ungehorsame« Frau als Wachstumschance wahrzunehmen. Dazu wird ihm helfen, wenn er das Opfer der Verunsicherung, der Identitätskrise und des Bewußtseinswandels erbringt. Auch wir Männer haben das Recht, schwach zu sein, uns nicht permanent zu wehren, und wir haben das Recht, uns führen zu lassen von der Frau, auch wenn die geforderten Wandlungsprozesse vorübergehend sehr leidvoll für uns wären. Die moralische Maxime der Männer, niemals negative Auswirkungen durch Initiativen konsequenter Frauen hinnehmen zu dürfen (Gewissensruf: Scham), ist nicht einfach kindisch und lächerlich, sie ist zerstörerisch für beide Geschlechter. Gewissensveränderungen durch Anstöße unbescheidener Frauen werden vielleicht für den Einzelnen Jahre des Zweifels bedeuten, ehe sie in seinem Bewußtsein eine positive Einfärbung erfahren. Diese Jahre braucht der ernsthafte Mann, weil er sein männlich-chauvinistisches Gewissen ebenfalls in langen Jahren gelernt hat.

In vielen Situationen des Umbruchs des männlichen Identitäts- und Verantwortungsgefühls wird es keine Handlungsmöglichkeiten mehr geben, die niemandem der Beteiligten schaden. In der Krise gibt es womöglich keine »richtigen« Entscheidungen mehr. Diese zu erwarten und zu fordern bedeutete eine endgültige Stagnation der Beziehung, das heißt ein »Einfrieren« der Werte und Verbote beider Partner. Das Gewissen des humanen, neuen Mannes wird sagen: »Ich soll mich ändern. Mir wird weh getan, und ich verstoße bewußt gegen meine bisherigen männlichen Grundprinzipien ethischen Verhaltens: Ich wehre mich nicht und treffe damit doch die in dieser Situation angemessene Entscheidung.« Mit diesem Gewissen könnte der Mann den ersten Schritt zum Aufbau eines neuen positiven Männerbildes machen.

Werte und Verbote: Schweigen und Angstvermeidung

Der traditionelle Mann lebt in der Illusion, aber gleichzeitig unter der Maxime von Stärke. Sie ist eine scheinbare, bedeutet aber tatsächlich Kraftlosigkeit. Weil er die Hilfe der Frau immer bekommt, ohne die er nicht existieren könnte, meint er, ohne diese auskommen zu können, und schweigt über derlei Probleme. Auch wenn es ihm selbst sehr schlecht geht, er hilflos ist, schweigt er. Ein Gespräch wäre dem »richtigen« Mann ein Unterwerfungsakt. Es erforderte schließlich das Zuhören, von Gefühlen, Schwächen, Fehlern, Macken und Unredlichkeiten zu sprechen, es hieße außerdem die Frau zu fragen, ihre Antworten respektvoll ernst zu nehmen. Demnach verschleiert die stillschweigend gewährte soziale Hilfe der traditionell männerfreundlich orientierten Frau längst schwelende Konflikte und Vorbereitungen ihrer eigenen Diskriminierung. Eine konsequente Frau müßte, um die Weiterentwicklung des Mannes zu fördern, Konflikte entdecken, die ruhen. Im heraufbeschworenen Konflikt könnte der Mann nicht so leicht umhin, zu sprechen. Die Lernprozesse des verunsicherten, erstmals sprechenden Mannes würden für ihn fruchtbar. Sein Prinzip des Schweigens aber läßt ihn in der Unverantwortlichkeit stekkenbleiben, es verbannt den lebendigen schöpferischen Konflikt ins Ungehörige, Anstößige, Ungesagte und damit auch in die Wertlosigkeit. Infolgedessen ist dem Mann eine psychologische und ethische Unentschiedenheit erlaubt, die von der patriarchalischen Moral der emotionalen und sozialen Nichteinmischung der Frau in die Angelegenheiten des Mannes getragen wird. Die konsequente Frau wird ganz konkret und verbaut dem Mann seine Schematisierungen, sie erlaubt ihm nicht länger, trotz persönlicher Ungerührtheit ein »reines Gewissen« zu haben.

Bisher entzog sich der Mann allen Warnrufen der Frau zur ethischen Umorientierung durch ein stures Beharren auf »richtig« oder »falsch«, einer Modalität des zweiwertigen Schweigens. Er hat nicht gelernt, sich zu fragen, was für ihn und was für die Frau ganz unterschiedlich »richtig« ist. Er kennt keine persönliche Bezogenheit und Relativität von richtig und falsch. Auf diese Begriffe müßten wir Männer verzichten lernen, bescheidener werten, indem wir persönlich von uns sprechen.

Weil er in der Phase der Emanzipation der Frau die Überzeugung entwickelt, sie habe die »falschen« Bedürfnisse, sie stelle die »falschen« Fragen, die »falschen« Forderungen, inszeniere die »falschen« Verweigerungen, vergräbt der Mann sich in Schweigen. Er spricht mit der Frau nicht über die auftretenden Verunsicherungen, Zumutungen und Tabubrüche, weil er die Frau insgesamt als »falsch« und verrückt erlebt. Allenfalls möchte er ihr die konservative, männliche Ethik erklären, er will dozieren und die Frau bestimmen. Viele Akte der Selbstbestimmung der Frau würden sich gar nicht als Aggressionen, sondern als Akte der Kommunkation erweisen, wenn der Mann sein Schweigen aufgäbe. Mehr noch: Solange er schweigt, zeigt er, daß er die Wahrheit über sich nicht erträgt, und wir müssen darauf gefaßt sein, daß der schweigende Mann selber aggressive Akte ausbrütet als Widerstand und Gegenwehr gegen die Forderungen der konsequenten Frau. Damit ist nicht nur das bereits auch schon aggressive Nichtfragen, Nichtantworten und Nichtzuhören gemeint, sondern körperliche Attacken. Entgegen herkömmlichen psychoanalytischen Auffassungen behaupte ich: Psychische Konflikte des Mannes sind in den seltensten Fällen wirklich innerpsychisch, sie sind stets aufs engste mit der ignoranten Haltung gegenüber der Frau verknüpft. Diese Deutung verändert auch die Therapie der Männer, den Umgang mit den Konflikten. Ihre Lösungen erfordern Gespräche der Männer, in denen alle Beteiligten angehört, gefragt und einbezogen sind, auch die Frauen. Niemand darf im Ungewissen und allein gelassen werden.

Eine der hervorstechenden psychischen Reaktionen, einer der höchsten Werte des schweigenden Mannes ist die Angstvermeidung. Weil er Angst vermeiden will, bleibt er isoliert, und deshalb erscheint sein Konflikt als innerpsychischer. Er fühlt sich durch intime Auskünfte und Verlautbarungen wie auch durch die Gespräche mit der Frau bedroht, wenn sie aktive Nähe von ihm fordert. Ohne Gespräche meint er am ehesten der Angst ausweichen zu können. Ließe er die Angst des Unfertigen, Unsicheren und Unklaren zu, dann räumte er eine wichtige Barriere zur Werte- und Gewissensentwicklung aus dem Weg. Ängstliches Leiden ist im Prozeß seelischen und ethischen Wachstums konstitutiv. Zum Wertgefüge des Mannes aber gehört das Prinzip des Sich-selber-treu-Bleibens durch das strikte Sich-von-niemandem-erschüttern-Lassen. Weil dieser Sachverhalt von der Psychoanalyse noch nicht erkannt wurde, entstand die Fiktion vom innerpsychischen Geschehen.

Wertewandel wäre an Wachstumsschmerzen zu erkennen, Werteregression, das Anstreben des kindlichen, die Gegenwart der Frau eher garantierenden Wertes hilft bei deren Vermeidung.

Wir Männer dürfen lernen, Angst zuzulassen, sich in ihr aufzuhalten, mit anderen Menschen darüber zu sprechen, wenn wir den veränderten ethischen Ansprüchen der Frauen genügen wollen. Nicht nur der eigene Charakterpanzer steht der Fähigkeit entgegen, Unsicherheit und Angst zu ertragen, auch die Reaktion der traditionellen Frau, der Familistin, ist keine Bejahung des unsicheren Mannes. Persönliche Abpanzerung läßt den Mann als Maschine erscheinen, als unlebendig. Auch viele

Frauen wollen den Mann so. Der Mann und sein Wert sind der Welt der Technik nachempfunden. Früher war nur der tote Mann ohne Angst, heute ist es auch der Apparate-Mann. Er fühlt sich in Apparate ein. Er vermag es durchaus, sich mit deren Empfindungslosigkeit und Erschütterungsunfähigkeit zu identifizieren, so wie sich Frauen mit neugeborenen Kindern identifizieren können.

Bei der Einhaltung des obersten Gebotes für den männlichen Mann – »Du darfst keine Angst haben« – kommt ihm die sogenannte wissenschaftliche Objektivität zu Hilfe. Um den Umbruch zu vermeiden, intellektualisiert der Mann, abstrahiert und verschleiert er die Realität. Darum konzentriert er sich auf Schnelligkeit, auf Konkurrenz, Rekorde und auf das Motiv, den anderen Menschen unbedingt zu überholen, zu besiegen, kleinzumachen. Konkurrenzfiktionen und -simulationen erlauben es ihm, keine Angst und keine Schuldgefühle zuzulassen.

Eine andere verstärkende Art der Angstvermeidung und des Schweigens praktiziert der Mann durch die Aufstellung und Einhaltung sogenannter »Spielregeln«. Sie haben in der Männergesellschaft eine lange moralische Tradition. Gegenüber Regeln und Gesetzen sind Männer gehorsam und unkritisch. Sie bestehen zum Beispiel auf der Einhaltung eines sogenannten »fairen« Verfahrens zur Beilegung von Konflikten nach vorgegebenen männlichen Regeln, und sie tun sich extrem schwer, Regeln abzulegen, wenn sie sich nicht als für alle Beteiligten akzeptabel erweisen. Feinfühligkeit für und Rücksichtnahme auf Menschen, die unter männlichen Regeln leiden, gehen Männern weitgehend ab. Die Regeln sind ihm wichtiger als die sozialen Beziehungen, die durch Reglementierungen zerbrechen.

Nur der Mann, der sich den Spielregeln gemäß verhalten hat, darf sich freuen. Wenn er sich für sich selber und für andere wohltuend, verbindlich und stabilisierend verhält, dabei aber Regeln verletzt, bekommt er Angst. Sein Gewissen tritt in die verschiedensten Aktionen ein. Deshalb sucht der Mann nach Regeln, um Konflikte zu lösen. Wenn er Verantwortung übernehmen soll, fällt ihm als erstes ein, allgemein verbindliche Regeln formulieren zu müssen, anstatt auf die charakterliche und seelische Unterschiedlichkeit der Beteiligten und der Situationen Rücksicht zu nehmen. Da dies aber sehr kompliziert wäre, übernimmt der Mann in Konflikten so selten die Verantwortung. Die Aufgabe, die er sich selbst gestellt hat, ist so schwer, daß er sie erst gar nicht anzupacken braucht. Sind Regeln formuliert, dann heißt verantwortlich handeln nach diesen Regeln zu handeln und nicht zugewandt, unaggressiv und einfühlsam auf die Bedürfnisse der Menschen einzugehen. Rücksicht zu nehmen auf persönliche Besonderheiten ist dem Mann qua Gewissen verboten.

Der Aufbau sozialer Hierachien und die Verankerung perfektionistischer Kommunikations- und Organisationsstatuten helfen dem Mann, seine Handlungen nicht am Grad der Hilfsbereitschaft und der individuellen Zugeständnisse zu messen, die sie zu verwirklichen gestatten. Nur hierarchische Beziehungen gelten ihm als erhaltenswürdig, andere gibt er leichten Herzens auf, wenn Schwierigkeiten auftreten. Hierarchische Anordnungen der Beziehungen halten die Angst in Grenzen. Anstatt also weiterhin darauf getrimmt zu werden, Regeln zu befolgen und Hierarchien zu installieren und zu schützen, müßten Männer beginnen, menschlich flexible und veränderbare soziale Bindungen zu erproben und zu kultivieren. Besonders unter Männern wäre es wichtig, ohne die Frauen Verhaltensmodalitäten zu erproben, die es gestatten, in jeder Situation durch Gespräch und Auseinandersetzung Einigungen oder Verständigung herbeizuführen. Zu erwarten ist aber leider nicht nur, daß Männer im ersten Entwicklungsschritt auf Einigungen statt auf Verständigung und Kompromiß pochen werden – sie wollen ja dominieren –, zu erwarten ist, daß die meisten Männer es überhaupt ablehnen werden, sich mit anderen Männern zusammenzutun. Sie werden noch lange davon ausgehen, daß es auf Durchsetzung und Nachgeben, auf Macht und Gehorsam und nicht auf Toleranz, Unterschiedlichkeit und auf das persönliche Verständnis ankommt.

Wenn der Mann sich mit der Notwendigkeit konfrontiert sieht, soziale Regeln und Gesetze zu relativieren, weil sie sich als lebensfeindlich und unsolidarisch erwiesen haben, fällt ihm die Ungehorsamsarbeit, die Regel- und Gesetzlosigkeit deshalb so schwer, weil er genau die chaotischen und anarchischen Zustände befürchtet, die er in sich spürt und permanent zurückdrängt. Wer mit den eigenen Gefühlen und Zuständen nicht umgehen kann, sucht die Stabilität in äußeren Sicherheiten, auch wenn diese Erstarrungen verlangen. Alternativen zum Ersatz der Regeln durch menschliche Verbundenheit und fallweise gegenseitige Hilfe – verbunden mit Angst – sind in der Kindheit des Mannes nicht geübt worden. Für den Mann besteht Entwicklung nicht darin, andere Menschen als gleichberechtigt anzusehen und Gefahren mit ihnen gemeinsam aus dem Weg zu schaffen, er möchte die Hierarchie ausbauen, damit Trennungen nicht mehr anstrengend und gefährlich erscheinen. Der ersetzbare Mann in der Hierarchie, die Stelle, die Position und die klare Maßgabe, wer über und wer unter ihm in der Stufenleiter der Organisation steht, bedeuten ihm relative Sicherheit. Konflikte werden dadurch gelöst, daß Menschen ausgetauscht werden, und je maschineller jemand funktioniert, desto leichter kann man ihn ersetzen.

Auch das immer drohende angstbesetzte Trauma des Verlassenwerdens durch die hierarchisch auch im Privaten immer tieferstehende, aber dienende, therapeutisch handelnde Frau wird durch Gewissenlosigkeit immunisiert: »Gefühle? Was kümmern die mich? Ich trenne mich, ich komme auch allein zurecht, jeder ist ersetzbar.« Autonomiewahn, verstärkt durch Technisierung psychischer Phänomene: Wir stoßen wieder auf die Grundstruktur männlich-destruktiver Ethik. Die Wahrheit, die Abhängigkeit von der Frau, der Zusammenbruch kommt immer erst nach der Trennung. Nach der Trennung merken viele Männer erst, daß sie die Frau als Menschen vermissen, daß die Frau nicht nur eine Art Möbelstück war. Der »richtige« Mann läßt sich nur von Vorgesetzten führen, auf keinen Fall von Frauen, also Untergebenen, die ihren sozialen Status und ihr Leben verändern wollen. Diese Hingabe ist dem Mann verboten. Er reagiert aktiv und schnell, aber nur, wenn er sich quer stellen kann. Durch schnelle Reaktionen lassen sich Lernprozesse am besten umgehen und boykottieren: »Nicht hinhören! Mich durchsetzen!« Die Stimme der Partnerin ist viel leiser als die des Automatengewissens. Letzteres dröhnt Männern kräftig ins innere Ohr, die Stimme der Partnerin gehört zur akustisch-sozialen Umwelt des Mannes wie ein Rauschen im Radio.

Im Gewissen der Männer fehlt der Wert, Verantwortung für sich selbst zu übernehmen. Sie sind nicht nur unfähig dazu, wirkliche Selbstbestimmung ist ihnen verboten (Gewissensruf: Einsamkeit und Unsicherheitsgefühl). Darum schließen sich Männer gern an fest strukturierte soziale Institutionen an, die ihnen die Verantwortung zur Selbstbestimmung abnehmen. Organisationen verwechselt der Mann mit Gemeinschaft. Einzig organisatorische Handlungen gelten als kooperativ und als altruistisch. Im privaten Bereich sind männliche Reaktionen hilflos-egoistisch, die Abhängigkeit von der Frau ist offensichtlich, in der Organisation aber vorübergehend vergessen.

Im Gewissen der Männer wird die Wahrheit über diese Zusammenhänge durch Kraftlosigkeit verdrängt. Der sich stark gebende Mann ist unehrlich und stellt sich dumm. Seine Bindungsunfähigkeit trotz parasitären Verhaltens kann durch Borniertheit und Unversöhnlichkeit im Konflikt kaschiert werden. Härte wird als Stärke ausgegeben, Verbindlichkeit ist obsolet und dem Mann doppelt verdächtig, als Bindung wie als Zuverlässigkeit. Damit die männlichen Werte unangefochten ihre Geltung behalten, spricht der Mann um so abstrakter und allgemeiner, je verbindlicher und persönlicher er gefordert ist. Abstraktion in der Sprache fördert Abstraktion in der menschlichen Beziehung, behindert wirksam Einfühlungsvermögen und Sensibilisierung und verhindert, daß der Mann seine historische Aufgabe löst: die Übernahme weiblicher Werte.

Das männliche Gewissen – eine Bestandsaufnahme

Gibt es positive männliche Werte? Können wir Ansätze eines produktiven männlichen Gewissens ausmachen?

Die herrschende männliche Gewissenlosigkeit bedroht das Überleben der gesamten Menschheit: Autonomiewahn und Distanz, Distanzlosigkeit, Schweigen und Angstlosigkeit. Wenn wir den Suizid der Menschheit, besser: Mannheit, verhindern wollen, brauchen wir nicht nur ein neues Bild vom Mann – diese gängige Vorstellung enthält noch den Keim der Technisierung und Bequemlichkeit –, wir brauchen den einzelnen Mann, der sich um ein gewissenhaftes männliches Gewissen bemüht. Es muß ihm vor allem die Unterwerfung und Beherrschung der Natur und der Frau verbieten.

Um eine radikale Entwertung des traditionellen lebensgefährdenden und fahrlässigen Mannes und seines Gewissens werden wir nicht herumkommen. Diese Entwertung kann erst später in eine Umwertung der männlichen Werte einmünden. Zunächst haben wir Männer Anlaß, uns zu schämen und Schuldgefühle zu entwickeln. Die Psychoanalyse hat sich nicht zufällig so ungeheuer erfolgreich um die Ausmerzung der Schuldgefühle und Gewissensbisse bemüht. Sie zeigt damit, daß sie im Dienste der Entschuldigung des Mannes stand. Weil der Mann als werteverwirklichendes Wesen versagt, seine moralische Inkompetenz unter Beweis gestellt hat, darf er nicht mehr, wie bisher, allein und unter Männern, die nicht weiblich fühlen möchten, Gewissenserforschung betreiben. Männer brauchen inzwischen die Kritik der Frau. Auf diese läßt sich Neues bauen. Ganz von vorne beginnen, feministisch arbeiten müssen wir Männer. Infolgedessen stehen wir erst einmal ohne männliches Vorbild da. Keiner unserer sogenannten geistigen und moralischen Vorväter hält diesem Anspruch stand. Wir müssen die Herausforderung derjenigen Feministinnen annehmen, die sich von Männern getrennt und unabhängig gemacht haben, die keinen Dienst am Mann mehr leisten. Wir müssen die Stimmen derjenigen schätzen, die uns nicht mehr therapeutisch sind, die unseren Überlegenheitsanspruch, aber auch unsere Schutzwürdigkeit erfolgreich ablehnen oder abwehren. Damit stünden wir Männer aber durchaus nicht im moralischen Niemandsland. Das Zusammenleben von Frauen – ohne Männer – gibt uns genügend Anhaltspunkte zur Umorientierung und zum Studium.

Eine bedingungslose und fraglose Übernahme weiblicher Werte ist nicht zu fordern, weil die nichtfeministischen Frauen nach wie vor ihre Männer bedienen, deren Untaten billigen und bestätigen. Nicht die Führung durch die Frauen allein kann männliche Selbsterkenntnis bewirken. Wir Männer müssen selber anders forschen und denken lernen.

Die Wahrheit über Werte liegt näher bei der Frau. Selbst Androgynie würde letztlich in Chaos und Zerstörung enden, weil das männliche Zerstörungspotential und die Gewissenlosigkeit stärker sind als die Erhaltung des Lebens durch die Frau und die feministische Moral. Der ethisch desolate Mann hat auf dem Wege zur Bewahrung des Lebens einen längeren Weg als die Frau. Bisher hat er nicht einmal begriffen oder eingeräumt, daß er ethisch versagt hat. Noch heute wehrt er sich kategorisch und vehement gegen diese Unterstellung. Manchmal hören sich männliche Stellungnahmen ganz fortschrittlich an, und oft hat man einige Mühe, die gut kaschierte Frauenfeindlichkeit darin zu entdecken. Die Frau stützt auch den sogenannten neuen Mann, während er weiterhin Selbsterkenntnis boykottiert. Sie billigt seine Macht und seine Ohnmacht, während sie schon spürt, daß seine suizidale Moral auch sie in den Tod führen wird.

Dennoch kann ich es Männern nicht verdenken, wenn sie nicht ruhig zusehen, daß die Frau sich radikal und für immer von ihnen trennen möchte, sich »abwendet – ohne Ersatz«, wie Christina Thürmer-Rohr es fordert. Die Frau scheint noch nicht imstande zu sein, die Führung zum Leben zu übernehmen und radikal in Frage zu stellen, was der Mann sagt. Sie hat ihre diesbezüglichen Qualitäten jedenfalls noch nicht unter Beweis gestellt. Sie hat die Führung aber vor allem deshalb bisher nicht übernehmen können, weil Männer sich dagegen sträubten.

Männliche Regeln und Gesetze zur Erhaltung des Lebens und zur ethischen Perspektive der Gemeinschaft finden wir nicht vor. Statt dessen sehen wir Unterdrückung, Ausbeutung, Zerstörung und Tod. Wir haben die Aufgabe, ein anderes männliches Gewissen aufzubauen. Das wollen wir aber nicht tun, ohne uns mit der Frau zu vergleichen, nicht ohne das Vorbild und möglichst nicht ohne eine gewisse Anteilnahme der Frau. Voraussetzung dafür ist eine Akzeptierung unserer Unsicherheit und Angst. Auch eine Erschütterung angesichts der konsequenten feministischen Klagen stünde uns gut. Können wir uns noch zu Menschen entwickeln, denen die Wahrheit über uns zuzumuten ist, weil wir bereit sind, den großen Schmerz des Entdeckers des emotionalen anderen Kontinents auf uns zu nehmen?

Ein für das männliche Gewissen typisches Dilemma

Liebenlernen, sich selbst und andere, ist noch kein Wert für den Mann. Er wird bereits geliebt, und das genügt ihm. Wie kann er es lernen, sich *und* andere zu lieben, nicht entweder sich *oder* andere? Als ich begann, mich mit dieser Frage zu befassen, fielen mir bald Sartre und Beauvoir ein und ihre Werte *Wahrheit* und *Freiheit*, die sie in ihrer Liebesbeziehung verbindlich zu leben versuchten.

Wahrheit als Offensein in beide Richtungen: denen, die ich liebe, meine Wahrheit sagen, über mich und meine Gefühle und Bedürfnisse; denen, die ich liebe, zuhören, wenn sie über sich, ihre Gefühle und Bedürfnisse sprechen.

Freiheit als Freilassen, diejenigen, die ich lieben möchte, nicht unter Druck setzen, daß sie tun, was ich will, sie freilassen, tun lassen, was sie wollen. Freiheit auch als mein Anspruch, freigelassen zu werden, mich nicht unter Druck setzen und einsperren zu lassen, zu tun, was ich will.

Wahrheit und Freiheit – Werte, Strebensziele, die ich nie erreiche, wie immer ich mich auch bemühen mag, aber auch Tatsachen und Erfahrungen, die ich in Ansätzen sehe und erfahre. Wahrheit und Freiheit gehören zusammen, einer dieser Werte ist ohne den anderen nahezu sinnlos. Ich darf zum Beispiel niemanden zur Offenheit zwingen wollen, die erpreßte Offenheit wäre sicher Unwahrheit. Wir müssen und können Menschen zur Offenheit nur freilassen. Niemand sollte auch meinen, durch Unwahrheiten Freiheit herbeiführen zu können. In der Unwahrhaftigkeit liegt die Tendenz zur Unfreiheit, weil der andere nicht die Freiheit spürt, selbstverantwortlich mit der Wahrheit, die er erst erringen muß, umzugehen. Problematisch ist das männliche Wertepaar aber aus anderen Gründen, vor allem wegen seiner Unvollständigkeit. Es ist kein Zufall, daß ein dritter, ein weiblicher Wert fehlt.

Freiheit? Freiheit geben und sich nehmen, freilassen, die Akzeptierung der Werte und der Würde des anderen, die Anteilnahme an ihm und meine Wertschätzung seiner Person – diese Haltungen tangieren mein Menschenbild. Ist der (die) andere mein(e) potentieller Feind(in), oder vermag ich zu spüren, daß er (sie) ebenfalls Gemeinschaft möchte, liebesfähig werden will? Freiheit geben erfordert bedingungslose Zuwendung in der Weise, daß dem (der) anderen keine Gesetze zu machen sind, erfordert, ihn (sie) sein zu lassen, ungestört. Der (die) andere darf sich ganz dem Gefühl überlassen, das ihn (sie) jetzt erfüllt: Freude, Mut, Liebe oder Angst, Stolz, Zorn, Verwirrung oder Wut. Meine Wertschätzung wird nicht an Bedingungen geknüpft. So kann ich nicht ununterbrochen leben, ich darf auch meine eigenen trennenden Gefühle gegenüber dem (der) anderen ernst nehmen.

Wahrheit? Offenheit, Offensein für andere und für mich, Unverfälschtheit und Echtheit, in beide Richtungen: offen für mich selbst durch den Verzicht auf Masken, Fassaden, Schauspielerei und Lügen; offen für den (die) anderen als Verzicht auf Besserwisserei, Bevormundung und Gängelung. Wahrheit erfordert Transparenz, Durchsichtig-Sein mit all meinen Lükken, Ungereimtheiten, Einseitigkeiten und Verhärtungen: sowohl meine Wärme, Freundlichkeit, Verständigungsbereitschaft, mein Mitleid und meine Liebessehnsucht wie auch meine Langeweile, Müdigkeit, meinen Ärger und meine Angst, meine Depressionen und meine Sinnlosigkeitsgefühle akzeptieren und kommunizieren. Was ich auch immer mitteile, zeige, offenlege, hilft dem (der) anderen. Offen für ihn (sie) bin ich als Hörender seiner (ihrer) Fragen, Antworten, Gefühle, Stimmungen und Wünsche. Ich verweigere mich nicht, besonders seiner (ihrer) Kritik an mir nicht. Ich verweigere mich nicht einmal seinem (ihrem) Mich-nicht-ernst-Nehmen, Nicht-Verstehen, dem Anders-Sein als ich.

Wird der dritte bisher fehlende Wert sichtbar? Wird die fehlende weibliche Wertung als Mangel empfunden? Die Pflege der anderen und meiner selbst, die Anteilnahme, die Rücksichtnahme?

Sartre nahm auf die Gefühle der Beauvoir wenig Rücksicht, wenn er sich in Drittbeziehungen Freiheit nahm. Er kannte Eifersucht (Nicht-Freilassen) und ließ die anderen Frauen über die bevorzugte Stellung der Beauvoir in seinem Leben im unklaren (Unwahrheit). Simone de Beauvoir hat sich offenbar manchmal überfordert, auf ihn zuviel und auf sich selbst zuwenig Rücksicht genommen. Sie hat das Dilemma der männlichen

Werte akzeptiert, ohne sich entsprechend zu wehren. Wieviel »Freiheit« hätte Sartre wohl gehabt, wenn er auf Eifersuchtsqualen Rücksicht genommen hätte? Wieviel »Wahrheit« wäre ihm geblieben, wenn er allen Beteiligten gegenüber offen gewesen wäre? Wieviel Wahrheit über die eigenen Gefühle hat Beauvoir ihm zugemutet, wieviel Freiheit hat sie sich selbst erobert? Wir können diese Fragen nicht beantworten, wir können nur für uns sprechen: Rücksicht auf den Partner, wenn ich frei sein möchte, Rücksicht auf meine Kräfte, wenn ich Abenteuer suche, die viel Kraft erfordern – Rücksichtnahme, dieser Wert ist unentbehrlich, wenn Beziehungen gleichberechtigt sein sollen, wenn die Beziehung stabil und produktiv bleiben soll. Ich muß diesen Wert berücksichtigen, das Verständnis für Überforderung, das empathische Einfühlen in Not und in seelische oder körperliche Schmerzen.

Wir wissen, daß Sartre rücksichtslos auch mit der eigenen Gesundheit umging, sein Werk war ihm wichtiger als seine Person – eine männliche Gangart? Wir Heutigen müssen auf die Fortsetzung des Lebens achten, lernen, die Gesundheit und die Vernunft, die Belastbarkeit der Beteiligten zu berücksichtigen. Sartre und Beauvoir hatten die Kraft, ihre Beziehung zu erhalten, trotz »Wahrheit« und »Freiheit«, nicht wegen dieser Werte. »In den besten Jahren« schrieb Simone de Beauvoir bereits korrigierend: »Reden ist manchmal nur eine geschickte Methode, etwas zu verschweigen ... Es gibt eine Form der Aufrichtigkeit, die ... nichts als flagrante Heuchelei ist. Auf das Gebiet der Sexualität beschränkt, zielt sie nicht etwa darauf, ein inniges Verstehen zwischen Mann und Frau zu schaffen, sondern darauf, einem von beiden – meistens dem Mann – ein beruhigendes Alibi zu liefern: Er wiegt sich in der Illusion, durch das Geständnis seine Untreue wieder wett zu machen, während er in Wahrheit seiner Partnerin eine doppelte Wunde schlägt. Im Grunde gibt es keine eherne Regel, die allen Paaren totale Offenheit vorschreibt, jeder muß selbst entscheiden, zu welchem Grad des Gleichklangs er gelangen möchte ... In meiner Jugend behauptete ich das Gegenteil ... Heute dagegen irritiert es mich, wenn Dritte sich billigend oder tadelnd über unsere Beziehung aussprechen, ohne die Eigenständigkeit zu berücksichtigen, die sie erklärt und rechtfertigt.«

Wir sollten dies nun auch nicht als Plädoyer zur Verschlossenheit verstehen. Es scheint eines zu einem pflegenden, offenen Austauschen über Notwendiges unter Abwägung dessen, was den (die) anderen verletzt und einen selbst korrumpiert, weil man keine Geheimnisse zu tragen versteht. Ein Plädoyer zur Rücksichtnahme liegt uns vor. Die Lebenserfahrung einer bemerkenswerten Frau wiegt schwerer als die unverstandene Sehnsucht eines expansiven Mannes, der das Glück hatte, eine starke und stark sein wollende Partnerin zu finden.

Der Wert der Rücksichtnahme – ein Lernziel für den Mann

Rücksichtnahme auf das Leben und auf die physische und psychische Gesundheit war noch nie des Mannes Angelegenheit. Die konkrete Beantwortung der Frage, ob es im Ernstfall möglich ist, für sich selbst und dem (der) anderen gegenüber verantwortlich zu handeln, erfordert eine große Portion psychologischer Menschenkenntnis. Ehrlichkeit mit sich selbst reicht keineswegs, nicht einmal die Fähigkeit der Einfühlung in Menschen, die anders leben und fühlen als man selbst. Menschliche Reife wäre vonnöten, die Abkehr von Verwöhnung, das Eingeständnis der psychologischen Unwissenheit. Es geht um die psychologische Durchdringung der ganz banalen Konsequenzen des Alltagsgeschehens, der Handlungen und Unterlassungen. Nicht die logische Wahrheit, nicht einmal die moralische, sondern die Wahrheit konkreter Hilfe und Entwicklung gilt es zu spüren. Es wird Situationen geben, da kann es schmerzlich sein, Kompromissen zuzustimmen, realistischen Minimallösungen vielleicht. Das Wort Opfer ist unmodern, vor allem für Männer. Sinnlos ist es nicht.

Weil Männer nicht verzichten wollen, haben sie häufig so enorme Mühe, Verluste zu ertragen. Nun gibt es Situationen, in denen niemand falsch handelt. Konflikte als Bestandteile lebendiger Entwicklungen sind nicht nur Gefahren für den Fortbestand einer Gemeinschaft. Gespräche über derartiges erfordern Gemeinschaftgefühl. »Es gibt keine absolute Wahrheit, was ihr aber am nächsten kommt, ist die Gemeinschaft«, sagte Alfred Adler, ich füge hinzu: wenn diese Gemeinschaft andere Meinungen zuläßt und darüber gestritten werden darf.

Gegenseitige Rücksichtnahme ist nachzuholen und zu üben, dafür brauchen wir Möglichkeiten – des offenen Nachdenkens und Überprüfens der Ethik der Gemeinschaft –, die Regeln und Autoritäten in der Gemeinschaft in Frage stellen. Rücksichtnahme erfordert gegenseitige Anteilnahme und Verantwortlichkeit und keine herausgehobenen Positionen, die ihren männlichen Besetzern erlauben, sich auszuschweigen. Männer in Organisationen und autoritären Gemeinschaften bekämpfen Denkende. Bei gegenseitiger Hilfe kann jeder der Beteiligten ermutigt werden, seine (ihre) Individualität zu finden und unangefochten auszuprägen. Wir Männer neigen dazu, uns auf Feststehendes stützen zu wollen, auf Institutionen, bleibende Übereinkünfte (Einigungen) und nicht auf zu gestaltende Beziehungen. Der unendliche Prozeß des gegenseitigen Verstehens ist uns zu mühsam, wir wollen ein für allemal verstehen. In Männergemeinschaften geschieht es nicht selten, daß einzelne über längere Zeit unterdrückt, verletzt, diskriminiert oder ausgebeutet werden, und niemand merkt etwas. Männer sind egoistisch, insofern sie Frauen für sich sorgen lassen. Solange die Rücksichtnahme der Frauen als Fürsorge für Männer und Kinder erscheint, ermangelt beiden Geschlechtern eine übergreifende Perspektive der Anteilnahme. Eine Ethik der Rücksichtnahme könnte keine Rezeptesammlung oder juristischer Kodex sein. Eine gemeinsame Suche nach lebenserhaltenden Aktivitäten gäbe der gemeinschaftlichen Suche nach einem neuen Sinn im Leben Orientierung. Auf die entsprechende emotionale Wachheit können wir Männer nicht hoffen. Wir können uns aber auf die Suche begeben. In Gruppen, die aus Männern bestehen, die sich selbst problematisieren und sonst zunächst nichts anderes, können wir die Bereitschaft zum Konflikt wecken, die Anteilnahme in der Einmischung. Letztere ist unvermeidlich, wenn konkrete Rücksichtnahme praktiziert werden soll. Bisher haben nur die feministischen Frauen sich in die Männergesellschaft eingemischt, und Männer haben die Verantwortung für dieses Kooperationsangebot in einer Weise übernommen, die sogar ihnen selbst schadet.

Gibt es heute noch männliche Werte?

In den vergangenen Jahren, seit ich mit der Beschreibung des »Mannseins« begonnen habe, nahm ich auch verstärkt Kontakt mit Männern auf. Meine Weggefährten sind wenige. Frauen forderten mich auf, männliche Werte zu nennen, auch meine persönlichen. Lange Zeit habe ich das abgelehnt, mir ging es nur um eine Bestandsaufnahme und Selbstkritik. Ich drängte sie ihrerseits, diejenigen männlichen Werte zu nennen, die sie bei uns Männern vermissen. Die Frauen sagten mir, daß sie Angst haben, auch dann, wenn ich Männer kritisiere, Angst, daß sich nie etwas ändern wird, daß sie wieder nur ausgebeutet werden. Sie wollen nicht gänzlich an den Beziehungen zu Männern verzweifeln. Frauen, die in meine Vorträge kamen und mich in dieser Weise ansprachen, hatten meist keine Geduld, die nächsten Vorträge abzuwarten. Sie gaben mir keine Gelegenheit, nachzudenken und dann zu sprechen. Diese Frauen von heute haben manchmal keine Geduld mehr mit uns.

Ist Geduld ein männlicher Wert? Hier und jetzt darf ich nur für mich selbst sprechen. Ich habe viel Geduld, habe meine Lebensaufgabe, die Forschung und Praxis der Veränderung des Mannes, erkannt und bleibe dabei. Auf eine diese Arbeit begleitende oder gar unterstützende Bewegung der Männer zur Humanität kann ich nicht bauen, nicht einmal hoffen. Viele kurzzeitig engagierte Männer haben zuwenig Geduld, sie steigen in die modische Debatte ein und verschwinden wieder, weil sie die Lebensperspektive erfordert, die lebenslange Bemühung. Wir wollen Spaß, sagen sie, wir wollen leben, wir wollen nicht nur trauern. Nur wenige Männer beginnen zu fragen.

Wir Vereinzelten sind uns nicht einig. Ich versuche offen über mich und meine Gefühle zu sprechen, bemühe mich um Selbstkritik, räume auch ein, daß ich Feindseligkeitserwartungen in Konflikte hineintrage. Offenheit und Selbstkritik – männliche Werte, die noch bestehen können? Im Grunde sehe ich diese Werte eher bei Frauen. Ich suche weiter nach männlichen Werten.

Nein-sagen-Können ist ein männlicher Wert. Ich beantworte zum Beispiel ungern Fragen, wenn ich mich bei dem (der) Fragenden nicht gut aufgehoben, sondern examiniert, geprüft, zensiert und attackiert fühle. Ob dieses Gefühl »stimmt«, weiß ich oft nicht, aber ich nehme mich ernst und sage nein. Ich höre von Frauen, daß sie nicht nein sagen können. Immer wieder in Frage stellen, immer wieder nachfragen ist ein Wert für mich. »Warum fragen Sie nach männlichen Werten?« fragte ich in einer Diskussion zurück. Die Frau wiederholte nur ihre Frage, und ich fragte insgesamt dreimal zurück, ohne eine Antwort zu versuchen. »Weil ich Angst habe, von Männern ausgesaugt zu werden«, antwortete sie mir nach etwa dreißig Minuten. In eine aufkommende ungute Stimmung hinein hatte ich geduldig – oder hartnäckig? – mein Anliegen gesetzt: Ich will erst eine persönliche Frage, ehe ich persönlich antworte. Ich wollte erst die Motivation verstehen und zog deshalb den Unmut auch der anwesenden Frauen auf mich. Zu lange haben wir alle in der Schule vor dem Lehrer gekuscht, zu lange haben wir den Gehorsam geübt, die Strafen für Ungehorsam erlitten. Diese Art Mut zum Nein-Sagen – ein männlicher Wert? Sich selbst ernst nehmen, sich dem persönlichen Problem stellen, Selbstanalyse – ein männlicher Wert?

Ich habe bisher sehr wenig über männliche Werte nachgedacht. Wahrscheinlich leiste ich gegen diesbezügliche Fragen Widerstand, weil ich sie nicht zufriedenstellend beantworten kann. Antworten will ich, wissen will ich und Kritik üben, das fällt mir leichter als aufbauen. Meine Untersuchungen stütze ich überwiegend auf die Aussagen der kritischen Frauen. Kritik – ein männlicher Wert? Es sieht eigentlich nicht so aus. Meine Unsicherheit möchte ich ernst genommen wissen, meiner Schwäche wegen möchte ich nicht abgelehnt werden. Welche Werte verkörpere ich eigentlich? Welche verkörpern andere Männer? Offenheit? Selbstkritik? Nein-sagen-Können? Geduld? Mut? Selbsterkenntnis? Ich habe schon einige Zweifel, ob es einfach mutig ist, zuzugeben, daß ich angesichts der feministischen Kritik nicht weiß, welche Werte noch als männliche gelten können. Vielleicht ist es kein Mut, sondern Bequemlichkeit. Oder Angst vor Unsicherheit!

Haben wir heutigen Männer schon den Mut, nachzudenken? Ist Auseinandersetzungsfähigkeit ein männlicher Wert? Wäre es nicht wirklich viel ehrlicher, die Frauen gäben über unsere

Werte und Unwerte Auskunft? Tun sie das nicht schon längst? Wir leisten Widerstand und trotzen, aber an der richtigen Stelle? Sind wir Wahrheitssucher oder Geheimniskrämer? Ich spreche meine »Wahrheit« aus und riskiere Ablehnung, Hohn und Spott. Dem weiblichen Zwang zur Verbindlichkeit zolle ich keinen Tribut.

Finden Männer die Wahrheit über sich und die Gesellschaft nicht, weil sie sie gar nicht suchen wollen? Zum Beispiel die Warheit über die Kraft der Frau, den Mann therapierend? Oder die Wahrheit über die Schwäche der Frau und unsere Unfähigkeit, ihr eine Stütze zu sein?

Sich trennen zu können, so sagt man, sei ein männlicher Wert, die Freiheit suchen, Unabhängigkeit, das nötige Sich-Abgrenzen. Heute gehen etwa 65 Prozent aller Ehescheidungen von Frauen aus. Männer jammern, leiden, klagen über die unangenehmen Folgen der Trennung für die Kinder. Frauen trennen sich.

Aber Ungehorsam, das ist doch wohl ein männlicher Wert. Sich wehren, in Opposition gehen, rebellieren, sich verweigern, unbequem sein, indem Tabus angepackt werden. An der entscheidenden Stelle, etwa im Krieg, angesichts des Befehls zum Töten, sind Männer gehorsam. Nur Frauen und Kindern gegenüber, Untergebenen gegenüber, sind wir Männer ungehorsam.

Mutiger als Frauen sind wir Männer, mutiger im Sinne von angstloser. Mutige Männer beweisen Risiko- und Einsatzbereitschaft. Zum Beispiel die Ingenieure von Tschernobyl. Nach der Katastrophe haben sie wahrscheinlich Europa gerettet. Dafür ließen sie ihr Leben, brachten dieses Opfer. Vorher aber haben sie gehorsam dieses Atomkraftwerk gebaut. Haben sie zuwenig Angst gehabt? Einsatzbereitschaft, Entdeckerfreude usw. – würden nicht auch Frauen diese Stärken entwickeln, wenn Männer sie ließen, ihnen die entsprechende Ausbildung ermöglichten? Werte werden nicht dadurch besser, daß Männer sie anstreben, aber schlechter werden sie deswegen auch nicht: Schonungslosigkeit, Führung, Verantwortung. Wer behauptet, Männer seien wertlos, entwertet sie sexistisch. Auch gegen die Behauptung, Männer seien nicht lernfähig, wehre ich mich. Aber ich muß beweisen, daß ich lernfähig bin, darf nicht nur darüber reden.

Sich wehren, eine männliche Tugend? Frauen wehren sich

seit Jahrzehnten auf ihre Weise. Noch nicht sehr viele Frauen. Feministinnen sind ebenfalls Vereinzelte.

Wir finden männliche Werte: Expansion, Vergrößerung von Einflußbereichen, Installation von Macht – um der größeren Sicherheit der Menschen willen. Auch das wäre eine Frage des Grades und des Maßes, nicht nur eine der sogenannten Stärke. Männer beginnen zu zweifeln und zu forschen, allzuschnell wollen sie Erfolge, Logik, allzuschnell denken und planen sie eindimensional. Ihr Mißtrauen hilft ihnen, Fehler zu vermeiden. Aber zweifeln sie sich selbst genügend an? Lernen sie aus Fehlern, Einseitigkeiten, Mißerfolgen? Haben sie genug Geduld, nach Rückschlägen und Niederlagen wieder ganz von vorne anzufangen? Manchmal sieht es so aus. Dann wird es wieder fraglich. Haben Männer diese Werte denn eher als Frauen verwirklicht? Auseinandersetzung, Ungehorsam, Trennung, Mut, Führung? Oder sind Männer konfliktscheu, vermeiden sie die entscheidenden Konfrontationen? Unabhängiger als Frauen sind sie ja bestimmt nicht. Verraten wir Männer von heute traditionelle Männerwerte, weil uns der Feminismus verunsichert? Ganz sicher nicht. Traditionelle Männerwerte sind Werte der Gewalt. Und zur Verunsicherung sind wir nicht fähig, weil wir borniert sind.

Ist Wahrheit ein männlicher Wert? Die Frau schont den Mann und verwöhnt ihn, sie sagt ihm die Wahrheit zu selten und zu verbindlich. Der Mann sagt die »Wahrheit«, so wie er sie sieht, er erobert die Welt, ungeduldig, brutal und rücksichtslos. Wir erleben überwiegend extreme Werteausprägungen bei Männern und Frauen. Wir leiden daran, daß der Mann extremistisch wertet und nicht lebensnah. Er will totale Freiheit für sich, andererseits will er die Frau einsperren. Dann entwickelt er Eifersucht, wenn sie ihre eigenen Wege geht. Die Frau sucht die Bindung an den Mann trotz aller unangenehmen Erfahrungen mit ihm. Um der Bindung willen läßt sie sich in die unproduktive und gewalttätige Beziehung einmauern. Wer kommt der Wahrheit näher? Es scheint, daß wir im ethischen Bereich erst einmal die Extreme vermeiden lernen müssen. Festhalten und loslassen, helfen und helfen lassen, miteinander sein und allein sein, auf den (die) anderen zu- und von ihm (ihr) weggehen – Flexibilität der Werte scheint vernünftig.

Nehmen wir noch einmal die Führung. Der Mann will absolute Herrschaft, ein für allemal Sicherheit. Er entwickelt Verfolgungs- und Größenwahn, um sie zu gewährleisten. Die Frau läßt sich – blindlings oder widerstrebend – vom Manne führen. Sie entwickelt Gehorsams- und Kleinheitswahn, weil sie den Mann extrem überschätzt. Männer müssen lernen, sich führen zu lassen, ohne die Führung ganz aufzugeben, je nach Erfordernis zu führen oder sich führen zu lassen – Flexibilität.

Auch in der Frage des Gehorsams herrschen Extreme, Bravheit und Fügsamkeit bei der Frau und der Kadavergehorsam des Mannes gegenüber dem anderen Mann, dem Befehlshaber. Anfallartiges Trotzverhalten und Rebellionen verändern die Lage nicht entscheidend.

Und die Sicherheit? Der Mann will sie erzwingen, notfalls mit Gewalt. Die Frau leidet unter der vom Mann heraufbeschworenen Unsicherheit, aus der sie sich nicht zu befreien vermag. Ihre Ohnmachtsgefühle vermag sie nicht mit dem Machtwahn des Mannes in Beziehung zu setzen.

Wahrscheinlich ist das Hauptverbot des Mannes das Verbot, Angst und Furcht zu haben, auch die Hauptgefahr für die Erhaltung des Lebens auf der Erde und in der menschlichen Beziehung. Angstlosigkeit bewirkt extremistische und terroristische Anmaßung zur Bestimmung des männlichen und des weiblichen Gewissens. Die Frau staunt den Mann ehrerbietig an. Es gibt keine verbindlichen männlichen Werte, heute vielleicht nicht mehr, heute jedenfalls noch nicht wieder. Ich ahne allenfalls einige menschliche Werte, und ich sehe weibliche Werte. Ich versuche, ihnen zu entsprechen. Mir fehlt der Mut, sie als allgemeinverbindlich hinzustellen. Dazu sind Menschen, Situationen und Gemeinschaften zu unterschiedlich.

Angst anzunehmen, die Angst davor, immer wieder schwach und hilflos zu sein, am Leben zu verzweifeln, Angst vor der Anstrengung, immer wieder neu zu prüfen, abzuwägen und entscheiden zu müssen, Hilfe dabei zu benötigen und Hilfe zu gewähren, scheint mir sinnvoll und ethisch wertvoll.

Teil 6

Hilfe suchen in der Therapie

Was bedeutet für uns feministische Therapie?

Als wir vor über vierzehn Jahren mit der therapeutischen Arbeit begannen, bildeten die Erkenntnisse der Tiefenpsychologie, der Neoanalyse und Individualpsychologie die theoretische Basis, die durch Ideen des Existentialismus und kritischer Gesellschaftstheorien, wie zum Beispiel des freiheitlichen Sozialismus, wesentlich bereichert und ergänzt wurden. Wichtige Anregungen zur Selbstkritik und Überprüfung dessen, was als therapeutisches Geschehen deklariert wird, danken wir auch den Protagonisten der Antipsychiatrie.

Obwohl wir das Anliegen der Frauenbewegung für Gleichberechtigung in allen Lebenszusammenhängen immer notwendig und unterstützenswert hielten, erfolgte die konkrete Anwendung und Umsetzung feministischer Erkenntnisse in die therapeutische Arbeit leider erst zu einem relativ späten Zeitpunkt. Im Laufe unserer Tätigkeit als Therapeuten hat sich die Einstellung zur Arbeit und der jeweilige erkenntnisleitende Blick immer wieder gewandelt und erweitert, wobei dieser Lernprozeß nie abgeschlossen werden kann.

Über den persönlichen und beruflichen Zugang zum Feminismus haben wir in den Büchern »Männer lassen lieben« (W. Wieck) und »Ihm zuliebe?« (I. Hülsemann) ausführlicher berichtet.

Der Grundlagenforschung feministischer Untersuchungen, ihre Analyse der eklatant unterschiedlichen Lebensrealität von Frauen und Männern, die seit sechs Jahren immer stärker unser Therapiekonzept beeinflußte, verdanken wir vor allem die Einsicht, daß in den von uns bis dahin angeeigneten traditionellen psychologischen Theorien den Besonderheiten in der Entwicklung von Frauen und Männern und den daraus resultierenden Problemen gar nicht oder unzureichend Beachtung gewidmet wird. Ebenso wurden die meisten herkömmlichen Therapiemethoden von Männern und damit aus einem spezifisch männlichen Blickwinkel heraus entwickelt, so daß bei ihrem Einsatz in der Praxis ebenfalls die Notwendigkeit besteht, sehr sorgfältig zu prüfen, ob und wie sie dazu beitragen können, die Einseitigkeiten und Einengungen der geschlechtstypischen Haltungen und Probleme von Frauen und Männern bewußtzumachen, und ihnen emanzipatorische Möglichkeiten erschließt oder besseres »Funktionieren« in den alten Rollenklischees. Wir verbinden feministische Therapie daher nicht in erster Linie mit einer Frage der Methode, sondern begreifen diesen Denk- und Verstehensansatz als kritisches Instrumentarium, der die persönlichen Deformationen in der Entwicklung von Frauen und Männern in den Kontext der umfassenderen Ausbeutungs- und Gewaltstrukturen patriarchalischer Herrschaft stellt und damit in anderer Weise erhellt und begreift, als es die traditionellen Neurosenlehren tun, die meist in eindeutiger Weise ideologisch befangen sind.

Therapeutische Arbeit unter feministischen Gesichtspunkten bedeutet davon auszugehen, daß weibliche und männliche hilfesuchende Personen auf Grund der »Zurichtung« zu einem bestimmten Geschlecht mit völlig verschiedenen Erfahrungen, Wahrnehmungen und Bedürfnissen in die Therapie kommen, selbst wenn auf den ersten Blick Ähnlichkeiten zu bestehen scheinen. Wenn eine Frau oder ein Mann in einem Therapiegespräch über Liebe und Beziehungen sprechen, sind nicht nur die Sprachen gänzlich unterschiedlich, sondern auch die Inhalte, auf die sie sich beziehen. Diese Kluft des Erlebens zieht sich bei näherer Betrachtung durch fast alle Lebensbereiche und bestimmt auch wesentlich das Selbstbild und Fremdbild der Personen.

Feministische Therapie beinhaltet immer die Bewußtmachung und Auseinandersetzung mit der Tatsache, was es bedeutet, in dieser Gesellschaft als Mädchen oder als Junge aufzuwachsen, die Vorbereitung auf eine gesellschaftlich erwünschte Rolle, wobei von vornherein feststeht, daß die frühe Anleitung zur Selbstverleugnung beim Mädchen einmal der Selbsterhöhung des Mannes und des männlichen Systems dienen soll. In ihrem Buch »Feministische Psychotherapie« schreiben L. Eichenbaum und S. Orbach: »Die Frauen untersuchten miteinander die Erfahrungen ihres Lebens und benannten das System, das sie unterdrückte: das Patriarchat ... Die Frauen entdeckten, daß sie alle Gefühle der Ohnmacht und Wut kannten, das Selbstgefühl unvollständiger Menschen hatten, sich frustriert und unterentwickelt fühlten; sie hatten alle die Erfahrung gemacht, daß man sie zu spezifischen Rollen und Tätigkeiten erzogen und veranlaßt hatte, daß man sie benachteiligte, ihnen den Ausdruck ihrer Sexualität beschnitt und sie in vielen Bereichen des Lebens und der Entwicklung einschränkte ... was die Frauen gut gelernt hatten: Zuhören, Miteinander-Reden, Einfühlung und emotionale Unterstützung.« Selbstverständlich hat die gemeinsame Arbeit zwischen der oder dem Hilfesuchenden sich an der konkreten unverwechselbaren Erfahrungs- und Lebensgeschichte zu orientieren. Trotzdem können wir sagen, daß in der Zusammenarbeit mit Frauen fast immer eine wesentliche Aufgabe darin besteht, ihnen bei der Auflösung von Selbstverkleinerungstendenzen zu helfen und nach Möglichkeiten zu suchen, ihr Selbst expansiver auszudehnen und befriedigende Selbsterfahrungen nicht nur im Liebes- und Beziehungsbereich anzusiedeln.

Bei den männlichen Hilfesuchenden geht es um einen anderen Lernprozeß, der quasi von außen nach innen führt. Zu einer Wiederentdeckung der in der männlichen Kindheit relativ frühzeitig abgespaltenen und verdrängten Gefühle, der verlorenen Sprache, der verkümmerten Beziehungs- und Liebesfähigkeit. Für sie besteht die Aufgabe, sich mit ihrer oft versteckten Frauenverachtung auseinanderzusetzen, ihre Gewalt- und Ausbeutertendenzen in den Beziehungen, besonders zu Frauen und Kindern, zu erkennen und aufgeben zu lernen.

Feministische Therapie ersetzt keine politische Arbeit, aber sie kann insofern politisch wirksam werden, als sie Frauen und Männern dazu verhilft, sich aus dem Gefängnis der traditionellen Geschlechterrollen zu befreien und sich dem patriarchalen Wahnsinn verweigern zu lernen.

Der Therapeut, ein magischer oder hilfloser Helfer?

Entspringt die Vorstellung von einem mit überragenden Eigenschaften ausgestatteten Therapeuten nur den Erwartungsvorstellungen von Hilfesuchenden, oder haben die Therapeuten selbst kräftig mitgewirkt am »Mythos vom Therapeuten«?

Es ist zutreffend, daß man in der therapeutischen Praxis nur allzu häufig dem Wunschdenken begegnet, im Therapeuten einen »magischen Helfer« zu finden, der imstande ist, Probleme auf geheimnisvolle Weise abzunehmen oder sie gar verschwinden zu lassen. Ebenso wahr ist es aber, daß einige Repräsentanten des Therapeutenberufes sich für eine Art Erlöser oder Menschheitsbeglücker halten, weil Menschen in Situationen äußerster Hilflosigkeit und Not ratsuchend zu ihnen kommen. Während in vielen anderen Berufen das Berufsbild einigermaßen klar umrissen ist – so würde beispielsweise kaum einer auf die Idee kommen, daß sich ein Bäcker gleichzeitig als Installateur oder Maler betätigt –, erscheint die Situation des Therapeuten diesbezüglich weniger eindeutig. Die Frage, ob der Therapeut eine »weiße Leinwand« für die Projektionen von Hilfesuchenden zu sein hat, oder ob er viel eher ein Arzt, Lehrer oder Philosoph ist, läßt sich nicht so einfach beantworten.

Freud selbst hat mehrfach darauf hingewiesen, daß der Analytiker gewisser menschlicher und ethischer Qualifikationen bedarf, um seinen Beruf erfolgreich ausüben zu können. Er ging sogar so weit, von »pädagogischen Maßnahmen« zu sprechen, die angewendet werden sollten, um den Analysanden zu einer »neuen Entscheidung« zu zwingen. Die Haltung des aktiven Eingreifens wurde in der Periode nach Freud dahingehend problematisiert, daß ein solches Vorgehen die »autonome Entwicklung« des Hilfesuchenden in Frage stelle. Die später von C. Rogers entwickelte »nicht-direktive-Methode«, bei der der Therapeut seine Position durch strengste Zurückhaltung und Bemühung um Neutralität bestimmt (scherzhaft auch die »Hm, hm . . .Therapie« genannt), war ein Versuch, die Gefahr unzulässiger Beeinflussung zu vermeiden.

Wie ein Therapeut sich und seine Aufgabe sieht, hängt offenbar wesentlich davon ab, ob er bereit ist, das therapeutische Geschehen als wechselseitig zu betrachten, oder ob er – von einem Omnipotenzideal ausgehend – davon überzeugt ist, daß es in seiner Arbeit einzig und allein um die Belange der Hilfesuchenden geht, die mit den seinen nichts zu tun haben. Es ist klar, daß sich aus den jeweiligen Positionen für die praktische Tätigkeit weitreichende Konsequenzen ergeben.

Therapie grundsätzlich als zwischenmenschliche Interaktion

zu verstehen bedeutet gleichzeitig, zu akzeptieren, daß die Beziehungsform der Therapie ein gemeinsames Bedürfnis beider Seiten erfüllt.

Dieses Verständnis schließt mit ein, daß es in der Therapie zu Situationen kommen kann, in denen der Therapeut als Helfer und/oder Lehrer in Erscheinung tritt, wie auch zu der Möglichkeit, daß sich der Hilfesuchende in ähnlicher Weise in das Gespräch einbringt und der »Lernvorsprung« dann auf seiner Seite zu suchen ist. Mit anderen Worten, wenn zwei oder mehrere Menschen sich zu gemeinsamem Lernen zusammenfinden, kann nicht von vornherein und für alle Zeiten feststehen, wer wen etwas lehrt. Wenn dies doch geschieht (was gar nicht so selten der Fall ist), kann von lebendiger Entwicklung nur noch sehr begrenzt die Rede sein.

Die Unmöglichkeit, andere zu verändern

Eine weitere Konsequenz aus den vorangegangenen Überlegungen ist die, daß die gängige Meinung, ein Therapeut sei jemand, der andere Menschen »behandelt« oder »verändert«, einer kritischen Prüfung bedarf. Therapeutische Arbeit bringt die Erfahrung mit sich, daß der menschliche Charakter gegen derartige Bemühungen erstaunlich resistent ist und die Hilfesuchenden selbst durch allerlei Manöver und Taktiken zu demonstrieren vermögen, daß sie sich zur Wehr setzen können. Tatsächlich finden wir neben der Erwartung, man möge ihnen helfen und sie von ihren Schwierigkeiten befreien, die Angst, sie könnten manipuliert und fremdbestimmt werden, sobald sie sich ernsthaft auf das therapeutische Geschehen einlassen. Eben weil die letztere Befürchtung nicht ohne weiteres von der Hand zu weisen ist, tendieren wir in unserer Arbeit dahin, daß das Anliegen der Hilfesuchenden auf keinen Fall zur Sache des Therapeuten werden darf. Noch genauer gesagt bedeutet dies, daß die Veränderung von Gefühlen, Einstellungen und Verhalten etwas ist, was jeder einzelne freiwillig und für sich selbst vollziehen muß. Die Therapie kann bestenfalls Hilfestellung,

Begleitung und Anregung bieten. Sie kann den Betreffenden ermutigen, eigene Schritte zu probieren, und ihn auf der Basis von Austausch und Verständnis motivieren, zu sich selbst stehen zu lernen.

Wenn der Therapeut über den Problemen anderer seine eigenen vernachläßigt, kann es zu einer »verklebten Beziehungssituation« kommen, in der keiner mehr genau zwischen seinen Gefühlen und denen des anderen zu unterscheiden vermag. »Nicht verändern wollen« ist nicht mit einer emotional kühlen und gleichgültigen Haltung zu verwechseln. Im Gegenteil, es gehört viel echtes Interesse und Vertrauen in die gesunden Kräfte des Gegenübers dazu, den anderen seine Schritte selbst machen zu lassen. Montaigne hat einmal den schönen Gedanken geprägt: »Jedes Kind ist selbst der Maßstab seiner Erziehung.« Diesen Satz könnte man im übertragenen Sinne auf jede Art der Zusammenarbeit mit Menschen anwenden. Wobei für den Bereich der Therapie gilt, daß die günstigere »Gangart« oder der »Lernvorsprung« nicht stets auf der Seite des Therapeuten zu suchen ist.

Zur Frage der Führung, der Übertragung und Gegenübertragung

Mit Montaignes Gedanken sind wir beim Problem der Führung im Umgang mit Menschen angelangt. Wenn wir weiter oben gemeint haben, daß die Intention, andere verändern zu wollen, ein ziemlich aussichtsloses Unternehmen ist, stellt sich nun die Frage, was Führung im therapeutischen Geschehen überhaupt sein kann. Führen oder Gestalten in unserem Sinne bedeutet in erster Linie, daß der Therapeut sich selbst als Person in den Therapieprozeß einbringt und die eigenen Erfahrungen, sein Wissen, seine Werte und seine Gefühlsreaktionen nicht versteckt. Er sollte durch Authentizität wirken und anregen, so daß durch eine Art nicht autoritärer Führung sein Gegenüber zwar erreicht, aber nicht in seiner Freiheit beeinträchtigt wird. Natürlich kann Führung auch bedeuten, daß man in einer Situation direkt eingreifen muß. So zum Beispiel wenn der Hilfesuchende die Freiheit des Therapeuten in unzulässiger Weise beschneiden und ihn zum Objekt seiner »Aktionen« machen will, wenn es darum geht, etwas sachlich richtigzustellen, oder direkte Hilfeleistung notwendig ist. Grundsätzlich aber gilt, daß sich die Aktivität des Therapeuten in seiner Bemühung, zu verstehen, ausdrücken und sein direkt eingreifendes Verhalten die Ausnahme bleiben sollte. So verstanden bedeutet Führung, daß der Therapeut sich in seinen Einstellungen und Meinungen klar und unzweideutig zu erkennen gibt und so auch seinem Gegenüber Offenheit ermöglicht.

Gibt es *die* therapeutische Wirkung?

Wenn man einmal bei einzelnen nachfragt, was sie in einer Therapiesitzung als helfend oder förderlich erlebt haben, fällt die Antwort oft sehr überraschend aus. Es sind meist nicht die spitzfindigen Interpretationen und Analysen, sondern das schlicht »Menschliche«, das als Besonderheit, als »emotional korrigierend« erfahren wird. Es kann die Atmosphäre, die freundliche und interessierte Haltung, ein Gedanke oder ein Witz sein, der im Gefühl des Hilfesuchenden einen Stimmungsumschwung bewirkt. Es lassen sich zwar allgemeine Heilungsfaktoren benennen, aber offenbar ist es letztlich doch etwas Einmaliges, Personenbezogenes und Unverwechselbares, was einen Menschen anspricht, ermutigt und zum eigenen Handeln bewegt.

Wenn wir uns fragen, was am Therapeuten möglicherweise therapeutisch wirkt, ist es sinnvoll, sich noch einmal ins Gedächtnis zu rufen, wie das Befinden der meisten Menschen ist, wenn sie in die Therapie kommen. Es ist vielfach geprägt durch emotionale Einseitigkeiten, verengte oder verstellte Blickwinkel, Sinnlosigkeitsgefühle und einen gravierenden Mangel an Selbstachtung. Wenn die Betreffenden nun an einem Mitmenschen erleben können, wie man trotz der real vorhandenen Lebensschwierigkeiten und Entfremdungsmechanismen um die

Aufhebung defizitären Menschseins bemüht sein kann, mag dies zum Stimulans für die eigene Entwicklung werden. Die Erfahrung, daß der Therapeut Menschen ohne Gewalt und Unterdrückung an seiner eigenen Welterfahrung teilhaben läßt, kann für diese zum Anstoß werden, die eigene Lebensgestaltung kritisch zu überprüfen.

Vielleicht liegt die wesentlichste therapeutische Wirkung eines Menschen darin, daß er nicht aufgehört hat zu lernen, sich um sein Menschsein zu bemühen, und daß er vor Schwierigkeiten nicht kapituliert. Mit diesen Überlegungen sind wir wieder bei einer zentralen Frage angelangt, denn wie ermutigt man Menschen, die große Angst vor dem Lernen und dem Fehlermachen haben, doch dazu, sich in Bewegung zu setzen?

Das Gespräch in der Therapie

Bevor wir uns in den folgenden Ausführungen den Fragen der Therapie zuwenden, sei eine kurze Zusammenfassung der bisherigen Überlegungen gestattet:

Wir haben es, psychogenetisch gesehen, mit der Überlebensstrategie von Menschen zu tun, die als Kinder die offenkundige oder verschleierte Botschaft erhielten:

»Wenn du nicht so bist, *wie wir dich haben wollen*, lehnen wir dich ab, und dann bist du allein.« Oder: »Wenn du nicht so sein willst, *wie ich* (Mutter oder Vater) *hätte sein sollen*, bin ich nicht mit dir einverstanden, dann kann ich dich nicht akzeptieren.« Oder noch komplizierter: »Wenn du nicht so werden willst, *wie ich* (Mutter oder Vater) *eigentlich hätte werden sollen*, bin ich nicht interessiert an dir, dann kannst du nicht mit meiner Zuwendung rechnen« (Horst Eberhard Richter).

Diese »Elternsignale« erzeugen im Kind Gefühle der existentiellen Bedrohung, so daß unter dem Druck der Angst allmählich die emotionale Bereitschaft entsteht, auf ein eigenes Selbst zu verzichten. Besonders in genetisch frühen Entwicklungsstadien ist das Kind diesen Attacken der Umwelt hilflos ausgeliefert.

Von einem gewissen Zeitpunkt an dienten nun nicht mehr

das Streben nach Eigenständigkeit und Spontaneität, das Bedürfnis, die eigenen Fähigkeiten zu entfalten, als Orientierung, sondern die zum inneren Leitfaden gewordene Frage: »Wie muß ich sein, was muß ich tun und was lassen, um die Gefahr des Abgelehnt- und Getrenntseins zu vermeiden?« Um diese Frage zu jedem Zeitpunkt und unter allen Umständen richtig beantworten zu können, bedarf das Kind einer Haltung dauernder Wachsamkeit und Bemühung, so daß sich allmählich eine zwanghafte Perfektionsneigung ausbildet, die die Gefühle, das Denken und Handeln maßgeblich bestimmen. Wie diese Neigung nach außen in Erscheinung tritt, ob sie einen aktiven oder eher passiven Charakter annimmt, hängt von der individuellen Persönlichkeit des Kindes und häufig auch von seinem Geschlecht ab.

Im Laufe des Wachstumsprozesses verkehrt sich das durch Angst motivierte Bedürfnis, stets Absolutes und Vollkommenes zu erreichen, immer in das Gegenteil des ursprünglich Beabsichtigten, denn statt der ersehnten Sicherheit und Geborgenheit entstehen Selbstzweifel, Unsicherheit, Distanz und Gefühle des Ungeborgenseins. Selbstaufgabe und Selbstzerstörung bewirken, daß der Mensch nicht mehr über ein authentisches Selbst verfügt, mittels dessen er sich in Beziehung und Austausch mit den Mitmenschen und der Welt erleben könnte.

Es wäre jedoch kurzsichtig, anzunehmen, daß allein die Elternprojektionen unerfüllter eigener oder überhöhter Ansprüche, Autoritarismus, Verwöhnung und Selbstgerechtigkeit im Erziehungsverhalten imstande sind, das Bedürfnis nach Unfehlbarkeit zu konstituieren und das Kind auf Dauer seinen tatsächlichen Bedürfnissen und Fähigkeiten zu entfremden.

Zu den soziogenetischen Faktoren zählen unter anderem die Angst vor der Nichtanerkennung oder Bestrafung durch gesellschaftliche Autoritäten, die gesellschaftliche Ideologie der Macht und Stärke, die dem Menschen in unserer Gesellschaft nahelegt, die Minderwertigkeitsgefühle und kindlichen Persönlichkeitsanteile zu unterdrücken, die ihn zum Konkurrenz- und Leistungskampf auffordert und die ihn glauben machen will, daß das Märchen von der Möglichkeit der freien Persönlichkeitsentfaltung der Wahrheit entspricht. Man gaukelt ihm/ihr vor, daß er/sie als Bewohner/in eines freien demokratischen

Landes Herr/Frau seiner eigenen Entscheidungen und Entschlüsse und frei sei, die Lebensform zu wählen, die er/sie für richtig hält. Was er/sie gar nicht oder erst sehr spät erfahren, ist, daß er/sie in Wirklichkeit Gefangene zeitgemäßer gesellschaftlicher Dogmen und Einseitigkeiten sind und daß ihre jeweilige »Wahl« bereits von einem Gesellschaftssystem vorgeformt und besonders durch Anpassung an die Geschlechterrolle normiert wurde.

Psychogenetische und soziogenetische Faktoren wirken schließlich dahingehend, daß der Mensch selbst zu einem »starren System« wird, ein Mensch, der sich nur dann sicher fühlt, wenn er sein Leben und das der anderen in die Kategorien von »Richtig und Falsch«, »Alles oder Nichts«, »Oben oder Unten«, »Moralisch oder Unmoralisch« einzuordnen vermag und dadurch die Fähigkeit verliert, sich selbst und das Leben als etwas Bewegtes und sich ständig Veränderndes zu begreifen. Die Unfähigkeit, sich bei der Lebensgestaltung an den tatsächlichen Bedürfnissen und Gefühlen zu orientieren, drückt sich besonders im Bereich der sozialen Beziehungen aus. Diese sind weniger von Gefühlen echter Verbundenheit und Freundschaft bestimmt als von »strategischen Notwendigkeiten«, konfliktvermeidenden Taktiken, Gefühlen von moralischer Überlegenheit und Abwertungstendenzen anderen gegenüber, aber auch von selbstquälerischer Unzufriedenheit. Sie führen immer wieder zu Störungen im zwischenmenschlichen Bereich, so daß die Erfahrung, von den Menschen getrennt zu sein, immer weiter vertieft wird.

Aufgabe von Therapie ist es, Ansatzpunkte zu finden, um diesen unglückseligen »circulus vitiosus« zu durchbrechen. Erfreulicherweise stellen wir meist nach einiger Zeit therapeutischer Bemühung fest, daß trotz der familiären und gesellschaftlichen Versuche, die lebendige Entwicklung des Individuums abzuwürgen, hinter der »Fassade« zumindest noch vage Ideen von persönlichen Wertvorstellungen, Wünschen und Bedürfnissen vorhanden sind oder aber die Sehnsucht, vielleicht doch noch einmal ein »wirkliches Leben« führen zu können. Diese lebensbejahenden Kräfte freizusetzen und zu unterstützen ähnelt der schwierigen Aufgabe, die jene Leute auf sich nehmen, die in ungesicherten Minen kostbare Edelmetalle zu schürfen versuchen und die, sobald sie ansetzen, um einen wertvollen Fund zu bergen, die Gefahr eines Einsturzes auf sich nehmen.

Auf die therapeutische Arbeit übertragen bedeutet dies, daß der Therapeut wissen muß, daß das unter dem psychischen Druck der Angst errichtete System für die Betreffenden inzwischen die Hauptquelle von Identität und Sicherheit darstellt und alles, was dieses System ins Wanken bringen könnte, als lebensbedrohlich erlebt werden kann. Daher sind auch die Gefühle angesichts der Möglichkeit, therapeutische Hilfe in Anspruch zu nehmen, meist ambivalent. Das Motto dieser Menschen scheint zu sein: »Besser ein vertrautes Unglück als ein unbekanntes Glück.« Diese Ambivalenz der Gefühle kommt nicht selten bereits in der Art und Weise zum Ausdruck, wie sich jemand für die Therapie anmeldet und sein Anliegen vorträgt.

So führte sich ein 35jähriger Fliesenleger mit den Worten ein: »Ich hab' da ein paar Problemchen, nichts Besonderes, aber ich würde mich mal ganz gerne darüber unterhalten.« Eine 32jährige Krankenschwester ließ ebenfalls bereits am Telefon die Bemerkung fallen: »Wissen Sie, es ist mir eigentlich unangenehm, daß ich mich bei Ihnen melde, denn ich habe meine Probleme bisher immer allein gelöst, aber jetzt geht es leider nicht mehr.« Die einführenden Gespräche mit diesen beiden Personen bestätigten meine Vermutung, daß sie trotz ihrer offensichtlichen Lebensschwierigkeiten nur widerstrebend zu akzeptieren bereit waren, daß bei der Bearbeitung ihrer Probleme therapeutische Hilfe notwendig oder zumindest nützlich sein könnte.

Wenn das Stärkeideal derart dominant wirkt, kommen Menschen häufig mit einem unterschwelligen oder offenkundigen Groll in die therapeutische Behandlung. Sie nehmen es sich und eigentlich auch dem Therapeuten bitter übel, daß sie »es nicht alleine schaffen können« und es nun deutlich werden soll, »daß bei ihnen nicht alles perfekt klappt«. Eine mögliche andere Variante bei der Aufnahme der Zusammenarbeit ist die, daß die Hilfesuchenden betonen, »total am Ende zu sein«, sich »null und nichtig« zu fühlen, und daß es ihnen überhaupt fragwürdig erscheint, ob es noch eine Chance gibt, aus ihrer Misere herauszukommen. Am Grad des Herunterspielens oder Dramatisierens der jeweiligen Schwierigkeiten läßt sich ungefähr erahnen, welche Einstellung der Hilfesuchende sich selbst und der therapeutischen Arbeit gegenüber mitbringt.

Charaktere, bei denen die aktive Haltung dominiert, signalisieren meist schon bei der ersten Begegnung, daß ihnen primär daran liegt, den Zustand ihrer (scheinbaren) Perfektion und Funktionstüchtigkeit so schnell wie möglich wiederherzustellen. Ihnen geht es weniger um ein tiefergehendes Verständnis ihrer Probleme als vielmehr um die rasche Beseitigung dieses so »unwürdigen Schwächezustandes«. Im Gespräch warten sie begierig darauf, irgendwelche Ratschläge, handfeste Tips, Aufgaben oder Verhaltensanweisungen zu bekommen, damit sie ihrem Anspruch, etwas Konkretes tun zu können, Genüge leisten. Gibt man unvorsichtigerweise tatsächlich einmal solche Tips, werden diese entweder wie Rettungsanker benutzt oder aber strikt abgelehnt.

Menschen, bei denen sich die Entmutigung eher in Passivität zeigt, tendieren hingegen dazu, ihre Skepsis sich selbst gegenüber auf die Therapie zu übertragen. Schon bevor die Zusammenarbeit richtig begonnen hat, steht für sie bereits fest, daß sie zu den »nicht therapierbaren Fällen« gehören, die therapeutische Methode vielleicht auch nicht die richtige für sie ist, zumindest aber ihre Situation doch wirklich als ungewöhnlich schwierig bezeichnet werden muß. Sie erwarten vom Therapeuten, daß er ihren Pessimismus teilt, daß er in den Chor der Kritik einstimmt, Fehler aufs schärfste verurteilt und ihnen immer wieder sagt, was sie alles falsch zu machen pflegen. Wenn er diesen Erwartungen nicht entspricht, fühlt sich sein Gegenüber in seinem Konzept durcheinandergebracht, reagiert ärgerlich oder unsicher.

In der Praxis hat der Therapeut es meist mit einer Mischung aus den hier beschriebenen Haltungen zu tun. Doch trotz der individuellen Gangart, mit der die Hilfesuchenden den Kontakt zum Therapeuten aufnehmen, teilen sie ein gemeinsames Charakteristikum. Es ist die Fähigkeit, den Therapeuten auf mancherlei Weise zu vermehrtem Engagement bewegen zu wollen. Achtet dieser nicht von Anfang an und immer wieder auf diese »Signale«, um sie zu korrigieren und nicht zu bestärken, läuft er Gefahr, als Teil in die Über-Ich-Struktur integriert zu werden. Das heißt, er gerät selbst unter Leistungsdruck, um besonders einfühlsam, lieb und verständnisvoll zu sein, um brillante Deutungen und scharfsinnige Analysen einzubringen oder aber um es besser zu machen als eventuelle Vorgänger.

Um uns diesbezüglich zu entlasten, weisen wir in unserer Arbeit »Neuanfänger« darauf hin, daß die ersten zehn Sitzungen dazu dienen, sich einen Eindruck von der Lebenssituation und den Problemen unseres Gesprächpartners zu verschaffen, und daß dieser ebenfalls Gelegenheit haben soll, den Therapeuten in dieser Zeit ansatzweise kennenzulernen, damit dann beide entscheiden können, ob sie das Wagnis einer längerfristigen Beziehung eingehen wollen. Wenn der Betreffende diesen Modus und das Konzept akzeptiert, daß bei uns Einzel- und Gruppentherapie eine Einheit bilden, kann mit der gemeinsamen Arbeit begonnen werden.

Überlegungen zur Vorgehensweise

Bei der Aufnahme einer therapeutischen Beziehung stellt sich immer wieder neu die Frage: Wo beginnt man nun in diesem speziellen Fall mit der Therapie? Menschen kommen und bieten ein bestimmtes »Material« an: ihre aktuellen Konflikte, die psychosomatischen Symptome, ihre Lebenssituation, die Geschichte ihrer Entwicklung, Erinnerungen an die Kindheit, Träume, Phantasien, Zukunftspläne usw. Aufgabe des Therapeuten ist es, aus dem »Angebot« auszuwählen und zumindest vorläufig zu entscheiden, an welcher Stelle der Verstehensprozeß eingeleitet und mit der Bearbeitung der Probleme begonnen werden kann.

Jeder, der psychotherapeutische Erfahrungen gemacht hat, weiß, daß die entscheidenden Momente im Beziehungsgeschehen häufig nicht vorhersagbar, sondern spontan und einmalig sind. Trotzdem ist Therapie nicht nur eine Verknüpfung solcher Spontanereignisse, denn die gemeinsamen Erlebnisse sind in einen bestimmten Rahmen eingebettet. Zu diesem zählen auch solche aus der Erfahrung abgeleiteten Regeln, die im Zusammenhang mit der jeweils zu behandelnden Problematik ihre Anwendung finden, die aber dennoch in keiner Weise im Widerspruch zu der Auffassung stehen, daß das aktuelle Geschehen zwischen den Beteiligten unverwechselbar und nicht beliebig zu wiederholen ist.

Auch in der Therapie von Menschen mit Über-Ich-Problemen gilt es, gewisse Erkenntnisse zu beachten, wenn man als Therapeut nicht nur mit einer »undurchdringlichen Mauer« oder einem »Häufchen Unglück« kommunizieren will. Obwohl die Berücksichtigung dieser Regeln bei den hier thematisierten Problemen in besonderem Maße notwendig ist, handelt es sich um therapeutische Einsichten grundsätzlicher Art, von denen wir die wichtigsten nun vorstellen werden:

1. Stabilisierung kommt vor Konfrontation

Die Konfrontation mit Konflikten ist sinnlos, solange sich der Betreffende noch fest entschlossen zeigt, an seinen langerprobten Lösungsmöglichkeiten festzuhalten, indem er Phantomen hinterherjagt, die er für erstrebenswert und glückbringend hält. Die Heranführung und Beschäftigung mit Konflikten ist erst dann möglich, wenn der Hilfesuchende eine freundlichere und stabilere Einstellung sich selbst gegenüber erarbeiten konnte.

2. Auf Beschwichtigungsversuche verzichten

Zu Beginn der therapeutischen Beziehung ist dringend davon abzuraten, auf Selbstvorwürfe, Aggressionen und Schuldgefühle mit Beschwichtigungsversuchen zu reagieren. Freundlichkeit, tröstende Worte und Aufmunterung werden von den Betreffenden meist für therapeutische Tricks gehalten. Entweder halten sie das Gesagte für unecht, oder sie interpretieren es zu dem Gedanken um: »Für so schwer gestört hält der Therapeut mich, daß er mir so etwas sagen muß.« Menschen, die immer wieder neues »Beweismaterial« für ihre Unfähigkeit und Nichtswürdigkeit bringen, sind nicht mit Argumenten vom Gegenteil zu überzeugen. Diesbezügliche Bemühungen des Therapeuten schaffen eher noch neue Schuldgefühle und inneren Druck, daß man eigentlich schon so sein sollte, wie der Therapeut einen sieht. Trotzdem ist es sinnvoll, eine »Entlastung« in Form von Fragen anzubieten. Man kann gemeinsam an der Einsicht arbeiten, daß die immer wiederkehrenden Vorwürfe letztlich nichts verändern. Wenn zum Beispiel ein Mensch immer wieder darüber klagt, daß ihm gar nichts gelinge und er doch ein Versager sei, bietet es sich an, einmal die Entstehung seiner Anspruchshaltung zu untersuchen und sich zu fragen, was passieren würde, wenn er Erfolg hätte. Bei den Personen, die sich für »makellose Helden oder Heldinnen« halten, lohnt es sich zu prüfen, wie es kommt, daß sie sich gezwungen fühlen, immer erfolgreich und glanzreich zu sein, und was sie eigentlich damit bezwecken.

3. Vorsicht bei Deutungen

Der Therapeut muß bei seiner Arbeit immer bedenken, daß der Hilfesuchende kein vitales Interesse an der Aufdeckung tieferliegender Konflikte entwickeln kann, solange er mit seinen Lösungsstrategien noch einigermaßen gut zurechtkommt. Deshalb soll bei Deutungsversuchen stets die Frage gestellt werden: Kann der Betreffende zu diesem speziellen Zeitpunkt die Interpretation des Therapeuten ertragen? Ist sie für ihn im Sinne eines produktiven Denkanstoßes nützlich, oder fühlt er sich durch sie bedroht? Grundsätzlich gilt, daß Deutungen nur soviel benennen sollen, wie derjenige im Augenblick tatsächlich verstehen und begreifen kann. Vage Deutungen stiften Verwirrung und sind Anlaß zu Spekulationen, deshalb sollte mit Deutungen stets vorsichtig und zurückhaltend umgegangen werden. Im übrigen besteht die Gefahr, daß diejenigen, die die Deutungen akzeptieren, sich ihnen wie einem Urteil unterwerfen, um sich schließlich selbst zu bestrafen und zu entwerten, oder aber, im Falle der Auflehnung, in globo protestieren, so daß ebenfalls von Einsicht keine Rede sein kann.

Am günstigsten ist es, mit Hilfe von Fragen die Situation so zu gestalten, daß die Betreffenden ihre Gefühle und Haltungen selbst deuten lernen. Dies mag für manche merkwürdig klingen, ist aber durchaus im Bereich des Möglichen, wenn der Therapeut auf raschen Erfolg verzichtet und die Geduld aufbringt, dem Gesprächspartner selbst die Bestimmung des Maßes seiner emotionalen Belastbarkeit und seiner Einsichtsfähigkeit zu überlassen. Menschen mit masochistischer Prägung haben beispielsweise lange große Angst davor, ihre herrschsüchtigen und rachesüchtigen Tendenzen zu zeigen. Es ist daher eine große Hilfe für sie, wenn sie selbst es sind, die diese Tendenzen im Gespräch aufdecken. Charaktere mit sadistischen Neigungen haben statt dessen eher anhaltende Hemmungen, über Gefühle von Schwäche und Verletzbarkeit zu sprechen, weil es eben jene Haltungen sind, für die sie selbst nur tiefe Verachtung übrig haben.

4. Den aktuellen Krankheitsgewinn sorgfältig prüfen

Wichtiger als irgendein Verhalten zu deuten ist es daher, den aktuellen Wert eines Verhaltens oder einer Überzeugung im Hinblick auf die gegenwärtige Situation zu erforschen. Warum kann jemand Allmachtsgefühle nicht aufgeben? Weil sie ihm gestatten, seine Möglichkeiten bereits für vollendete Tatsachen zu halten und seine Pläne für vollbrachte Leistungen. Warum glaubt einer immer alles verstehen zu müssen? Warum starrt ein Mensch immer nur gebannt auf jene Aufgaben, deren Bewältigung seine Kräfte übersteigt oder die eigentlich gar nicht anstehen? Warum sieht ein Mensch nur die eine Hälfte seiner Person?

Viele interessante Fragen tun sich auf, wenn es darum geht, die Besonderheiten der hemmenden Verhaltungsweisen und Gefühle unter den verschiedensten Gesichtspunkten durchzuarbeiten und die Mechanismen, die er zur Absicherung seiner Haltung aufgebaut hat, genauer kennenzulernen.

5. Sich offenhalten für gesunde Regungen

Selbst die zaghaftesten Ansätze von Eigenständigkeit und echtem Gefühlsausdruck müssen vom Therapeuten aufgegriffen und dem Betreffenden ins Bewußtsein gehoben werden. Der Abbau von Über-Ich-Leistungen kann nur dann erfolgen, wenn es gelingt, dem Hilfesuchenden Mut zu machen, seine eigenen Bedürfnisse und Wertvorstellungen zu entdecken, herauszufinden, was er selbst fühlt, denkt und wünscht. In der therapeutischen Beziehung müssen deshalb die wegtrainierten Tendenzen der Hingabe oder Aggression wieder aufleben oder erstmals zugelassen werden dürfen.

6. Stagnation und Bewegung in der Therapie sind Botschaften, die entschlüsselt werden müssen

Um den jeweiligen Therapieverlauf mit all seinen Schwankungen zu verstehen, bedarf es der Klärung der Frage, welche Konsequenzen für den Hilfesuchenden Erfolg oder Mißerfolg in der Therapie nach sich ziehen. Dieser Aspekt ist besonders dann zu berücksichtigen, wenn jemand zu stagnieren scheint und es stets versäumt, einmal über positive Erfahrungen zu sprechen.

7. Der Therapeut sollte auf sich selbst achten

Es ist wichtig, daß der Therapeut im Laufe des Beziehungsprozesses weder zum »bösen Objekt« noch zum »Opfer des Über-Ich« seines Gegenübers wird. Die Beziehungssituation in diesen Fällen ist ohnehin heikel, weil die Betreffenden viel Mühe darauf verwenden, den Therapeuten entweder zu einem »fehlerlosen Menschen« aufzubauen, oder aber mit präziser Genauigkeit jede kleine oder größere Schwäche von ihm registrieren, um sie eventuell gegen ihn verwenden zu können. Nun lassen sich Ungeschicklichkeiten und Fehler auch bei sorgfältigster Bemühung nicht gänzlich ausschließen.

Vorfälle dieser Art sollten vom Therapeuten genutzt werden, um dem Hilfesuchenden vorzuleben, wie man auf eine selbstverständliche und freundliche Art mit »Unvollkommenheit und Versagen« umgehen kann.

8. Keine Überbewertung von Therapieerfolgen

Als Therapeut muß man sich darüber klar sein, daß die Konfliktabwehr immer lauert. Sie wird nicht nach einigen »Durchbrüchen« aufgegeben, sondern muß für die verschiedenen Lebens- und Gefühlsbereiche Schritt für Schritt abgebaut werden.

Bevor wir uns nun der Frage der Beziehungsaufnahme im therapeutischen Gespräch zuwenden, möchten wir betonen, daß die hier dargestellten Einsichten als Orientierungshilfe im Umgang mit spezifischen Schwierigkeiten des Hilfesuchenden dienen und nicht als »Nonplusultra« jeder therapeutischen Behandlung betrachtet werden.

Beziehungsaufnahme im Gespräch

Daß in unserer therapeutischen Arbeit die Beziehungsaufnahme primär im Gespräch stattfindet, wird an dieser Stelle deswegen noch einmal betont, weil es Therapiemethoden gibt, die einen anderen Heilfaktor, zum Beispiel das Ausagieren von Gefühlen, Konditionierung von Verhalten, betonte Körpererfahrung, spielerische Aktionen usw., in den Mittelpunkt ihrer Bemühungen stellen. Zu diesen Methoden zählen bioenergetische Verfahren, Gestalttherapie, Urschreitherapie nach Janov, Encountergruppen, Rollenspiele, Verhaltenstherapie usw.

In unserer Auffassung von Neurose und anderen Persönlichkeitsstörungen gehen wir davon aus, daß jede Art von Entwicklungsdeformation mit einer spezifischen Form von »Sprachlosigkeit« und »Sprachirritation« einhergeht. Diese »stummen Bereiche« im Seelenleben entziehen sich dem Verständnis der Betreffenden, weil sie nicht reflektiert, durchschaut und mit Hilfe von Kommunikation verstanden und korrigiert werden können. Neurosen und andere defizitäre Formen der menschlichen Entwicklung stellen den – wenn auch mißglückten – Versuch dar, die Sprachlosigkeit mit Hilfe bestimmter Leiden und Symptome zu durchbrechen, um doch noch etwas ganz Bestimmtes »irgendwie« zum Ausdruck bringen zu können.

Es entspricht unserer Auffassung, daß es zu den wichtigsten Aufgaben der therapeutischen Arbeit gehört, jenes »innere Ausland«, von dem Freud einmal sprach, zurückzuerobern, um die in Schweigen erstarrten, verschlossenen Bereiche dem lebendigen Austausch zugänglich zu machen. Im therapeutischen Gespräch soll derjenige, der die Sprache benutzt, um sich zu verbergen, andere anzugreifen, oder der ihnen durch Sprachlosigkeit Rätsel aufgibt, seine Kommunikationsstörung als Selbst- und Fremdtäuschung erleben und verstehen lernen.

Nur wenige Menschen bringen bereits die Erfahrung in die Therapie mit, daß ein Gespräch mehr sein kann als ein bloßer Austausch von Worten. Viele Hilfesuchende sind gewöhnt, daß das, was sie sagen, nicht ernst genommen wird, daß man »miteinander quatscht«, sich nicht wirklich zuhört. Sie haben erfahren, daß man sich »Storys« erzählt oder Floskeln austauscht – »Wie geht es dir? Mir geht es gut« – und im oberflächlichen und ungenauen Austausch über Erlebnisinhalte steckenbleibt. Daß Gespräche zu gegenseitigem Verstehen führen können, daß wir mit ihrer Hilfe imstande sind, etwas in Bewegung zu setzen, daß Therapiegespräche Ereignisse sind, die den Charakter von Handlung und Tat gewinnen, bedarf erst einer kontinuierlichen emotionalen Erfahrung.

Für den Verstehensprozeß bieten sich jedoch nicht nur die Inhalte und der Sprachschatz an, sondern auch die Art und Weise der Mitteilung der Gesprächspartner. Wir fragen uns, mit welcher Stimmung und Lautstärke ein Mensch über sich spricht, ob sein Sprachrhythmus stockend oder fließend ist, ob er uns durch Sprechtricks abzulenken versucht, uns durch schnelles Reden atemlos machen will oder uns durch lange Pausen und Zögern »schmoren« läßt. Wir versuchen herauszuhören, welche Gefühle der Betreffende in seiner Sprache ausdrückt, ob er sich vielleicht hinter der Darstellung von Fakten und dem Aneinanderreihen von Ereignissen verschanzt. Wir fragen uns, ob und wie andere Menschen in der Gefühls- und Gedankenwelt unseres Gegenübers repräsentiert sind, oder ob er immer nur um sich kreist. Wir achten sorgsam darauf, welche Themen jemand mit Vorliebe und immer wieder anspricht und welche er sorgsam vermeidet.

Die These, daß die spezifischen Schwierigkeiten eines Menschen sich bereits in der Art seiner sprachlichen Mitteilung zeigen, finden wir auch im Umgang mit Menschen bestätigt, die in besonderem Maße unter ihrem Über-Ich leiden. Ihre Sprache enthält Züge von Zwang, Gewalt, Unterdrückung und Hilflosigkeit, um nur einige charakteristische Merkmale zu nennen. Diese manifestieren sich in Redewendungen wie: »Ich muß«, »Ich sollte unbedingt«, »Ich darf auf keinen Fall«, »Niemals darf es mir passieren, daß . . .«, »Es ist unmöglich«, »Ich kann nicht«, »Ich werde nie« usw. Es sind Äußerungen, die wie Schläge treffen, wie Fesseln oder Fallen wirken, in die die Betreffenden immer wieder hineinstolpern, weil sie sich magisch angezogen und dann gefangen fühlen. Ob sie über ihre Kindheit, ihr Liebesleben oder den Beruf berichten, eigentlich behandeln sie stets nur *ein* Thema in vielen Variationen immer wieder. Dieses Hauptthema heißt je nach Individualität des Betreffenden: Sieg oder Niederlage, Erfolg oder Mißerfolg, Alles oder Nichts, Schwarz oder Weiß, Napoleon sein oder eine Laus.

Durch dieses zwanghafte Kreisen um ein Thema wird der Bezug zum Leben, die Brücke zur Mit- und Umwelt starr und einseitig. Das therapeutische Gespräch soll nun einen Beitrag leisten, die durch die Erziehung angelegten Fesseln zu sprengen, und dem Betreffenden die Möglichkeiten eröffnen, seine »Familien- und Kultursprache« auf Klischees, Dogmen und Verlogenheit hin kritisch zu überprüfen, damit er seinen eigenen, ganz persönlichen emotionalen und geistigen Ausdruck finden kann. Er soll jene Aspekte seiner Wirklichkeit erfahren, die er bis dahin auszuklammern versuchte oder die kennenzulernen ihm untersagt schien.

Um diesen Anspruch einlösen zu können, dürfen sich Therapiegespräche nicht mit der Erörterung von Kindheitserlebnissen, Träumen und aktuellen Schwierigkeiten begnügen. Die gemeinsame Bemühung sollte vielmehr dahin gehen, daß das Gespräch zu einem »Ort der universellen Verständigung« wird, an dem man sich über alle Fragen des Lebens auseinandersetzen kann.

Das Spektrum solcher weltoffenen Gespräche umfaßt dann mehr als die Vergangenheit, Gegenwart und Zukunft der Betreffenden. Es wird ihre Gefühle, Ängste, Zweifel und Bedürfnisse einschließen, aber auch ihre Meinungen, Einstellungen und Werthaltungen, ferner ihr Fremd- und Selbstbildnis, ihre weltanschauliche Gesinnung, ihre politischen Meinungen, ihre Ansichten über Erziehung, die Geschlechter, über Bildung und Wissenschaft. Ein solches Gespräch wird die Kenntnisse und Fähigkeiten eines Menschen zum Thema machen, sich aber auch mit den Irrtümern und Vorurteilen befassen.

Dieser »Spaziergang in die Welt«, das Hinausführen aus der beklemmenden Enge von Denkschemata, von Regeln, Ge- und Verboten, von Riesenansprüchen und Vermeidungsstrategien muß selbstverständlich an den Möglichkeiten und dem Fassungsvermögen des einzelnen orientiert sein. Der Hilfesuchende kann dabei die Erfahrung machen, daß die Therapie *seine* ganz persönliche Angelegenheit ist und daß er sich nicht nach einem programmierten und normierten Therapieplan zu entwickeln hat.

Ob sich im therapeutischen Geschehen eine produktive Zusammenarbeit zwischen den Beteiligten entfalten kann, hängt in hohem Maße auch davon ab, ob es dem Therapeuten gelingt, im Hilfesuchenden ein Interesse an der eigenen Person zu wecken, ihn neugierig darauf zu machen, wer er denn eigentlich wirklich ist und noch werden kann. Diese Überlegung mag zunächst befremden, weil die Menschen im Über-Ich-Konflikt ohnehin in überdurchschnittlichem Maße mit sich beschäftigt sind, ständig ihre Wirkung auf andere kontrollieren müssen und sich permanent vergewissern, ob sie ihrem idealisierten Selbstbild entsprochen haben oder nicht. Nun wissen wir bereits, daß dieses Verhalten nicht der Ausdruck notwendiger Selbstliebe und Fürsorglichkeit ist, sondern Resultat eines langwierigen und komplizierten Prozesses des Selbstverlustes. Die zwanghafte Beschäftigung mit den eigenen Belangen geschieht in einer Stimmung von Feindseligkeit und Ablehnung. Zwischen Überschätzung und Unterschätzung ihrer tatsächlichen Fähigkeiten fühlen sich die Betreffenden hin- und hergerissen. Mißtrauisch beobachten sie auf Schritt und Tritt, was sie tun und lassen, und behandeln sich selbst als »ärgsten Feind«, so daß ihr Kreisen um sich selbst nicht als Egoismus, sondern viel eher als grobe Vernachlässigung oder Vergewaltigung interpretiert werden muß. Ihre Selbsteinschätzung ist entsprechend verzerrt, sie ist weniger Ausdruck authentischer Selbsterfahrung als ein Konglomerat von Ansichten und Beurteilungen anderer.

Hier setzt nun im günstigen Falle die Fähigkeit des Therapeuten ein, sich bei Begegnungen mit Menschen die Frage zu stellen, wer sein Gegenüber tatsächlich sein mag, und sich dafür zu interessieren, welches menschliche Wesen sich hinter den perfektionistischen Neigungen, den moralischen Überlegenheitsgebärden und dem eingeengten Lebensentwurf verbirgt. Wenn die Haltung des Therapeuten echt ist, bietet sie den Ansatz dafür, daß sich im Verlauf des näheren Kennenlernens Sympathie und Zuneigung entwickeln, die nicht immer gleich zu Beginn der Zusammenarbeit dasein können. Diese Gefühle sind aber grundsätzlich notwendig, denn nur durch emotionale Berührung, dadurch, daß Therapeut und Hilfesuchender Bedeutung füreinander gewinnen, kann fruchtbares Lernen zustande kommen.

Die Bemühung des Therapeuten, dem »Menschen hinter der Fassade« nahezukommen, sollte auch auf den Betreffenden selbst so verlockend wirken, daß die Lust und Neugier, sich kennenzulernen, allmählich größer wird als die Befürchtung, etwas Unbekanntes und Schreckliches in sich zu entdecken. Sich selbst zum »Forschungsprojekt« machen heißt, wieder fragen und sich wundern lernen. Manche der Hilfesuchenden halten sich für langweilige und fade Menschen, weil sie nicht imstande sind, etwas Neues oder Überraschendes an sich zu entdecken. Ihre diesbezüglichen Gefühle schildern sie in Sätzen wie: »Es ist immer dasselbe bei mir, ich hänge mir zum Halse raus.« Oder: »Ich erlebe doch gar nichts, was soll ich schon erzählen?« Andere tun so, als ob sie sich für brillant und ungewöhnlich halten, zittern aber innerlich bei der Vorstellung, jemand könnte sie kennenlernen, »wie sie wirklich sind«.

Die Therapiegespräche sollen dazu beitragen, daß die Betreffenden ihr »So-Sein« nicht mehr für selbstverständlich und unveränderbar halten. Unter Anleitung des Therapeuten sollten sie zu entdecken beginnen, wieviel Mühe und in gewisser Weise auch Kreativität in ihren Symptomen und Abwehrmechanismen steckt. Wie unglaublich erfinderisch und schöpferisch Menschen werden können, wenn es darum geht, bestimmten Aufgaben oder Lebensproblemen aus dem Weg zu gehen oder sie auf irgendeine Art und Weise zu bewältigen. Alle diese Phänomene bieten immer wieder neuen Anlaß zum Staunen; es ist daher nicht so abwegig, wenn bei dem Versuch, die Zusammenhänge für das jeweilige Fühlen und Handeln aufzuspüren, eine Stimmung von Abenteuer und Entdeckertum aufkommt.

In der Tat bedeutet Therapie, daß sich die Beteiligten neben der Bearbeitung des »Hier und Jetzt« auch auf die Suche nach dem »verlorengegangenen Kind« begeben, nach dessen Erfahrungen, Fähigkeiten, Phantasien, Wünschen und Sehnsüchten, aber auch nach seinem Zorn, seiner Wut, den Kränkungen, der Ohnmacht und den Ängsten. Erst wenn der Mensch sich mit seinem kindlichen Ich wieder angefreundet und ausgesöhnt hat, wenn es ihm gelingt herauszufinden, wer und wie er in seinen früheren Lebensperioden war, hat er die Chance, in seiner aktuellen Lebenssituation zu einem echten Identitätsgefühl zu kommen.

Zu den beglückendsten Situationen in der therapeutischen Arbeit zählt deswegen nicht, wenn ein Mensch seine Symptome aufgeben lernt, sondern wenn er beginnt, im umfassenden Sinn Interesse am Leben, auch an sich selbst zu entwickeln, und dabei zu verstehen beginnt, daß er bisher nicht viel mehr als die Oberfläche seiner Person kennengelernt hat. Der Entschluß des Hilfesuchenden, sich weiter zu erforschen, weil er emotional begriffen hat, daß er ein lebendiges Wesen ist, befähigt dazu, sich zu bewegen, zu lernen und zu verändern, ist auch für den Therapeuten ein Geschenk.

Sich in Zusammenhängen verstehen lernen

In dem Maße, wie es gelingt, die Hilfesuchenden für sich selbst und ihre Lebenswirklichkeit zu interessieren, kann auch die – im Über-Ich-Problem verwurzelte – atomistische Betrachtungsweise der Betreffenden zum Gegenstand therapeutischer Erörterung werden. Zu Beginn der Therapie erleben wir häufig, daß Menschen von sich nicht als von einer Person berichten, die in mannigfaltigen und sich verändernden Wechselbezügen zu anderen Menschen, Aufgaben, Ideen und zum Leben überhaupt steht. Ihrer Wahrnehmung, dem Fühlen, Denken und Handeln scheint ein bewußter Kontext zu fehlen, so daß sie sich häufig »unzusammenhängend« und diffus erleben.

Die Betreffenden sind zwar imstande, fragmentarisch und formelhaft psychische Ereignisse zu »benennen«, zum Beispiel daß sie sich getrieben fühlen, Konflikte zu vermeiden, daß sie lieber nichts tun als das Risiko einzugehen, sich der Kritik auszusetzen, daß sie zugunsten ihres übergroßen Harmoniestrebens bereit sind, alle auftauchenden Gegensätze gewaltsam zu unterdrücken, daß ihre Gefühle und ihr Wollen mit den äußeren Handlungsabläufen oft nicht übereinstimmen. Aber das ordnende Verständnis für den inneren und äußeren Zusammenhang all dieser Bruchstücke fehlt ihnen.

Hinzu kommt, daß sie sich in ihrer Selbstwahrnehmung überwiegend auf jene Persönlichkeitsaspekte reduziert haben, die sie entweder bekämpfen oder glorifizieren. In einer Aussage wie: »Ich bin ein Versager« steckt deshalb eigentlich das Urteil: »Ich bin *immer* und auf der ganzen Linie ein Versager. *Nur* der bin ich.« Diese unzulässige und entwicklungshemmende Beschränkung auf Kategorien der Selbstverkleinerung oder Selbstüberschätzung kann nicht nur durch die Anknüpfung an verlorene oder ausgesparte Persönlichkeitsanteile aufgelöst werden.

Analyse und Interpretationsarbeit genügen hier nicht. Um neue Perspektiven zu eröffnen, ist die Konfrontation mit einer spezifischen Betrachtungsweise erforderlich, die dem einzelnen hilft, seine »private Entwicklung« in übergreifende gesellschaftliche Zusammenhänge zu bringen. Die isolierte Lebensführung in unserer Gesellschaft mit ihren dazu passenden Erziehungsmethoden bringt es mit sich, daß bereits von Kindheit an dem Menschen die zusammenhängenden Bezüge zu seinem Leben fehlen. So kann der einzelne nicht lernen, sich als sozialen Organismus, als Teil einer größeren sozialen Gemeinschaft zu verstehen. Es ist daher nicht verwunderlich, daß viele Hilfesuchende der Überzeugung sind, daß sie nur unglücklicherweise und schicksalhaft zu einzelnen Neurotikern wurden, in einer Welt, die sich ihnen ansonsten überwiegend intakt und funktionstüchtig präsentiert. So kommt es, daß sie die Bedeutung ihrer Symptome fehleinschätzen und diese für ihre eigentlichen Probleme halten. Sie leben in der Überzeugung, daß mit dem »Auskurieren« ihrer Symptome auch sie selbst wieder »völlig in Ordnung« sind. Die weitaus gravierendere Störung, nämlich ihre unzusammenhängende Sichtweise, existiert für sie zunächst nicht.

Es hieße Therapie »unter der Glasglocke« zu betreiben, wenn dieses Entfremdungsphänomen nicht zum Thema würde und die Gespräche nicht einen Aufdeckungs- und Aufklärungsprozeß einleiteten, in dessen Verlauf es dem einzelnen gelingt, die Hintergründe seiner Lebensschwierigkeiten komplexer zu erfassen.

Die unzulängliche Erziehung, problematische Geschwisterkonstellationen, familiäres Milieu, eine mißlungene Schullaufbahn, enttäuschende Partnerschaften, der ungeliebte Beruf, der Lebensstreß oder aber die spezifische Verarbeitungsweise des Betreffenden hinsichtlich anderer individualgeschichtlicher

Faktoren können zwar besonders in den Anfängen der Therapie maßgebliche Ansätze zur Zusammenarbeit bieten, genügen jedoch auf die Dauer keineswegs. Die eigene Persönlichkeitsstruktur als etwas Gewordenes zu erkennen beinhaltet notwendig, sich auch mit jenen anderen Strukturen (Wirtschafts-, Ideologie- und patriarchale Herrschaftsstruktur) auseinanderzusetzen, in die das Individuum hineingeboren und von denen es vom ersten Lebenstag an geprägt wird. Identität als zusammenhängendes Selbstverständnis gewinnt der Mensch nicht ohne die spezifische historische Betrachtungsweise seiner Entwicklung. Dabei macht er die Erfahrung, daß seine Lebensgeschichte und seine individuellen Schwierigkeiten in sehr komplexer Weise menschheitsgeschichtlich verwurzelt sind, daß, um nur ein Beispiel zu nennen, die Spannungen und das Mißtrauen zwischen den Geschlechtern ihren Ursprung in der »Geschichte des Mannes« und der angeblichen »Geschichtslosigkeit der Frau« haben.

Der Umgang mit Konflikten

Die weitgehende Unfähigkeit der Hilfesuchenden, zu akzeptieren, daß menschliches Leben notwendig konflikthaft ist, Entwicklungsprozesse und Veränderungen ohne Auseinandersetzung mit Widersprüchen und Gegensätzen, ohne Reibung und Spannung nicht denkbar sind, erschwert oder versperrt den Zugang zu ihren eigenen Problemen.

Perfektionismus, Angst und Harmoniestreben legen es ihnen nahe, Konflikte als Makel zu betrachten, als eine Funktionsstörung, die es möglichst zu vermeiden gilt. Da dennoch Konflikte auftreten, werden diese als bedrohliche Gefahr erlebt und als Zeichen dafür gewertet, daß »irgend etwas schiefgelaufen sein muß«. Die Tatsache, daß Hilfesuchende mitunter konfliktbeladen in die Therapie kommen, sagt daher noch keineswegs aus, daß sie auch willens und fähig sind, sich jenen Problemen, die ihre Lebensqualität erheblich beeinträchtigen, zu stellen.

Wann sich die einzelnen imstande fühlen, ihre wirklichen Konflikte zuzulassen, sie bewußt zu erleben und durchzuarbeiten, ist nach unserer Erfahrung weder eindeutig vorhersehbar noch programmierbar. Wichtig ist jedoch, daß der Therapeut sensibel genug ist, die ersten Signale der emotionalen Bereitschaft zu einer tiefergehenden Auseinandersetzung mit sich selbst beim Hilfesuchenden zu erkennen, um dann eine Art »Geburtshilfe« leisten zu können. Die therapeutischen Gespräche können Konflikte aufdecken und klären helfen, sie bereiten Handlungen vor und reflektieren diese, aber erst die gelebte Erfahrung, das wiederholte Durchstehen konkreter Konflikte kann dem Hilfesuchenden ihren entwicklungsfördernden Wert vermitteln. Erst dadurch wird er bereit sein, sie nicht mehr ängstlich abzuwehren, sondern als dynamische und kreative Elemente eines Selbstwerdungsprozesses zu akzeptieren.

Im therapeutischen Geschehen kann er die exemplarische Erfahrung machen, daß sich die Qualität und Tragfähigkeit von Beziehungen erst daran erweist, wie in ihnen Konflikte zugelassen und offen ausgetragen werden können. Auf die Dauer wird der Hilfesuchende dann ein feines Gespür dafür entwickeln, wo konfliktvermeidende Strategien auf autoritären Machtmißbrauch schließen lassen. Überall dort, wo Konflikte verharmlost, verniedlicht oder vielleicht sogar geleugnet werden, wo sie nicht offen diskutiert und ausgetragen werden dürfen, ist Unterdrückung und Manipulation in gefährlicher Nähe, oder bereits vorhanden.

Therapeutische Arbeit mit emanzipatorischem Anspruch hat die Pflicht, diese Erkenntnis vermitteln zu helfen und dazu beizutragen, daß Menschen lernen, sich zur Wehr zu setzen. Konfliktbearbeitung in der Therapie bedeutet nicht, Konzepte und fertige Lösungen anzubieten, sondern in einer relativ angstfreien Atmosphäre alternative Lösungen durchzuspielen, ein »Klima« zu erzeugen, in dem die Betreffenden Mut finden, sich auf Entscheidungen einzustimmen, zu wählen und zu handeln. Es bedeutet auch, sich gemeinsam zu bemühen, jene charakterlichen Eigenschaften zu erwerben, die letztlich die Konfliktfähigkeit ausmachen. Gemeint ist die Fähigkeit, ein zusammenhängendes Bewußtsein von der eigenen Lebensrealität zu entwickeln, kritische und geistesgegenwärtige Wahrnehmung, klare Haltungen in der Wertorientierung, die Fähigkeit, mit Widersprüchen, Gegensätzen und Spannungen umzugehen, Dinge in der Schwebe zu halten und auf schnelle und perfekte Lösungen verzichten zu können, entscheidungs- und handlungsfähig zu sein.

Teil 7

Die therapeutische Arbeit an geheimen Verboten: Momentaufnahmen

Das folgende Beispiel befaßt sich mit der Aufdeckung eines Identitätskonflikts, der gleichzeitig alle Merkmale eines Wertkonflikts enthält:

Rita, eine 40jährige, geschiedene Akademikerin, arbeitet an einem Institut, dessen Hauptaufgabe es ist, Seminare und Vortragsveranstaltungen zu verschiedenen zeitbezogenen gesellschaftlichen Themen auf internationaler Ebene zu organisieren und durchzuführen. Ihre Tätigkeit besteht überwiegend darin, mit Referenten in Kontakt zu treten, Vortragsthemen aufeinander abzustimmen und nach Beendigung der Veranstaltungen diese auszuwerten und zu dokumentieren. Ab und zu hält sie selbst noch Vorträge über spezifische Frauenfragen, da sie sich im Laufe ihres Studiums für diesen Problembereich besonders qualifiziert und bereits mehrfach entsprechende Projekte durchgeführt hat.

Dem äußeren Anschein nach führt Rita ein ereignisvolles, abwechslungsreiches Leben in einer gut bezahlten Position. Sie hat die Möglichkeit, viel zu reisen und Menschen kennenzulernen, die von der Öffentlichkeit als »bedeutend« eingestuft werden. Ein Leben, das nach den gängigen Maßstäben in unserer Gesellschaft dazu angetan sein sollte, sich »in« und wohl zu fühlen.

Tatsächlich aber sind Zufriedenheit und entspanntes Wohlbefinden bei Rita seltene Ausnahme. Freude über vollbrachte Leistungen oder Anerkennung anderer vermag sie allenfalls kurzfristig zu empfinden. Danach stellen sich wieder bohrende Zweifel ein, ob nicht andere das alles viel perfekter gemacht hätten als sie, ob nicht doch noch irgendeine Kritik zu erwarten ist und . . .

Nach erfolgreichen Vorträgen neigt sie zu euphorischen Zuständen mit Größengefühlen, die dann kurze Zeit später in Gefühle tiefer Bedeutungslosigkeit oder kritischer Abwertung sich selbst und anderen gegenüber umschlagen. Überdies beanspruchen niedriger Blutdruck und ein Zwölffingerdarmgeschwür ihre ständige Sorge und Aufmerksamkeit. Wenn sie nicht gerade unter dem Druck von Terminen hektische Aktivität entfaltet, fühlt sie sich lustlos und arbeitsunfähig und grübelt darüber nach, warum sie die Ruhe nicht ertragen kann. Sie befürchtet Stillstand und lebt in der ständigen Furcht, etwas zu versäumen.

Obwohl Rita ihre berufliche Situation am Institut nach zwei Jahren durch einen festen, unbefristeten Arbeitsvertrag absichern kann (die Zeitverträge waren für sie eine stete Qual von Existenzangst), nimmt ihre Unzufriedenheit immer größeren Raum ein. Während sie im Institut noch »funktioniert«, führt ihre gereizte und aggressive Stimmung in der Partnerschaft und anderen Beziehungen zu erheblichen Schwierigkeiten. Eines Tages eröffnet Rita mir in einer Stunde, daß sie inzwischen den Verdacht habe, daß ihre ständige Nörgelei an ihrem Partner Heiner nur ein Ablenkungsmanöver ihrerseits sei und sie sich im Grunde sehr depressiv fühle. Sie erzählt, daß sie sich in der letzten Zeit häufiger bei Suizidgedanken ertappt hätte und darüber furchtbar erschrocken sei, weil es doch eigentlich in ihrer Situation keine einleuchtenden Gründe für solche Überlegungen gäbe.

Im Verlauf des weiteren Gesprächs wird ihr deutlich, daß sie mit der Beteuerung, es gäbe keine einleuchtenden Gründe für ihre Gefühle, den Versuch unternimmt, den Zugang zum Verständnis ihrer Situation zuzumauern, offenbar aus Angst, sich mit einem uneingestandenen tieferliegenden Konflikt zu konfrontieren. Nachdem sie ihr Täuschungsmanöver als kräfteverzehrend und sinnlos erkannt hat, ist Rita bereit, ihre Stiuation auf die tatsächlichen Probleme hin durchzuarbeiten. Da wir bereits längere Zeit im Gespräch sind, gelingt es uns in den darauffolgenden Sitzungen, ein genaueres Bild von jenem Konflikt zu bekommen, dessen emotionale Wurzeln bis in die Kindheit zurückreichen.

Rita wächst gemeinsam mit ihrer jüngeren Schwester unter Obhut der Mutter und einer im gleichen Haushalt lebenden Tante auf. Der Vater, der im Krieg gefallen ist, gewinnt für Rita auf seltsame Weise dennoch große Bedeutung. Sie sagt: »Seit ich denken kann, schwärmten Mutter und Tante davon, daß ich einmal werden würde wie der Vater. Immer wurde mir gesagt: ›Du kommst ganz nach ihm. Streng dich an, dann wirst du auch so tüchtig und klug wie er. Dein Vater soll stolz auf dich sein.‹ Ich hatte das Gefühl, immer zwischen allen Stühlen zu sitzen, weil ich es allen recht machen wollte, meiner Mutter, meiner Tante und meinem verstorbenen Vater. Ich entwickelte ein ganz feines Gespür dafür, was Erwachsene von mir wollten, und habe dafür viel Anerkennung bekommen.«

Rita beginnt frühzeitig, um die Beachtung und Anerkennung von Autoritäten zu ringen. Die Beziehung zur jüngeren Schwester und zu Gleichaltrigen spielt eine untergeordnete Rolle, Rita sucht stets Beziehungen nach »oben«. Die Schule schafft sie spielend. Danach kommt ein glänzendes Studium mit einer ausgezeichneten Promotion, wissenschaftliche Mitarbeit an der Universität. Immer mehr werden Prestige- und Statusdenken, das Bedürfnis, Karriere zu machen, zum dominierenden Leitmotiv ihrer Lebensgestaltung. Zeit und Kraft für die Gestaltung des zwischenmenschlichen Bereichs bleiben kaum. Die Ehe mit einem Wissenschaftler scheitert. Die darauffolgenden Beziehungen zu Männern sind flüchtig und nichtssagend.

Für freundschaftliche Kontakte zu anderen Menschen bleibt bei ihrem Arbeitspensum nur wenig Zeit. Mitunter hört Rita den Vorwurf, sie bemühe sich zu wenig um ihre Beziehungen, auf diese Weise komme keine wirkliche Nähe zustande. Obgleich sie solche Hinweise kränken und verunsichern, weiß sie lange Zeit nicht, welche Konsequenzen sie daraus ziehen soll.

Den Entschluß, therapeutische Hilfe in Anspruch zu nehmen, faßt Rita erst zu einem Zeitpunkt, als sie sich ihrer »betriebsamen Einsamkeit« schmerzlich bewußt wird und befürchtet, auf Dauer partnerlos zu bleiben. Inzwischen findet sie es auch beängstigend und rätselhaft, daß ihre vielen Erfolge und Leistungen nicht zu dem ersehnten Gefühl von Sicherheit und Selbstbewußtsein führen, sondern vielmehr wie Fremdkörper für sie bleiben, die mit ihrer Person nichts zu tun haben.

Nach einer gewissen Zeit der Klärung und Mitarbeit in der therapeutischen Gruppe fühlt Rita sich zunehmend wohler und bereit, den zwischenmenschlichen Belangen in ihrem Leben mehr Bedeutung beizumessen als bisher. Als es ihr nach langer Zeit sogar wieder gelingt, einen Partner (Heiner) zu gewinnen, hat sie selbst den Eindruck, daß ihr Leben »runder und erfüllter« geworden ist.

Kurze Zeit später jedoch kommt es zu der eingangs erwähnten depressiven Stimmung, hinter der wir einen ungelösten Konflikt vermuten.

Unter Einbeziehung der Kindheits- und Entwicklungsgeschichte wenden wir uns in den Therapiegesprächen nun besonders jenen Wertvorstellungen zu, die Ritas Identität und Lebensgestaltung maßgeblich bestimmen. Allmählich gelangen wir so auch zu den Hintergründen des aktuellen Konflikts. In einer Stunde sagt Rita: »Wenn ich ehrlich bin, war mir in meinem Leben immer am wichtigsten, eine Position zu haben, um die mich die anderen beneiden müssen. Wobei, wenn ich das jetzt so ausspreche, mir direkt Zweifel kommen, ob es tatsächlich mein eigener Wunsch war. Vielleicht ist es richtiger, wenn ich sage, daß ich von allen geliebt werden wollte, und das ging bei uns eben nur über grandiose Leistungen. Auf jeden Fall wollte ich jemand sein, irgendwie bedeutend sein. Was meine Arbeit anbetrifft, habe ich das ja auch in gewisser Weise erreicht. Trotzdem denke ich manchmal auch, es sei eigentlich nur ein gutbezahlter Sekretärinnenjob. Wirklich kreativ und selbständig arbeiten, wie ich es möchte, kann ich dort gar nicht. Ich fühle mich gleichzeitig über- und unterfordert. Allmählich schaue ich auch hinter die Kulissen. Menschlich gesehen ist da wenig. Sehr viel Ehrgeiz, Rivalität, Kampf und Unechtheit – na, du weißt schon. Was hält mich eigentlich dort?«

Dieser wichtigen Frage gehen wir gemeinsam nach und finden heraus, daß Rita stets als Hauptquelle ihrer Identität und Selbsterfahrung die Beziehung zu Autoritäten und »glanzvollen Persönlichkeiten« erlebt hat. Diese Abhängigkeit macht auch verständlich, warum sie ihre eigenen Fähigkeiten und Leistungen nur in Verbindung mit einem »Lob von oben« zu würdigen weiß und ansonsten daran zweifelt, ob sie überhaupt aus eigener Kraft aktiv werden kann. In diesem Zusammenhang wird deutlich, daß Rita zwar viel gelernt, viel studiert und viel geleistet hat, aber alles nicht in dem Gefühl, tatsächlich tüchtig zu sein und sich selbst zu entfalten, sondern *für* Mama, Tante, Vater, Lehrer, Professor, Chef.

Die Antwort auf Ritas Frage, was sie an ihrem Arbeitsplatz hält, ist die, daß sie noch zögert, sich für sich selbst zu entscheiden, Pseudosicherheit aufzugeben und ihren eigenen Gefühlen und Bedürfnissen zu trauen. Es ist ein von Über-Ich-Kategorien geprägter Konflikt, der nicht schnell gelöst werden kann, weil er bis in die existentiellen Wurzeln von Ritas Leben hineinreicht. Wenn sie allerdings den Mut hat, ihn weiter durchzuarbeiten, bietet er *die* Chance für sie, sich aus der kindlichen Abhängigkeit von Autoritäten zu lösen, den Bereich der gleichberechtigten Beziehungen auszubauen und ernster zu nehmen, die einseitigen Wertvorstellungen der Kindheit zu überprüfen und zu ergänzen, um schließlich so handeln zu lernen, daß sie nicht mehr »zwischen allen Stühlen« sitzt.

»Darf man denn solche Gefühle haben?«

Die 34jährige Ina befindet sich in einem äußerst komplizierten Beziehungskonflikt. Sie lebt seit über zehn Jahren mit Rolf, einem ehemaligen Studienkollegen, zusammen. Ihre Gefühle für die Partnerschaft sind im Verlauf des gemeinsamen Lebens immer wieder ambivalent, aber zu einer größeren Krise zwischen beiden kommt es nicht, weil Ina viele Jahre damit zubringt, verschiedene Studiengänge zu absolvieren und Examina zu machen. Als bei der Anfertigung ihrer Dissertation massive Arbeitsstörungen und psychosomatische Beschwerden auftreten, kommt sie gemeinsam mit Rolf in die Therapie.

In ihren Stunden äußert sie von Zeit zu Zeit – und dann auch nur andeutungsweise – Unzufriedenheit über die Distanziertheit und Unlebendigkeit von Rolf. Sie findet, daß er häufig zu ernst und schweigsam ist, so daß in ihr ein Gefühl von Unnahbarkeit und Undurchdringlichkeit ausgelöst wird. Überdies berichtet Ina von Schwierigkeiten und Unlust in der Sexualität. Einmal sagt sie:

»Es ist, als ob wir nicht wie zwei erwachsene Leute eine Beziehung haben. Wenn Rolf in meiner Nähe ist, werde ich irgendwie zum Kindchen, und er kommt mir vor wie ein wohlwollender Lehrer. Das ist doch gar keine richtige Liebesbeziehung! Zumindest finde ich das manchmal.«

Die mit der Dissertation verbundenen Anforderungen veranlassen Ina jedoch, die Frage nach dem tatsächlichen Befinden in der Partnerschaft immer wieder in den Hintergrund zu drängen. Meine Versuche, ihre »Andeutungen« zum Thema unserer Gespräche zu machen, werden von ihr mit dem Kommentar abgewehrt, daß sie gerade zu diesem Zeitpunkt nicht dazu in der Lage sei, weil sie ihre ganze Kraft und Aufmerksamkeit für die begonnene Arbeit brauche. Diese ist immer dringender und von größerer Wichtigkeit als alles andere, bis es nach der Beendigung der Promotion zur folgenden Situation kommt: Ina gesteht sich ein, daß die Zuneigung, die sie für Jochen, einen langjährigen gemeinsamen Freund, empfindet, sehr viel mehr ist als freundschaftliches Interesse.

Für mich kommt dieses Eingeständnis nicht überraschend, da Ina bereits in früheren Sitzungen in sehr geheimnisvoller Weise über die Bedeutung dieser Beziehung für sie gesprochen hat. Besonders in ihrer Phantasie spielt Jochen schon lange eine dominierende Rolle, und zwar mitunter so stark, daß sie in gewissen Zeiten eine Art Doppelleben führt, das so aussieht, daß sie bei all ihren Aktivitäten mit Rolf zwar äußerlich anwesend ist, aber ihre Gefühle, Gedanken und Wünsche bei Jochen sind. Diese für ihren Partner nicht nachvollziehbaren Distanzphasen (er ahnt von nichts und ist vollauf mit seinem Einstieg ins Berufsleben beschäftigt) erfüllen Ina mit Schuldgefühlen und der Angst, entdeckt zu werden.

Als sie sich nach langem Zögern entschließt, mit mir über dieses »Geheimnis« zu sprechen, hegt sie denn auch die Befürchtung, ich könne sie für moralisch verwerflich halten und ihr alle diesbezüglichen Gefühle und Phantasien verbieten. Auf meine Ermunterung, ihre Gefühle ernst zu nehmen, sie als »Signal« zu verstehen und einmal genauer der Frage nachzugehen, welche konkrete Mangelsituation in ihrer Beziehung zu Rolf in dieser intensiven (aber auf den Phantasiebereich beschränkten) Beschäftigung mit Jochen zum Ausdruck kommt, vermag sie aus Angst vor möglichen Konsequenzen lange Zeit nicht einzugehen. Statt dessen neigt sie immer wieder dazu, die Probleme nur flüchtig zu berühren, um sie dann, wenn es droht, »gefährlich« zu werden, wieder zu vergessen.

Nun aber, nachdem sie in ihrem Gefühl einen bestimmten Lebensabschnitt (Ausbildung, Prüfung usw.) hinter sich gebracht und wieder Kräfte frei hat, spürt sie plötzlich den unwiderstehlichen Drang, ihren Gefühlen nachzugeben und die Beziehung zu Jochen endlich zu klären. Ihr ist inzwischen auch bewußter geworden, daß sie, was ihre Liebeswünsche anbetrifft, weitgehend in der Phantasie gelebt hat, ohne Hoffnung, diese Wünsche je realisieren zu können.

Nach einigen Gesprächen mit mir kommt sie zu dem Entschluß, einmal ohne Umschweife und versteckte Andeutungen von Jochen zu sprechen, um herauszufinden, ob ihre Gefühle nur einseitig sind und ob ihr Eindruck, daß auch Jochen um sie geworben hat, nicht nur auf Wunschdenken basiert. Bei diesem offenen Gespräch stellt sich heraus, daß Jochen ebenfalls große Zuneigung für Ina empfindet, aber nie den Mut hatte, dies wirklich zu zeigen, weil er sich nicht vorstellen kann, sie für sich gewinnen zu können. Hinzu kommt, daß er selbst in einer Partnerschaft lebt mit einer Frau, die Ina und Rolf ebenfalls kennen und schätzen.

Das von Ina initiierte Gespräch findet interessanterweise zu einem Zeitpunkt statt, als Jochen und seine Freundin dabei sind, die Stadt zu verlassen, um für längere Zeit ins Ausland zu gehen. Ihre Wohnung haben sie bereits gekündigt, die meisten Sachen sind verpackt, und Else, Jochens Freundin, ist schon in die andere Stadt gereist. Nachdem sich die beiden nun ausgesprochen haben, geraten sie in Panik, weil sie glauben, nun in aller Kürze eine sehr weitreichende Entscheidung treffen zu müssen. Was soll werden? Sollen beide ihre alten Beziehungen auflösen, um gemeinsam ein neues Leben zu beginnen? Ist vielleicht alles nur ein Irrtum, Ausdruck von Unzufriedenheit in der Partnerschaft, die sich bei entsprechender Bemühung beheben lassen würde? Passen Ina und Jochen vielleicht wirklich besser zusammen? Viele Fragen in einer äußerst komplizierten Lebenssituation.

Ina, die schon in »normalen Zeiten« überdurchschnittlich zaghaft und ängstlich ist, sieht sich einem chaotischen Gefühlszustand ausgesetzt. Neben Verwirrung, Angst und Schuldgefühlen spürt sie Freude und Glück über die intensiven Gefühlserlebnisse, die sie mit Jochen teilt. Zum ersten Mal in ihrem Leben fühlt sie sich von einem Mann als erwachsene Frau gesehen. In der Sexualität kommt es für sie zu ungeahnten Empfindungen. Gleichzeitig hat sie ständig das Gefühl: »Das ist doch unmöglich, was du da machst. Es ist wider alle Vernunft, solche Unordnung in sein Leben zu bringen.« Und immer wieder die Frage: »Darf ich denn solche Bedürfnisse und Gefühle haben? Und wenn ich sie schon habe, darf ich ihnen dann auch noch nachgeben? Was werden die anderen sagen, wenn sie davon erfahren?«

Ina fühlt sich hin- und hergerissen. Einerseits hat sie große Angst, einen nicht wiedergutzumachenden Fehler zu begehen, andererseits beginnt sie zu ahnen, daß selbst dann, wenn Jochen sich nicht für sie entscheiden kann, sie die Beziehung zu Rolf *so* nicht weiterführen kann und will. In den wenigen Tagen des Zusammenlebens mit Jochen hat sie deutlich sehen gelernt, was sie in einer Partnerschaft wirklich will.

Wer der Darstellung bis hierher gefolgt ist, wird mir zustimmen, daß es sich im Falle der Beteiligten nicht um einen leicht überschaubaren Konflikt handelt. Da ich nun in dieser Situation mit Ina im therapeutischen Gespräch bin, kann ich nicht umhin, mich zu fragen, welche Stellung ich zu diesem Problem einnehmen kann und will.

Da ich Inas Partner gut kenne, weiß ich, daß ihre Mangelgefühle durchaus einen realen Hintergrund haben. Rolf ist im zwischenmenschlichen Umgang zwar ausgesprochen höflich und zuvorkommend, bleibt aber emotional meist kühl und distanziert. Er ist ein umfassend gebildeter Gesprächspartner, der, wenn persönliche Belange zur Sprache kommen, sich ungern »zeigt«. Auf die Partnerschaft hat er sich wirklich nicht mit »Haut und Haaren« eingelassen. So hat er zum Beispiel homosexuelle Phantasien, deretwegen er sich selbst sehr verurteilt und über die er lange Zeit auch in der Therapie nicht sprechen konnte. Mit Ina hat er über dieses Thema niemals gesprochen, so daß jeder von ihnen ein streng gehütetes »Geheimnis« vor dem anderen verbirgt.

Aufgrund der Einschätzung von Inas Persönlichkeit und ihrer Situation, ferner meiner eigenen Erfahrung, daß das Leben nicht zu allen Zeiten ruhig und überschaubar verlaufen muß und es durchaus notwendig sein kann, sich in »scheinbar unentwirrbare Beziehungssituationen« hineinzubegeben, um einen Entwicklungsschritt nach vorne zu machen, entschließe ich mich, Ina nicht vor dem vermeintlichen Chaos zu »bewahren«. Da ich weiß, daß sie mich schätzt, wäre es denkbar, mit einer Aussage wie: »Was soll das Ganze, bearbeite deine Schwierigkeiten mit Rolf!« die Weichen in eine bestimmte Richtung zu stellen.

Statt dessen bekunde ich ihr gegenüber meine Überzeugung, daß die Aufgabe, das Leben echt und selbstbestimmend zu gestalten, wichtiger zu nehmen ist als das ängstliche Festhalten an Konventionen, Verboten und Regeln. Dabei wird durch das bewußte Zulassen von Bedürfnissen mehr Sicherheit und emotionale Authentizität in unser Leben kommen, als es durch die auf Verdrängung und Verleugnung beruhende Pseudostabilität jemals der Fall sein kann.

Inas Bereitschaft, sich auf den Konflikt einzulassen und ihn durchzustehen, verhindert nicht, daß sie bei all diesen Geschehnissen große Angst hat. Ihre Erziehung gestattet ihr nicht, es als Recht zu empfinden, die eigene Lebenssituation so befriedigend wie möglich zu gestalten.

Ina ist als Älteste von fünf Geschwistern in einem großbürgerlichen Elternhaus mit strengsten moralischen Wertmaßstäben aufgewachsen. Vornehme Bescheidenheit und Unauffälligkeit zählten zu den wichtigsten Familienwerten. Während sich Inas jüngere Schwester Susanne durch möglichst sensationelles und aufsässiges Gebaren diesen Anforderungen zu widersetzen versuchte, entwickelte sich Ina den Familiennormen entsprechend. Das Verhalten ihrer Schwester war für sie stets Anlaß zu moralischer Empörung. Der Gedanke, daß es lebensnotwendig sein kann, sich nicht konform zu verhalten, ist für Ina lange Zeit undenkbar. Als sie in die Therapie kommt, stellen wir bald fest, daß sie sich eine »Gangart« zugelegt hat, die es ihr ermöglicht, ihre Person vor den anderen zu verstecken.

Diese Vorgeschichte, die hier nur angedeutet wird, trägt mit dazu bei, daß Ina sich in der aktuellen Konfliktsituation bedrohter und verwirrter fühlt, als es eigentlich notwendig wäre. Die Entwicklung der weiteren Ereignisse geht schließlich dahin, daß Ina nun bereit wäre, Rolf zu verlassen, aber Jochen nicht den Mut hat, sich von Else zu trennen. Obwohl dies für Ina eine schwere Enttäuschung ist und sie beide nicht wissen, was aus ihrer Beziehung werden soll, fühlt Ina sich psychisch kräftig, lebendig und erleichtert. Sie hat das Gefühl, von ihrer Seite her alles getan zu haben, um die Beziehung zu klären. Überdies hat sie wertvolle Erfahrungen gemacht, die sie um keinen Preis missen möchte. Ihr ist klargeworden, wie sehr mangelnde Offenheit Verwirrung stiften kann und Kraft kostet, die bei der Bewältigung der Probleme dann fehlt. Aus dieser mutigen Stimmung heraus entschließt sich Ina, auch mit Rolf über ihre Beziehung zu sprechen. Es fällt ihr sehr schwer, weil sie ihn nicht kränken und verletzen möchte. Sie schafft es nur, weil sie begreift, daß ihr distanziertes und unklares Verhalten auf die Dauer sehr viel belastender für Rolf sein muß als die offene Auseinandersetzung über ihre tatsächlichen Gefühle.

Es zeigt sich auch, daß Rolf über die gemeinsame Aussprache sehr erleichtert ist und zum ersten Mal das Vertrauen hat, Ina von »seinem Geheimnis«, den homosexuellen Phantasien, zu berichten. Obwohl die gegenseitige Offenheit sehr viel Nähe und Beziehung zwischen ihnen stiftet, weiß Ina nicht, ob sie es mit Rolf noch einmal neu versuchen möchte. Sie hat aber das ruhige und zuversichtliche Gefühl, sich allmählich an eine Entscheidung heranarbeiten zu können. Aus diesem Grunde beschließt sie, erst einmal auszuziehen, ein bis dahin undenkbarer Schritt.

»Was machen wir denn nun?«

Die Notwendigkeit, auch den in der Therapiesituation auftretenden aktuellen Konflikten größte Aufmerksamkeit zu schenken, soll folgendes Beispiel verdeutlichen.

In einer von uns gemeinsam geleiteten Analysandengruppe kommt es im Verlauf eines abendlichen Therapiegespräches zu einer emotional spannungsgeladenen und belastenden Stimmung, die die Weiterführung des Gesprächs erheblich beeinträchtigt. Es handelt sich um ein Gespräch mit Benno, der gemeinsam mit seiner Partnerin Ruth schon eine Weile in der Gruppe mitarbeitet, aber über sich selbst bisher noch wenig gesprochen hat.

Der 38jährige Benno ist ohne Vater in einer sehr symbiotischen Mutterbeziehung aufgewachsen. Obgleich er sich später zu Frauen hingezogen fühlt, befürchtet er stets, von ihnen vereinnahmt zu werden, so daß er früh beginnt, seine intimen Beziehungen in homosexuellen Kreisen zu suchen. In die Therapie kommt Benno, weil es ihm nicht gelingt, sein Studium zum Abschluß zu bringen und sich aus der finanziellen Abhängigkeit von seiner Mutter zu lösen. Seine Haltung dem Leben gegenüber ist dadurch gekennzeichnet, daß alles möglichst glatt verlaufen soll, damit er sich nicht zu sehr engagieren muß. In seinen Augen sind die »Dinge des Lebens« alle gar nicht so kompliziert, wie manche andere (zum Beispiel seine Partnerin) sie erleben. Als Schutz und Abwehr gegen die jahrelange Vereinnahmung durch die Mutter hat er sich ein distanziertes Überlegenheitsgebaren zugelegt, das der Umwelt den Eindruck vermitteln soll: »Es ist alles halb so wild, mich kann nichts erschüttern.«

Nach einiger Zeit der therapeutischen Zusammenarbeit gelingt es Benno, nicht nur sein Studium zum Abschluß zu bringen und sich eine Stelle als Lehrer zu suchen, sondern er findet auch nach etlichen Beziehungsversuchen eine Frau, mit der er gerne zusammenleben möchte.

Es handelt sich um Ruth, die bereits 15 Jahre als Sekretärin gearbeitet hat und sich nun mit Hilfe der Gruppe auf das Begabtenabitur vorbereitet, um zu studieren. Während Benno in seiner Kindheit mit »Aufmerksamkeit« geradezu überschüttet wurde, lebt Ruth in der Vorstellung, in ihrer Familie niemals wirkliche Beachtung und Anerkennung bekommen zu haben. Obwohl sie frühzeitig ein selbständiges Leben führt und in ihrem Beruf außerordentlich tüchtig ist, bleibt sie im zwischenmenschlichen Umgang eine sehr unsichere Frau. Sie wittert überall Ablehnung und Diskriminierung und ist meist von einer »Aura« der Nervosität und Aufregung umgeben. Ihre ständige Furcht, etwas falsch gemacht zu haben, ruft bei ihr nahestehenden Personen das Gefühl hervor, daß sie Ruth wie ein rohes Ei behandeln und auf Zehenspitzen gehen müssen, um sie nicht zu verletzen. Im Gegensatz zu der unbeeindruckbaren Haltung Bennos ist Ruth meistens von irgendwelchen Ereignissen beeindruckt oder beeinträchtigt. Für sie ist das Leben voller Probleme, schwer zu durchschauen und hochkompliziert.

An jenem Abend, von dem eingangs die Rede war, meldet sich nun Benno, um über seine Partnerschaft zu sprechen. Die Gruppe ist erfreut, endlich etwas von ihm zu hören, und stellt sich auf ihn ein. Als Problem trägt er vor, daß Ruth »aus jeder Mücke einen Elefanten macht« und mitunter so stark auf ihn einredet und auf ihn eindringt, daß er sich nur noch durch Rückzug retten kann oder aber völlig außer sich gerät. Besonders die letztgenannte Reaktion macht Benno zu schaffen, weil sie seinem Selbstbild überhaupt nicht entspricht. Wörtlich sagt er: »Ich kenne mich gar nicht wieder. Ich bin in meinem ganzen Leben noch nie so wütend geworden wie in der Beziehung zu Ruth. Wenn ich nichts als Ruhe will, veranstaltet sie tumultartige Szenen, bis ich auch ausflippe.«

An den Beiträgen der anderen wird deutlich, daß die Gruppe es als Gewinn betrachtet, daß Benno sich in die Situation hineinbegibt, einmal nicht mit seinen Gefühlen hinter dem Berg hält, sondern sich offen und beeindruckbar zeigt. Wir spüren alle, daß es ihm sehr schwer fällt, über seine Gefühle zu sprechen, denn das Gespräch hat viele Pausen. Währenddessen sitzt Ruth mit blassem, verspanntem Gesicht in seiner Nähe und ist unaufhörlich mit ihren Händen beschäftigt. Man spürt förmlich, wie sie auf dem Sprung sitzt, um ihn zu korrigieren. Kaum hat Benno die ersten zehn Sätze gesprochen, unterbricht sie ihn heftig atmend mit den Worten: »Ich muß jetzt aber mal klarstellen, wie das wirklich ist, was bei uns passiert. Benno erzählt das alles ganz entstellt. In Wirklichkeit hat sich das nämlich so abgespielt . . .«

Nach ihrem aufgeregten Beitrag versucht die Gruppe das Gespräch mit Benno fortzusetzen, bis Ruth nach einigen Minuten wieder unterbricht, um ihr Mißfallen an Bennos Schilderung erneut zum Ausdruck zu bringen. Dies wiederholt sich noch einige Male, bis der Eindruck entsteht, daß sich vor unseren Augen jene Szene abspielt, die Benno uns so mühsam erklären will. Er versucht zaghaft weiterzusprechen, wird dann aber, als Ruth ihm wieder ins Wort fällt, immer schweigsamer und hilfloser. Zu sichtbaren Anzeichen von Wut und Erregung kommt es bei ihm in dieser Situation nicht, statt dessen zieht er sich resigniert und mit versteinertem Gesichtsausdruck in sich zurück.

Nachdem Ruth ihn nun etliche Male unterbrochen hat, weist Wilfried sie ruhig darauf hin, daß das Gespräch so nur mühsam fortzusetzen sei, und da sie schon so häufig Gelegenheit habe zu sprechen, solle sie doch nun auch Benno einmal in Ruhe über seine Gefühle reden lassen. Einige Minuten geht es weiter, dann greift Ruth wieder vehement in die Ausführungen von Benno ein, die jetzt ohnehin nur noch stockend und zaudernd sind. Plötzlich sagt ein weibliches Gruppenmitglied, mit den Tränen kämpfend: »Ich halte das einfach nicht mehr aus. Ich überlege dauernd, ob ich rausgehen soll.« Nach dieser Aussage, herrscht erst einmal betroffenes Schweigen. Diejenige bleibt zwar, aber die Stimmung in der Gruppe wird zunehmend »enger« und einsilbiger. Die Fragen an Benno kommen nur noch tröpfelnd. Als Ruth, wie unter einem Zwang stehend, immer weiter spricht, unterbreche ich sie ziemlich scharf mit den Worten: »Ruth, wenn du es nicht ertragen kannst, daß Benno auch einmal über seine Gefühle spricht, ist es besser, wenn du jetzt gehst. In diesem Stil können wir kein sinnvolles Gespräch führen.«

Ruth bleibt und schweigt. Die Atmosphäre ist inzwischen so spannungsgeladen und anstrengend wie vor dem Ausbruch eines Gewitters. Trotzdem geht das Gespräch mit Benno weiter, aber da an diesem Abend keine Zeit mehr bleibt, die Ereignisse genauer zu reflektieren, gehen die Gruppenmitglieder am Schluß zum Teil betreten oder auch aufgeregt auseinander. Als Ruth sich nach der Sitzung noch einmal an Wilfried wendet und ihn fragt, was sie denn jetzt machen solle, ob sie denn überhaupt noch weiter in der Gruppe bleiben könne, entlädt sich seine affektive Stimmung in dem Satz: »Weißt du, im Augenblick reicht es mir wirklich. Ich habe die Nase voll.«

Hier ist wichtig einzuflechten, daß Ruth schon geraume Zeit Einzelgespräche mit Wilfried führt. Sie fühlt sich bei ihm grundsätzlich verstanden und gefördert, hat aber, seit auch Benno bei ihm im Gespräch ist, die Befürchtung geäußert, sie könne nun seine Aufmerksamkeit verlieren. Einige Tage vor Bennos Gruppengespräch hat Ruth eine Einzelstunde, in der sie offenbar aus »Angst vor Liebesverlust« Wilfried so stark provoziert, daß er nach dem Gespräch tatsächlich verstimmt ist. Bevor er Gelegenheit hat, diese Gefühle der Übertragung und Gegenübertragung genauer durchzuarbeiten, findet nun die besagte Gruppensitzung statt.

Nach dieser dramatischen Sitzung sind Wilfried und ich emotional sehr betroffen. Wir halten es beide für besser, erst am nächsten Tag mit etwas mehr Abstand die Situation noch einmal durchzusprechen. Es ist selbstverständlich für uns, daß Ruth in der Gruppe bleiben kann, und wir sind davon überzeugt, daß die gemeinsam erlebten Affekte im Sinne eines Lernprozesses für die gesamte Gruppe genutzt werden können. In unserem Zweiergespräch fragen wir uns zunächst nach unseren persönlichen Gefühlen in der Sitzung. Wilfried wird sich bewußt, daß sein Ärger über das Verhalten von Ruth in seiner letzten Stunde mit in die Sitzung eingeflossen ist. Bei mir stoße ich auf ein Gefühl der Empörung und Ungeduld, weil Ruth uns offenbar nicht zugetraut hat, daß wir imstande sind, Bennos Aussagen als »*seine* Version von der Wahrheit ihrer Partnerschaft« zu sehen. Meine Affekte resultieren aus der Enttäuschung, daß Ruth sich bei uns noch nicht so aufgehoben fühlt, wie ich es mir zu wünschen scheine.

Beiden wird uns klar, daß Ruth zum jetzigen Zeitpunkt ihrer Entwicklung mit einem solchen gemeinsamen Partnerschaftsgespräch emotional überfordert ist und ihre heftigen Reaktionen als Rettungsversuch verstanden werden müssen.

Obschon wir nicht der Ansicht sind, daß das Ausagieren von Affekten in der Therapie unbedingt provoziert werden soll, meinen wir doch, daß die Möglichkeit bestehen muß, Affekte zu zeigen und offen auszudrücken. So muß der Hilfesuchende die anderen und uns auch einmal strapazieren dürfen mit dem, was sich tatsächlich im Alltag in Konfliktsituationen abspielt. Das heißt, daß in der therapeutischen Situation »etwas passieren darf«, was üblicherweise als Fehler oder Versagen unterdrückt werden muß.

Als Ruth zufällig am nächsten Tag als Gast zum Zuhören in einer Einzelstunde bei mir erscheint und mich anschließend nochmals auf den Vorfall in der Gruppe anspricht, bin ich noch nicht bereit, wieder auf sie einzugehen. Ich sage ihr: »Ich bin noch so mitgenommen und auch verärgert, daß ich in dieser Stimmung nicht mit dir sprechen will. Sicher werde ich wieder freundlicher empfinden, aber im Augenblick bin ich noch wütend. Also gib endlich einmal Ruhe.« Erstaunlicherweise macht Ruth nach dieser Aussage eher einen zufriedenen als einen gekränkten Eindruck und geht ohne erneute Argumentationsversuche. Ihre Zufriedenheit verstehe ich so, daß sie in meiner emotionalen Reaktion die Beziehung zwischen uns spürt. Es beruhigt sie, daß sie uns betroffen gemacht hat. Würden wir uns kühl und unbeeindruckt zeigen, käme das für sie einem Beziehungsabbruch gleich.

Sechs Tage später trifft sich die Gruppe wieder, und anstelle des üblichen Gesprächverlaufs (die Gruppenmitglieder einigen sich, wer im Verlauf der beiden Sitzungen sprechen soll) schlagen Wilfried und ich vor, nach der konfliktgeladenen Stimmung der letzten Sitzung nicht einfach zur Tagesordnung überzugehen, sondern gemeinsam das Erlebte durchzusprechen. Wir machen selbst den Anfang und ermuntern dann die übrigen Teilnehmer, ebenfalls offen über ihre Eindrücke und Gefühle zu sprechen. Ausnahmslos schildern alle ihre Version der letzten Sitzung. Einige haben sich mit Benno identifiziert und sich von Ruth überrollt gefühlt, andere konnten sich besser in die Aufregung von Ruth einfühlen. Während einzelne Gruppenmitglieder die konfliktgeladene Stimmung mit Angst erlebten und sich an »Kräche« von zu Hause erinnert fühlten, berichten andere, daß das ganze für sie mehr wie ein Schauspiel war. Die Frage, ob das Eingreifen von Wilfried und mir als zu hart empfunden wurde, wird verneint. Durch die verschiedenen Stellungnahmen kommt eine emotional sehr dichte und engagierte Atmosphäre zustande. Obwohl immer wieder deutlich zum Ausdruck gebracht wird, daß das Verhalten von Ruth für die Gruppe sehr belastend war, werden an keiner Stelle feindselige Affekte ihr gegenüber deutlich. Im Gegenteil, die Gruppenmitglieder versuchen ihr zu vermitteln, daß man sie in ihrer Mitarbeit sehr einfühlsam und zugewandt erlebt, aber gleichzeitig das Gefühl hat, daß sie selbst aufgrund ihrer häufig angespannten Stimmung nicht in der Lage ist, das Interesse und die Zuneigung der anderen zu empfinden.

Ruth hat bis zu diesem Zeitpunkt geschwiegen. Erst als wir sie auffordern, doch einmal zu schildern, was an jenem Mittwoch alles in ihr vorgegangen sei, berichtet sie von ihrer großen Angst, daß die Gruppe nur Benno Glauben schenken könnte und sie wieder einmal mehr die Rolle derjenigen zugeschoben bekäme, die alles falsch macht und viel zu kompliziert ist. Während des Gesprächs habe sie sich wie hypnotisiert gefühlt und einfach weitersprechen müssen.

Durch die differenzierte Sichtweise der Gruppenmitglieder beginnen Ruth und Benno in diesem Gespräch, ihre eingeübten »Rollen« besser zu verstehen. Für Ruth ist es wichtig zu erfahren, wie sie sich durch ihre Tendenz, die anderen emotional zu zwingen und zu überfordern, immer wieder in das Kindheitsgefühl hineinversetzt: Mich liebt und versteht keiner. Benno beginnt zu ahnen, daß sein Rückzug bei Ruth ein Gefühl von Panik auslöst und der Eindruck bei ihr entsteht, sie müsse mit aller Kraft gegen eine Wand laufen. Durch seine Unbeeindruckbarkeit fühlt sie sich allein und im Stich gelassen, so daß er lernen müßte, sich in einer beziehungsvollen Weise Luft zu verschaffen.

Für uns alle ist das Gespräch ein eindrucksvolles und schönes Gemeinschaftserlebnis. Wilfried und ich machen einmal mehr die Erfahrung, wieviel wir aus unseren »untherapeutischen Gefühlsreaktionen« lernen können. Die übrigen Teilnehmer betonen, wie befreiend sie es finden, daß wir nicht einfach über die Konfliktsituation hinweggegangen sind, und wie das Beispiel von Ruth ihnen zeigt, daß sie auch ruhig mal »aus der Rolle fallen« dürfen. Die wichtigste Erfahrung für uns alle ist jedoch die, daß das Zulassen und Durcharbeiten von Konflikten Distanz abbaut und wirkliche Nähe schafft.

»Das traue ich mich nicht zu sagen«

Carla, eine 27jährige Kindergärtnerin, verhält sich seit etwa zwei Monaten bei den Gesprächen in ihrem Analysandenkreis merkwürdig distanziert. Mir fällt auf, daß sie nur unregelmäßig zu den Terminen erscheint (zwischen mir und den Teilnehmern ist vereinbart, daß keiner ohne wichtigen Grund fehlt) und daß sie, ganz im Gegensatz zu früher, kaum noch aktiv teilnimmt. Meist sitzt sie schweigend und verkrampft da. Während die anderen nach der Sitzung noch irgendwo zum Essen oder Reden hingehen, ist Carla auffallend schnell verschwunden.

Im Verlauf ihrer bisherigen Therapie hat sich herausgestellt, daß sie in Beziehungen sehr große Mühe hat, gegensätzliche oder aggressive Gefühle zu zeigen. Auftretende Spannungen werden von ihr harmonisierend umgangen. Ihre stete Bemühung, einen freundlichen und zugewandten Eindruck zu machen, spiegelt sich in einem auffallend »maskenhaften Dauerlächeln« wider. Die Angst, selbst kritisiert zu werden, motiviert Carla, im Umgang mit anderen Menschen stets übervorsichtig und sanft aufzutreten. Dabei fühlt sie sich meist unwohl und am Rande ihrer Kräfte.

Nach etwa eineinhalb Jahren Mitarbeit in der Gruppe ist sie offener und konfliktfähiger geworden. Sie hat öfter erfahren können, daß Auseinandersetzungen nicht notwendig mit Beziehungsverlust verbunden sind. Daß sie allmählich auch an ihre »verbotenen Gefühle« herankommt, bringt sie selbst eines Tages in einer Stunde zum Ausdruck. Sie sagt: »In der letzten Zeit mache ich die Erfahrung, daß ich auch aggressive Gefühle habe. Meine Freundlichkeit anderen gegenüber ist gar nicht immer echt, oft ist es Angst vor Ablehnung. Außerdem habe ich gemerkt, daß ich ziemlich abwertende Gefühle anderen gegenüber habe. Zuerst hat mir das mächtig zu schaffen gemacht, ich dachte: O Schreck, so steht es also mit deinem Freundlichsein. Aber inzwischen merke ich auch, daß das Zusammensein mit Menschen nicht mehr so anstrengend ist, wenn ich sage, was ich wirklich fühle und denke. Also, es ist erst der Anfang. Ich traue mich natürlich noch nicht immer.«

Als sie wieder einmal eine Einzelstunde bei mir hat und von selbst nicht auf ihr verändertes Verhalten zu sprechen kommt, teile ich ihr meine jüngsten Beobachtungen mit und frage sie, was denn eigentlich los sei. Meine direkte Frage bereitet ihr sichtlich Mühe, aber sie beginnt dann doch zu sprechen:

»Hm, wenn du es jetzt nicht angesprochen hättest, ich weiß nicht, ob ich heute den Mut gefunden hätte, mit dir darüber zu reden. Es ist nämlich so: Ich habe durch einen Zufall an einem gestalttherapeutischen Wochenende teilgenommen und bin seither ziemlich durcheinander. Erst einmal habe ich gar keinem davon erzählt, weil ich dachte, man nehme mir das sehr übel und halte mich für untreu. Nun bin ich aber in einem ziemlichen Konflikt, weil es mir gut gefallen hat und ich mich immer wieder frage, ob ich da nicht auch noch etwas Wichtiges lernen könnte.«

Auf meine Frage, was ihr denn dort so gut gefallen habe, kann Carla keine klare Auskunft geben. Sie ist nicht imstande, das emotionale Erlebnis in Worte zu fassen, und hat deswegen auch Angst, man könnte ihr alles zerpflücken und nachweisen, daß es sich um lauter Unsinn handle. Schließlich erkundige ich mich bei ihr, ob sie denn schon eine Entscheidung für sich getroffen habe, und sie antwortet:

»Ich bin gegenüber meinem Bedürfnis, dort mitmachen zu wollen, immer noch skeptisch. Es könnte ja sein, daß ich an einem wichtigen Punkt in der Therapie bin und nur versuche auszuweichen. Diese Frage, diese Möglichkeit beschäftigt mich schon ziemlich. Eigentlich würde ich den letzten Schritt gerne noch offenhalten, aber dann denke ich wieder, das geht nicht. Ich kann mir nicht vorstellen, daß das möglich sein soll, hier mitzuarbeiten und dort zu probieren. Manchmal habe ich schon gedacht, ich bleibe einfach weg, um mich dem Konflikt gar nicht zu stellen, aber dann ist es mir wieder völlig klar, daß ich das gar nicht kann und will. Es ist im Augenblick einfach alles sehr schwierig für mich, verstehst du? Ich habe hier viel gelernt und mich wohl gefühlt, und da paßt es einfach nicht rein, daß ich jetzt noch etwas anderes kennenlernen will. Völlig verrückt, als ob ich eine Sünde begehe.«

Ich frage Carla, ob sie an meiner Meinung zu dem Problem interessiert sei, und als sie bejaht, versuche ich ihr meine Sichtweise der Situation darzulegen:

»Du sprichst von Zufall, aber ich habe den Eindruck, daß es eher eine gezielte Suche ist. Vielleicht hoffst du, durch die gestalttherapeutische Methode (Aktion) noch direkter an deine Gefühle heranzukommen als durch die Gespräche hier. Ob das wirklich möglich ist, lassen wir einmal offen. Interessant finde ich, daß du scheinbar Mühe mit der Vorstellung hast, daß es *hier* wie *dort* etwas zu lernen gibt. Es kommt mir fast so vor, als ob du in der letzten Zeit bemüht warst, uns gegenüber Distanz und Ablehnung aufzubauen, um dann sagen zu können: Was die hier machen, reicht mir nicht, also ist es völlig legitim, wenn ich gehe. Ich entdecke darin eine Tendenz, wie wir sie auch in früheren Gesprächen mehrmals herausgearbeitet haben, die Vorstellung, es könne nur *eine* Wahrheit geben. Was meinst du dazu?«

Carla stimmt mir zu: »Es ist wirklich so, daß ich begonnen habe, sehr kritisch zu beäugen, was wir hier machen. Ich beobachte immer: Na, lassen die auch ihre Gefühle wirklich raus und so? Mir ist es einfach unheimlich wichtig, daß ich aus der Rolle der Braven und Perfekten herauskomme, und ich weiß nicht, ob ich hier nicht eher etwas vorspielen kann als in der anderen Therapie. Es fällt mir tatsächlich unheimlich schwer, zu differenzieren und zu sehen, daß das zwei verschiedene Konzepte sind, die sich nicht einmal in jeder Hinsicht ausschließen müssen. Bei mir entsteht dann eine innere Spannung, ein Entweder-Oder: Jetzt mußt du dich entscheiden! Und das fällt mir eben leichter, wenn ich eine Sache ein bißchen abwerte. Ja, das stimmt.«

Die Tatsache, daß es Carla in dieser Einzelstunde gelingt, ihre Situation in aller Ruhe darzustellen, erleichtert und entspannt sie sichtlich. Im Laufe unseres Gesprächs ermuntere ich sie, den Konflikt und all ihre Überlegungen auch der Gruppe vorzutragen. Ich gebe ihr deutlich zu verstehen, daß ich es nach unserer längeren Zusammenarbeit nicht für eine beziehungsvolle Lösung hielte, wenn sie einfach wegbleibt. Meiner Meinung nach soll sie sich Zeit lassen mit einem Klärungsprozeß, der dann zu einer Entscheidung führen wird. Durch das Erlebnis in unserer Stunde bestärkt, trägt Carla tatsächlich in der nächsten Gruppensitzung ihr Anliegen vor. Die übrigen Gruppenmitglieder haben schon länger geahnt, daß »etwas im Busch ist«, und so kommt es zu einem lebhaften gruppendynamischen Gespräch. Wie immer in solchen Debatten enthalten die Reaktionen der einzelnen ihre ganz charakteristische Sicht. Die Skala der Gefühle reicht von Empörung: »Man kann doch nicht auf zwei Hochzeiten tanzen«, über Verunsicherung: »Fehlt denn was in unserer Therapie?« bis hin zur Bewunderung: »Wirklich ein mutiger Schritt.«

Einige betonen, daß sie gerade die Erfahrungen, von denen Carla glaubt, sie erst in der Gestalttherapie machen zu können, hier in der Gruppe immer wieder erleben. Andere geben zu bedenken, ob wir nicht wirklich manchmal noch offener mit unseren Gefühlen umgehen könnten. Meine Stellungnahme in dem Gespräch geht dahin, daß ich, obwohl ich sehr genau begründen kann, warum ich so und nicht anders therapeutisch arbeite, der Ansicht bin, daß keine Therapiemethode für sich in Anspruch nehmen kann, für alle Menschen die »alleinseligmachende« Therapieform zu sein. Deshalb muß es möglich sein, daß Menschen bei uns mitarbeiten und lernen, so lange und so gut sie es können. Und es muß möglich sein, sich umzuschauen in der Welt, woanders weiterzulernen, ohne daß deswegen die Beziehung abgebrochen oder nach dem Prinzip »Schwarz-Weiß« verfahren wird. Wir alle spüren in diesem Gespräch, wie sehr wir es noch üben müssen, mit unterschiedlichen Meinungen und Gegensätzen zu leben. Die Lebendigkeit und Offenheit des Gesprächs trägt mit dazu bei, daß Carla weiter sehr engagiert mitarbeitet. Als sie sich nach einem halben Jahr dann doch entschließt, die Gruppe zu verlassen, geschieht das nach einer lehrreichen Auseinandersetzung für alle Beteiligten.

»Wenn ich es nicht perfekt mache, lasse ich es lieber«

Martin, ein 27jähriger ehemaliger Apotheker, der nun Psychologie studiert, erhält von der Uni die Möglichkeit, für zwei Semester einen Lehrauftrag zum Thema »Medikamentenmißbrauch« durchzuführen. Seine erste gedankliche Reaktion ist:

»Diesen Auftrag kann ich unmöglich annehmen, dafür reicht mein Wissen nicht. Überhaupt kann ich gar nicht vor so vielen fremden Leuten sprechen, geschweige denn ein Seminar führen. Wenn die merken, wie wenig ich weiß, werden die sich beschweren und mich kritisieren. Es bleibt mir nichts anderes übrig, als abzulehnen. Entweder mache ich eine Sache richtig, oder ich lasse die Finger davon.«

Zwei Wochen später hat er eine Einzelstunde bei mir und berichtet von diesem Angebot. Es beschäftigt ihn mehr, als ihm lieb ist. Inzwischen spielt er bereits mit dem Gedanken, es doch zu versuchen, aber seine perfektionistischen Ansprüche spielen ihm immer wieder einen Streich, wenn es darum geht, die endgültige Zusage abzugeben. Er erzählt, daß er sich während seiner Arbeit (Martin arbeitet tageweise noch in seinem alten Beruf, um sich den Lebensunterhalt zu finanzieren) ausmalt, wie er den Studenten eine ganz tolle Veranstaltung liefert und alle von seinem Wissen mächtig beeindruckt sind. Andere Phantasien sind derart, daß er sich einer fürchterlichen Blamage ausgesetzt sieht. So bewegt er sich zwischen Größen- und Kleinheitsphantasien hin und her. In »lichten Momenten« kommen ihm auch ganz vernünftige und brauchbare Ideen, wie er das Thema anpacken und eine Lehrveranstaltung aufbauen könnte.

In den bisherigen Therapiegesprächen sind wir immer wieder auf das Problem gestoßen, daß Martin sich durch seine perfektionistischen Tendenzen quält und sich daran hindert, wirklich zu leben, etwas zu tun, einen »Schritt nach vorne« zu machen. Die Handlungshemmung zeigt sich in allen Lebensbereichen. Wenn er um eine Frau werben will ebenso wie bei der Erstellung der Vordiplomarbeit, bei der er einen Autor nach dem anderen studiert, sich aber immer unfähiger fühlt, selbst einen Gedanken zu Papier zu bringen. Er zaudert und befürchtet, etwas falsch und unzulänglich dargestellt zu haben, oder aber ihm kommt die Idee, daß er das Wesentliche übersehen hat.

Im Analysandenkreis hindern ihn seine Maßstäbe daran, spontan Stellung zu nehmen. Statt dessen überlegt er lange etwas »ganz Ausgefeiltes«, bis der innere Druck so groß wird, daß er schließlich gar nichts sagt und mit sich und den anderen, die gesprochen haben, unzufrieden ist.

Martin möchte zwar lebendiger und flexibler werden, aber seine Perfektionswünsche lassen ihn immer wieder die »kleinen Übungsschritte« unterschätzen. Gelingt ihm etwas, fühlt er sich anderen haushoch überlegen, gibt sich anderen gegenüber kritisch oder ist von ihren Bemühungen gelangweilt. Wird aber eine Diskrepanz zwischen den idealisierten Selbstvorstellungen und seinem alltäglichen Selbst deutlich, schrumpft er zusammen, fühlt sich deprimiert und gelähmt.

Da ich weiß, wie dringend Martin wirkliche Erfolgserlebnisse als Ansporn für seine Weiterentwicklung gebrauchen könnte, versuche ich in unserem Einzelgespräch, seiner Stimmung des ängstlichen Zagens und Zweifelns eine Stimmung von Neugier und Begeisterung entgegenzuhalten. Meine Begeisterung ist echt, weil ich in dem Angebot, das man ihm gemacht hat, eine schöne Chance für ihn sehe und die Möglichkeit, unsere therapeutische Arbeit zu unterstützen.

Mein Gefühl sagt mir, daß Martin dieses Thema in seiner Stunde nicht zufällig angeschnitten hat. Offenbar enthält seine Schilderung auch die Botschaft, daß er sich Unterstützung und Ermutigung für einen Schritt holen möchte, zu dem er innerlich schon fast entschlossen ist, aber dem der letzte Schwung noch fehlt.

Mir erscheint wichtig, ihn darauf aufmerksam zu machen, daß er seine Angst wie eine »heilige Kuh« behandelt, wie ein Tabu, das nicht gebrochen werden darf: »Ich habe Angst, also kann ich nicht ... Ich bin noch nicht perfekt, also kann ich nicht ... (handeln).« Diese Überlegungen machen unfrei und lähmen. Meiner Ansicht nach setzt die Entscheidung voraus, daß er seine Angst vor der Anforderung akzeptiert und sie als etwas Selbstverständliches betrachtet. Solange er von dem Gedanken beherrscht wird, erst ohne Angst (wenn er sich perfekt fühlt) handeln zu können, wird er nicht imstande sein, sich mit den übrigen Aspekten der Situation zu beschäftigen. Beispielsweise ist doch nicht nur die Überlegung wichtig, was Studenten bei einer Lehrveranstaltung lernen sollen. Mindestens genauso interessant ist die Frage, was der Lehrer selbst dabei gewinnen kann. In Martins Fall ist es die Vertiefung und Erweiterung eines bereits vorhandenen Wissens, dann der Versuch, dieses auch anderen verständlich weiterzuvermitteln. Noch wertvoller ist die Möglichkeit, die Lehrsituation zum Abbau eigener Perfektionsvorstellungen zu nutzen, sich in der Kontaktaufnahme und Gesprächsführung mit anderen Menschen zu üben. Dieses Angebot enthält also eine Fülle von Möglichkeiten der Selbsterfahrung.

An einer Stelle des Gesprächs meine ich: »Wie wir sehen, kann man dieses Projekt auf zweierlei Weise angehen. Entweder man glaubt, schon alles perfekt können zu müssen, dann wird es zu anstrengend, und man sagt am besten ab; oder aber man sieht hierin eine Möglichkeit, sich auszuprobieren, sich in einer Situation zu erleben, auf die man sich zwar gründlich vorbereiten, die man aber dennoch nicht völlig überblicken kann. Die erste Vorgehensweise bewirkt wahrscheinlich Passivität, die zweite führt zwangsläufig dazu, daß man konkret werden muß und dabei die unterschiedlichsten Erfahrungen machen wird. Vielleicht stellt sich die Aufgabe als leichter heraus, vielleicht als schwieriger. Wie auch immer, man ist dabei zu lernen, empfindet sich, fühlt sich lebendig, und bei alldem hat man wahrscheinlich auch ein bißchen Angst. Angst, weil es ein neuer, ungeübter Schritt ist. So ist das eben.«

Mein Anliegen in dieser Stunde ist es, Martin an *meiner* Erfahrung teilnehmen zu lassen, daß das Erlebnis, »mit Angst gehandelt zu haben«, therapeutischer wirken kann als eine ganze Reihe tiefschürfender Therapiegespräche. In mancherlei Hinsicht ist ja das Leben selbst mit seinen Anforderungen der beste Therapeut.

Im Verlauf des Gesprächs meint Martin: »Ich habe mir schon gedacht, daß du begeistert sein würdest und mir die Sache auch zutraust. Im Augenblick bekomme ich auch Lust, es einfach mal auszuprobieren. Es ist übrigens nicht so, daß ich gar nichts weiß. Ich habe mich ja schon mit dem Thema beschäftigt und hätte auch noch genügend Zeit, zu lesen und mich vorzubereiten.«

Schließlich frage ich Martin, ob er nicht Lust hat, sein Wissen auch im Analysandenkreis vorzutragen. Es sei schließlich ein Thema, das uns alle angeht, und auch mir würden seine Informationen weiterhelfen. Außerdem könne er sich dabei im Vortragen üben, und wir hätten Gelegenheit, gemeinsam zu überlegen, wie er auch die Studenten in seine Planung einbeziehen könnte.

Das Thema »Medikamentenmißbrauch« wird kurze Zeit später in einem angeregten Gespräch in der Gruppe diskutiert. Martin hat sich gut vorbereitet, und wir erfahren einige wichtige medizinische Details. Für ihn wird die Unterstützung und das Interesse der Gruppe zu einem Erlebnis. Erfreulicherweise gelingt es Martin tatsächlich, sich für den Lehrauftrag zu entscheiden. Obwohl er, immer wenn wir uns sehen, betont, wieviel Aufregung und Kraft ihn diese Übung jede Woche kostet, ist er doch sehr glücklich über seinen Entschluß. Er spürt selbst (und wir in der Gruppe übrigens auch), wie er bei der Bewältigung dieser Aufgabe kräftiger und lebendiger wird.

»So, wie ihr mich seht, will ich nicht sein«

In den Analysandenkreisen werden neben den Therapiegesprächen von Zeit zu Zeit auch gruppendynamische Probleme erörtert. Dabei geht es um die Art unserer Zusammenarbeit, die Stimmung im Kreis und die Frage, wie die Beziehungen der einzelnen untereinander sind. Bei einem dieser Gespräche kommt es zu der Fragestellung: »Ich denke, daß du denkst . . .«, womit die Gruppenmitglieder zum Ausdruck bringen wollen, daß hinter ihren bewußten Äußerungen manches Unausgesprochene zurückbleibt.

Sie sind der Überzeugung, daß jeder von ihnen gewisse unreflektierte Annahmen in die Gruppe hineinträgt. Gefühle, Erwartungen und Meinungen, wie die anderen sie wahrnehmen und über sie denken. Die Gruppe äußert den Wunsch, dieser zweiten Spur einmal genauer nachzugehen, um zu erfahren, ob das Bild der einzelnen von sich mit dem der Gruppe identisch ist. Jeder hat Gelegenheit, den Gedanken: »Ich denke, daß ihr denkt . . .«, auf seine Weise auszuführen. Dabei kommt es zu Äußerungen wie »Ich denke, daß ihr mich für zu expansiv haltet.« »Ich glaube, ihr seid unzufrieden mit mir, weil ich noch so schüchtern bin.« »Ihr denkt sicher, daß ich öfter mitarbeiten könnte.« »Ich denke, daß ihr mich für arrogant haltet« usw.

Diese Gespräche, die sich über einige Monate hinziehen, sollen dazu beitragen, den offenen und rechtzeitigen Umgang mit Beziehungskonflikten zu üben. Sie erweisen sich als ungemein interessante Anregung und Belegung des Gruppengeschehens. Für alle Beteiligten gibt es »Aha-Erlebnisse« angenehmer und weniger angenehmer Art. Projektionen, Vorurteile, »Geschwisterprobleme« und Fehleinschätzungen werden deutlich. Besonders bei einem der männlichen Teilnehmer erweist sich zwischen seiner Selbstwahrnehmung und der Optik der anderen eine bemerkenswerte Diskrepanz. Bei der Suche nach den Ursachen dieses Phänomens stoßen wir auf einen Gefühls- und Wertkonflikt.

Von Jens, einem 30jährigen Justizangestellten, haben die anderen ein Persönlichkeitsbild entworfen, das er (zunächst) überhaupt nicht akzeptieren kann. Bei der Charkterisierung durch die Gruppe tauchen immer wieder die Begriffe »rational«, »stark«, »distanziert«, »sehr überlegen«, »intellektuell«, und »dominant« auf. Für die anderen Teilnehmer ist Jens jemand, der seit seinem Einstieg in den Kreis das Geschehen aktiv und führend mitgestaltet hat.

Dazu meint er: »So, wie ihr mich seht, bin ich doch gar nicht. So will ich gar nicht sein. Wenn ihr mir sagt, daß ich rational und intellektuell sei, wehre ich das unheimlich stark ab. Ich empfinde das zwar nicht rundherum als Herabsetzung, im Gegenteil, aber wenn das die Hauptmerkmale von mir sein sollen, kann ich das überhaupt nicht nachvollziehen. Ich halte mich eher für einen emotionalen Menschen, für sehr weichherzig und empfindlich. Überhaupt nehme ich für mich in Anspruch, daß ich sehr viele Gefühle habe und gar nicht distanziert bin. Alles, was hier in der Gruppe abläuft, berührt mich immer ganz stark. Oft bin ich aufgewühlt und ergriffen von dem, was hier geschieht. Dieses Gespräch über mich, überhaupt die Gespräche der letzten Zeit versetzen mich in ziemliche Vibration. Wieso kommt denn das bei euch nicht so an? Ich verstehe das nicht. Es ist eine enorme Kluft zwischen dem, was ihr über mich sagt, und dem, was ich tatsächlich fühle. Bin ich vielleicht nicht imstande, mich so zu zeigen, wie ich mich wirklich fühle? Oder kommt nur eine Seite von mir hier zum Vorschein? Also ich kann es gar nicht fassen, ich verstehe es einfach nicht.«

Diese von großer Betroffenheit gekennzeichneten Äußerungen setzen nun wiederum die Gruppe in eine gewisse Ratlosigkeit und Erstaunen. Mit dieser Reaktion hat keiner gerechnet, und so versuchen diejenigen, die Stellung genommen haben, Jens erst einmal zu erklären, daß sie mit ihrer Beschreibung überhaupt nichts Abwertendes ausdrücken wollten. Viele betonen, daß das Gesagte doch eher mit Bewunderung und Anerkennung zu tun hat. Einige geben sogar offen zu, ein bißchen neidisch auf seine Fähigkeiten und seine Art der Mitarbeit zu sein. Andere rätseln aber auch, warum Jens sein Empfinden, ein gewandter und emotional sensibler Mann zu sein, bisher so wenig sichtbar vorgelebt hat. Jemand meint, daß es doch Gründe dafür geben müsse, wenn man derart aneinander vorbei fühlt. Er spricht die Vermutung aus, daß Jens möglicherweise eine Seite seiner Persönlichkeit im Zusammensein mit anderen kaschiert, sich aus irgendwelchen Gründen abschottet und die anderen dann zu Fehlschlüssen kommen und wirklich nicht nachvollziehen können, wie er sich fühlt.

Auf diese Überlegung geht Jens ein: »Es kann schon sein, daß meine Haltung nicht eindeutig, sondern zwiespältig ist. Mir ist das allerdings noch nie so bewußt geworden wie jetzt hier. Vielleicht möchte ich schon Gefühle zeigen, aber tue es dann doch nicht und lebe in dem Glauben, es doch zu tun. Versteht ihr, was ich meine? Ich möchte gefühlvoll sein, habe aber auch Angst davor, besonders vor heftigen Gefühlen. Zum Beispiel als wir vor einigen Monaten überlegt haben, welches Thema wir zum Gespräch wählen könnten, habe ich sehr dafür plädiert, über Konfliktfähigkeit und Konflikte zu sprechen. Es ist auch ein echter Wunsch von mir, der aber mit großer Angst besetzt ist. Ein ganz wunder Punkt. Solche Gespräche stoßen mich ziemlich stark auf meine Grenzen, weil zwar der Anspruch da ist, Auseinandersetzungen führen zu können, aber mein Harmoniestreben noch so groß ist, daß ich denke, wenn ich jemand verletze – und das läßt sich ja leider nicht immer vermeiden –, dann soll er auch einverstanden damit sein. (Schallendes Gelächter von seiten der Gruppe.) Ja, ihr lacht, es ist ja auch komisch, aber für mich ist es oft ein unüberwindbares Dilemma. Ich bin wirklich hier, um diese Grenzen zu überschreiten. Es ist mein Ziel, mehr darauf zu achten, was ich fühle und will, um die anderen damit zu konfrontieren. Andererseits, wenn ich das so sage, kriege ich direkt eine Gänsehaut.«

Die Ausführungen von Jens motivieren die Gruppe, noch einmal zusammenzutragen, was wir bereits in den früheren Therapiegesprächen über seine Lebensgeschichte und den Werdegang erfahren haben. Es ist unser Bedürfnis, genauer zu verstehen, wie dieser Mangel an Übereinstimmung in der Wahrnehmung zustande kommt.

Jens ist als Einzelkind in einer ziemlich wohlhabenden Familie aufgewachsen. Bis zu seinem 24. Lebensjahr lebt er im Hause der Eltern. Seinen Vater, einen erfolgreichen und anerkannten Geschäftsmann, bewundert, liebt und fürchtet er zugleich. Jens erzählte, daß sein Vater eine sehr merkwürdige Mischung verkörpere. Neben autoritärem und strengem Gebaren und latenter Affektbereitschaft könne er äußerst sentimental, aber auch wirklich lieb sein. Ein Erlebnis ist Jens besonders haften geblieben.

Damals war er als Fünfzehnjähriger mit seinen Eltern auf einer Urlaubsreise. Bei einem Ausflug an den Bodensee ergab es sich, daß er mit dem Vater zusammen einen Sonnenuntergang betrachtete, bei dem dieser in überschwengliches Schwärmen geriet und an einer Stelle mit einem Seitenblick auf Jens meinte, dieses Erlebnis sei doch ein ideales Thema für einen Aufsatz. Worauf Jens (er erinnert sich an Trotzgefühle) erwiderte, er wisse gar nicht, was man darüber schon großartig schreiben sollte. Auf diese Äußerung reagierte der Vater ziemlich heftig mit der Bemerkung: »Junge, damit stellst du dir aber ein unglaubliches Armutszeugnis aus, wenn du *so wenig* Gefühle hast.« Dieses »Urteil« kränkte Jens zutiefst. Er fühlte sich abgelehnt und verkannt, war aber trotzdem nicht in der Lage, über seine Gefühle zu sprechen.

Die Atmosphäre im Elternhaus beschreibt Jens als »Wechselbäder«. Er ist als einziges Kind sehr behütet und verwöhnt worden. Für die Aufmerksamkeit und Beachtung, die er in überreichem Maße erhält, »bezahlt« er mit glänzenden Schulleistungen und hervorragendem Benehmen. Von der Mutter wird er sehr schonend behandelt. Bei den Affektausbrüchen des Vaters versucht sie stets ausgleichend und beschwichtigend zu wirken. Jens aber fühlt sich nach solchen »Gewittern« am Boden zerstört und völlig vernichtet, selbst dann, wenn es gar nicht um ihn geht. Konflikte zwischen den Eltern werden nicht benannt, geschweige denn offen ausgetragen. Die »Positionen« sind festgelegt. Über Gefühle wird kaum gesprochen, statt dessen stehen die Themen »Leistung«, »Vorwärtskommen«, »Geltung gewinnen« öfter auf der Tagesordnung.

Jens kann sich nicht erinnern, jemals offen aufsässig gewesen zu sein. Im Gegenteil, trotz seiner ambivalenten Gefühle hat er stets versucht, die Liebe und Anerkennung des Vaters sicherzustellen. Als dieser an einem Herzinfarkt stirbt, fühlt sich Jens zunächst »hilflos und verloren in der Welt«. In seinen späteren Beziehungen zu Autoritäten und Vorgesetzten zeigt sich das gleiche gute Verhältnis. Er kommt den Anforderungen nach und erhält dafür Lob und die Sicherheit, »*so* richtig zu sein«. Schwächegefühle oder gegensätzliche Gefühle behält er weiter für sich.

Obwohl uns die Entwicklungsgeschichte von Jens (die hier nur angedeutet ist) eine ganze Reihe von Anhaltspunkten zum Verständnis seiner aktuellen Gefühlssituation bietet, halten wir die konflikthafte Identifikation mit dem Vater für besonders aufschlußreich. Zu den Überlegungen, die die Gruppe in diesem Zusammenhang zusammenträgt, meint Jens schließlich:

»Bei dem, was ihr jetzt sagt, empfinde ich noch mal so deutlich, wie sehr ich mich von meinem Vater abhängig gefühlt habe. Ich glaube schon, daß ich lange Zeit so werden wollte wie er. Er kam mir so überlegen und souverän vor. Er war ja auch sehr geschätzt von vielen Leuten. Auf der anderen Seite habe ich immer einen Horror davor gehabt, daß ich auch einmal solche Affekte produzieren könnte wie er. Ich denke heute, daß die mir nicht nur angst gemacht haben, sondern ich habe sie wohl auch als Schwäche erlebt, sozusagen als totale Entblößung. Vielleicht liegt hier auch ein Konflikt bei mir. Mir geht im Augenblick allerhand durch den Kopf, und ich kann das jetzt nicht so geordnet ausdrücken, aber ich versuche es trotzdem mal. Also ich weiß, daß ich manchmal insgeheim denke: Wenn ich die Gefühle ganz offen zeige, dann werde ich davon überschwemmt und kriege das alles nicht mehr unter Kontrolle. Bei manchen Filmen, da bin ich so gerührt, daß ich einfach heulen muß, aber solche Gefühle offen zu zeigen getraue ich mich wohl nicht. Mir kommt auch die Idee, ich könnte mal vor Wut aus der Haut fahren, so wie mein Vater. Ein fürchterlicher Gedanke. Manchmal denke ich auch so, wenn ich mich gefühlvoll und freundlich zeige, dann werde ich noch angreifbarer und verletzlicher, als ich mich ohnehin schon fühle, und dann könnte es doch auch passieren, daß die anderen mich nicht mehr so ernst nehmen. Die Distanz ist dann irgendwie weg. Da fällt mir gerade ein Gespräch ein, bei dem mir Leute sagten, sie erlebten mich als Autorität und hätten manchmal Angst vor mir. Ich sei so streng und korrekt. Erst habe ich mich schrecklich geärgert, aber nach einer Weile kam mir dann in den Sinn: Besser, die Leute haben Angst vor mir, als daß sie mich für einen gefühlvollen Dussel halten, mit dem man alles machen kann. Es geht tatsächlich hin und her in meinem Gefühl.«

Im Verlauf des weiteren Gesprächs werden Jens die Widersprüche in seinem Selbstbild deutlich. Er fängt an zu begreifen, daß sein tatsächliches Verhalten Menschen gegenüber von einem Ideal der Stärke bestimmt wird und nicht, wie er meint, von seiner Wunschvorstellung, ein außergewöhnlich lieber und gefühlvoller Mann zu sein. Jens wird genauer überprüfen müssen, was er emotional und inhaltlich mit den von ihm so abgelehnten Begriffen (intellektuell, rational usw.) verbindet. Ob sie für ihn vielleicht identisch sind mit männlichen Vorstellungen von Stärke und Schwäche, Richtig- und Falschsein. In diesem Klärungsprozeß wird er lernen können, daß offener Gefühlsaustausch ohne ein gewisses Maß an Entblößung – die anderen sehen mich ohne Maske, ohne Abwehrpanzer – gar nicht denkbar, aber auch nicht so gefährlich ist, wie er glaubt.

In diesem Gespräch mit Jens wird uns deutlich, wie stark unsere Beziehungen von Wahrnehmungsverzerrungen bestimmt sind und wie fragmentarisch und undifferenziert wir einander noch erleben. Für jeden Menschen haben wir mehr oder weniger bewußt ein grobes Raster: Der ist intellektuell, der ist emotional, der ist immer optimistisch, der ist immer depressiv, der ist aggressiv, der redet zuviel, der schweigt zuviel ... Diese Klischeehaftigkeit im Umgang muß uns erst einmal bewußt werden, wir müssen sie fühlen können, damit wir in der Lage sind, an die komplizierteren zwischenmenschlichen Phänomene heranzukommen.

Wir laufen stets Gefahr, einander festzulegen auf ein bestimmtes Bild, eine Rolle, eine Charaktereigenschaft. Wir müssen lernen, uns dagegen zur Wehr zu setzen. Unsere Zusammenarbeit in der Gruppe darf nicht unsere alten Vorurteile und Begrenzungen bestärken, sie soll dazu beitragen, sie sichtbar zu machen, und uns helfen, sie aufzubrechen.

Wir können Jens beruhigen, daß er keine Angst haben muß, auf einzelne Aspekte seiner Persönlichkeit festgelegt zu werden. Dieses Gespräch hat erwiesen, daß wir noch nicht wissen, wer Jens wirklich ist.

»Da muß ich doch helfen, oder?«

Wenn Menschen mit der Tatsache konfrontiert werden, daß ihnen nahestehende Familienmitglieder, Freunde oder Bekannte in Not geraten und nun der Hilfe bedürfen, passiert es häufiger, daß der Akt des Eingreifen- und Helfenwollens selbst zu einem Konflikt wird. Dieser ist zwar im Einzelfall immer von den Charakteren der Beteiligten und dem jeweiligen Problem geprägt, enthält jedoch häufig überindividuelle Merkmale. Die folgende Darstellung mag dafür ein Beispiel liefern.

Renate, eine 44jährige Frau, kommt eines Abends sehr aufgelöst in ihren Analysandenkreis und bittet darum, sprechen zu dürfen. Sie erzählt uns, daß ihre in Frankreich lebende Schwester in die Nervenklinik eingeliefert wurde und deren drei Kinder nun ohne Aufsicht und Pflege sind. Ihr Schwager, der Vater der Kinder, sei ihrer Ansicht nach nicht imstande, sich um sie richtig zu kümmern. Er habe sich geschäftlich total übernommen und lebe mit seiner Familie bereits schon seit einigen Jahren in schwierigsten und ärmlichsten Verhältnissen. Wahrscheinlich liege auch hier die Ursache für den nervlichen Zusammenbruch der Schwester.

Sie selbst, Renate, wisse gar nicht, wie und was sie machen solle. Sie überlege ständig, ob sie nun gleich hinfahren oder erst noch ein paar Tage abwarten solle, um zu sehen, wie sich die Dinge entwickeln; aber helfen müsse sie auf jeden Fall, das sei ja ganz klar. Im übrigen werde sie von sämtlichen Familienmitgliedern bestürmt, sofort dort hinzufahren, um nach dem Rechten zu sehen und eventuell die Kinder einfach mitzubringen.

Nach dieser in großer Aufregung vorgetragenen Situationsbeschreibung gerät auch die Gruppe in starke emotionale Erregung. Im Gegensatz zu unseren sonstigen Gewohnheiten sprechen alle durcheinander, und die meisten überlegen laut, wie man in diesem Falle am besten helfen könnte. Jemand gibt zu bedenken, daß doch der Vater der Kinder auch noch da sei und man nicht einfach über dessen Kopf hinweg handeln könne. Erst jetzt wird an Renate die Frage gerichtet, ob der Schwager die Hilfe der deutschen Verwandten überhaupt wünsche. Hierzu überlegt Renate:

»Das ist schwer zu beantworten. Bei Telefonaten hat Henri bisher immer wieder gesagt, daß er keine Einmischung von unserer Seite will. Er empfindet es offenbar als unangemessen. Ich muß dazu sagen, daß wir eigentlich nie richtigen Kontakt zu ihm gefunden haben. Wir mögen ihn nicht besonders und er uns wohl auch nicht. Meine Schwester hat ihn nämlich gegen den Willen meiner Eltern geheiratet. Sie ist überhaupt das schwarze Schaf in unserer Familie gewesen, sehr trotzig und aufsässig. Sie ist irgendwann einfach abgehauen und hat dann diesen Henri geheiratet. Lange Zeit wußte keiner von uns, wo sie war. Ich glaube, sie wollte auch keinen Kontakt zu den Eltern und zu uns Geschwistern.«

Diesen Worten läßt sich unschwer entnehmen, daß der Schwager und vielleicht auch die Schwester keine Hilfe von seiten ihrer deutschen Verwandtschaft wünschen. Als wir Renate auf diese Tatsache aufmerksam machen, ist sie sehr erstaunt, weil sie sich darüber gar keine Gedanken gemacht hat. Sie sagt:

»Als ich von dieser Katastrophe hörte, war mir nur klar, ich *muß* etwas unternehmen, obwohl meine Situation im Augenblick auch nicht so einfach ist. Ich habe nur an meine Schwester und die Kinder gedacht, und alle in meiner Umgebung haben mich auch darin bestärkt.

Es ist wirklich so, daß ich dauernd Anrufe von Familienmitgliedern bekomme, die mich bedrängen, doch endlich etwas zu unternehmen und zu fahren. Sogar mein ehemaliger Mann hat angerufen und gemeint, es sei doch meine Pflicht, der Dora zu helfen, und worauf ich denn eigentlich noch warten würde. Ich kam mir schon ganz komisch vor, daß ich nicht gleich mit dem nächsten Zug los bin, sondern erst noch einmal auch mit euch darüber sprechen wollte. Mein neuer Partner, der Hans, hat übrigens auch gleich so reagiert und sogar angeboten, daß die Kinder bei ihm wohnen könnten. Erst sollte ich sie mal holen, und dann könnten wir ja weitersehen. Er hat das tatsächlich angeboten, obwohl er mit seiner 14jährigen Tochter selber sehr beengt lebt.«

Ich versuche in einer Stellungnahme deutlich zu machen, daß mir dieses Helfenwollen um jeden Preis sehr problematisch erscheint. Außerdem möchte ich wissen, wie Renate ihre eigene Lebenssituation im Augenblick erlebt und wie sie ihre Kräfte derzeit einschätzt. Daraufhin sagt sie:

»Also diese Frage berührt mich jetzt sehr stark, weil ich sie mir selber noch gar nicht zugestanden habe. Irgendwie war mein Gefühl, daß ich gar kein Recht habe, diese Frage zu stellen, wenn doch auf der anderen Seite so ein Chaos ist. Wie es mir selber geht? Hm, ihr wißt ja, daß ich immer noch die Scheidung von Martin zu verkraften habe. Es ist ja bereits zwei Monate her. Hans ist zwar ungeheuer lieb, aber eine zwanzigjährige Ehe kann man eben nicht einfach so abschütteln. Und dann bin ich ja jetzt im Didaktikum, es sollte jetzt endlich beginnen, und ich habe ziemliche Angst davor. Es ist ein großer Schritt, wenn man so lange Mutter und Hausfrau war und auch schon älter ist und dann noch einmal von vorne beginnt, nochmal beginnen muß. Wenn ich mir das jetzt in Ruhe durch den Kopf gehen lasse, brauche ich meine Kraft eigentlich für diese Aufgaben. Es stimmt, ich bin da offenbar in so eine blinde Helferstimmung hineingeraten. Die Situation ist mir so unglaublich vertraut: Jemand braucht Hilfe, und ich helfe ohne Rücksicht auf Verluste. Dieser moralische Druck von zu Hause ist einfach ungeheuer stark. Dagagen kann ich mich allein gar nicht zur Wehr setzen.«

Wir wollen und können Renate nicht die Entscheidung abnehmen, ob sie hinfahren oder hierbleiben will, aber wir können ihr dabei helfen, eine Orientierung zu finden, die zu einem eigenen Entschluß führen wird. Im Verlauf dieser Bemühung wird deutlich, daß in Renates religiöser Erziehung Hilfsbereitschaft ein »Muß« war. Gleichzeitig war diese Haltung eine Quelle von Anerkennung, für Renate sogar zeitweise *die* Möglichkeit, sich in Beziehungen zu definieren. Es ist daher keineswegs verwunderlich, daß sie in der aktuellen Situation Schwierigkeiten hat, ihre persönlichen Bedürfnisse klar zu erkennen. Sie möchte helfen und hat Angst davor, egoistisch zu sein; sie möchte für diese opferbereite Haltung bewundert und anerkannt werden, aber sie möchte auch, wenn sie ganz ehrlich ist, lieber in Ruhe ihre eigenen Aufgaben anpacken, ohne sich noch mit den Problemen der Schwester zu belasten. Sie sagt ganz klar:

»Wenn ich ganz ehrlich bin, fühle ich mich zur Zeit eigentlich nicht imstande, mich in ein Chaos hineinziehen zu lassen. Meine Kräfte reichen gerade, um die aktuellen Probleme in den Griff zu kriegen. Allmählich fühle ich auch die Angst, die mit der ganzen Angelegenheit verbunden ist. Offenbar handle ich doch in solchen Situationen wie unter einem Zwang. Ich muß euch aber noch etwas sagen, was mir ziemlich peinlich ist, was aber leider stimmt und auch in diesen Zusammenhang gehört. Ganz zu Anfang, als ich von all dem erfuhr, sah ich mich bereits in Gedanken die Kinder vor dem unmöglichen Vater retten und der Schwester Trost spenden. Es ist eben immer noch eine große Verlockung für mich, die perfekte Helferin zu sein. Versteht ihr, was ich meine?«

Im weiteren Gespräch mit Renate stoßen wir auf grundsätzlichere Probleme, die im Zusammenhang mit der Frage der Hilfeleistung von Wichtigkeit sein können. Wir sprechen von der Helfersucht, dem Helfersyndrom (Schmidbauer), dem Helfen als Kompensation und Übergriff, dem Helfen ohne Rücksicht auf die eigenen Kräfte. Wir stellen fest, daß die meisten von uns große Mühe haben, angesichts von Notsituationen *nicht* blindlings zu helfen. Hierbei spielt nicht nur die spontane emotionale Betroffenheit eine Rolle, sondern besonders auch die Furcht, daß Besonnenheit oder die Frage, ob man sich der Aufgabe überhaupt gewachsen fühlt, möglicherweise als Gefühlskälte, krasser Egoismus oder asoziales Verhalten interpretiert wird.

Wie Renate sich entscheiden wird, wissen wir zum Zeitpunkt dieses Gesprächs nicht. Wir haben ihr nahegelegt, wenn sie doch fahren sollte, dies nicht allein zu tun, sondern sich eine Freundin oder einen Freund mitzunehmen. Falls sie sich jedoch gegen die Reise entscheidet, muß sie mit der Kritik der Verwandten und drohendem Liebesverlust rechnen.

»Da bin ich doch ein Parasit«

Von seiten bestimmter Kritiker wird gegenüber der Psychotherapie häufig der Vorwurf erhoben, sie mache den Menschen für die Gesellschaft nur wieder arbeits- und funktionstauglich, anstatt Hilfestellung für eine emanzipatorische Entwicklung zu geben. Wir sind der Meinung, daß der Vorwurf zumindest dann berechtigt ist, wenn Therapien sich mit Symptombehandlung begnügen und sich weigern, komplexere Fragen der Lebens- und Arbeitswelt in die Behandlung einzubeziehen. Unsere Erfahrungen lehren, daß es nicht nur Charakter- und Beziehungsschwierigkeiten sind, die den Menschen in seiner Lebensgestaltung beeinträchtigen, sondern ebenso häufig ungelöste Probleme des Berufes oder der Arbeitsplatzsituation. Das folgende Beispiel behandelt einen Konflikt, der diese Zusammenhänge aufzeigt.

Die 45jährige Lotte, von Beruf Buchhalterin, kommt wegen einer schweren Depression in die Therapie. Von ihrem Hausarzt ist sie bereits zwei Jahre zuvor an einen Facharzt für Neurologie und Psychiatrie überwiesen worden, den sie aber nur kurze Zeit konsultiert, weil bei ihm keinerlei Gespräch, sondern ausschließlich eine medikamentöse Behandlung erfolgt. In der ersten Zeit unserer Gespräche zeigt sich Lotte völlig apathisch und resignativ. Ihr Blick ist traurig, ihre Stimme gedrückt, und die Bewegungen sind auffallend verlangsamt. Sie erzählt, daß sie schon lange unter Schlaf- und Eßstörungen, vegetativer Dystonie, Migräneanfällen und massiven Angstzuständen leidet. Im Laufe des ersten Gesprächs schildert sie ihre Gefühle und aktuelle Situation mit den Worten:

»Eigentlich habe ich keinen Mut mehr. Meine Situation ist hoffnungslos. Ich fühle mich gar keinen Anforderungen mehr gewachsen, egal was es ist. Wenn ich morgens zur Arbeit gehe und die Wohnung verlassen muß, bekomme ich Schweißausbrüche vor Angst, und mir wird ganz übel. Wenn ich im Büro bin, kann ich mich nicht konzentrieren und bringe alles durcheinander oder halte mich viel zu lange an Kleinigkeiten auf. Ich mache diese Arbeit schon über zwanzig Jahre, und auf einmal geht es nicht mehr. Nun mogle ich mich so durch. Dabei fühle ich mich dauernd von den Kollegen beobachtet, die scheinen irgend etwas zu ahnen. Die meiste Angst habe ich vor dem Leiter. Dabei möchte ich doch wirklich meine Arbeit gut machen, aber ich kann einfach nicht mehr. Alles ist so zäh und mühsam. Nicht einmal den Haushalt kann ich noch in Ordnung halten. Ich kann mich einfach nicht aufraffen, sauberzumachen oder einkaufen zu gehen. Essen kochen mag ich auch nicht. Wissen Sie, es ist alles ein Riesenkraftakt für mich, egal was ich tue. Es ist alles ausweglos und sinnlos geworden. Am sichersten fühle ich mich noch im Bett. Manchmal denke ich: Mach doch einfach Schluß.«

Nach etwa zwei Monaten der Zusammenarbeit wird deutlich, daß Lotte die Therapie nicht für sich nutzen kann, solange sie sich unter dem Druck fühlt, am Arbeitsplatz die alten Leistungen erbringen zu müssen. Daher empfehle ich ihr, sich durch einen Neurologen, mit dem wir zusammenarbeiten, für längere Zeit krank schreiben zu lassen, um dann in Ruhe ihre Schwierigkeiten bearbeiten zu können. Obwohl sie große Angst vor diesem Schritt hat, greift sie meinen Vorschlag auf. Tatsächlich tritt nach dieser äußeren Entlastung eine Besserung ihres Gesamtzustandes ein, der sich jedoch angesichts geringer Probleme als ziemlich instabil erweist. Ganz besonders leidet sie unter ihrer Arbeitsunfähigkeit, für die sie selbst zunächst keine Erklärung findet. In zwanghaften Selbstanklagen und Selbstvorwürfen verleiht sie ihren Schuld- und Minderwertigkeitsgefühlen immer wieder Ausdruck. Nach und nach werden in den Einzel- und Gruppengesprächen Zusammenhänge deutlich, die ihre aktuellen Schwierigkeiten verständlicher machen. Einiges, was wir über ihre Entwicklung erfahren, will ich hier wiedergeben:

Lotte ist als Einzelkind aufgewachsen. Während des Krieges lebte sie eine Weile mit der Mutter allein. An die frühen Kindheitsjahre kann sie sich kaum noch erinnern. Sie weiß nur noch, daß die Eltern nach dem Krieg vollauf damit beschäftigt waren, ihre wirtschaftliche Situation zu ordnen, und daß über Probleme oder Gefühle nicht gesprochen wurde. Der Vater nahm nach seiner Rückkehr aus dem Krieg bald wieder seine Tätigkeit als Finanzbeamter auf, während die Mutter für die Haushalts- und Erziehungsfragen zuständig war. Freunde hatten die Eltern nicht. Soziale Kontakte beschränkten sich auf seltene Besuche bei den nächsten Verwandten. Ansonsten blieb die Familie unter sich, mit der ausgesprochenen Tendenz, die Umwelt als bedrohlich und feindlich zu erleben.

In Lottes Erinnerungen ist die Ehe der Eltern nicht glücklich gewesen, sie funktionierte eben. Sie mochte die Mutter lieber als den Vater, der ihr immer fremd und sonderbar erschien. Doch auch zur Mutter, die nur selten Gefühle zeigte, blieb Lottes Beziehung distanziert. Zärtlichkeiten gab es nicht, und Lotte erinnert sich daran, daß sie sehr früh Körperkontakt vermieden und verabscheut hat. Sie entwickelte sich zu einem braven, unauffälligen Kind mit guten Noten in der Schule und dem Wunsch, immer alles richtig zu machen und gut zu funktionieren. Sie hatte zwar Kontakt zu Gleichaltrigen, durfte aber nie Spielgefährten mit nach Hause bringen. Auf die Frage, welche Erziehungsmaximen in ihrem Elternhaus besonders wichtig gewesen sind, nennt Lotte Pflichterfüllung und Unauffälligkeit, also nirgendwo aus der Reihe zu tanzen oder unangenehm aufzufallen.

Nach der Schule machte Lotte eine Ausbildung und wurde schließlich auf Anraten des Vaters Buchhalterin, obwohl sie nach dem Abitur lieber Kunstgeschichte oder Sprachen studiert hätte. Mit dreißig heiratete sie einen Berufskollegen. Es war der erste Mann, den sie näher kennenlernte. Nach acht Jahren wurde die Ehe geschieden, weil zwischen ihnen keine tiefere emotionale Beziehung zustande kam und beide Partner die Distanz (Sexualität fand jahrelang nicht statt) nicht mehr ertragen konnten. Die Scheidung war für Lotte der Beweis, daß sie eben nicht in der Lage sei, eine Partnerschaft zu führen, und so stellte sie sich innerlich auf ein einsames Leben ein. Kurze Zeit nach der Trennung begann sie dann verschiedene Symptome zu entwickeln, die sie zunächst ignorierte, bis sie sich schließlich nach fast drei Jahren ihrem Hausarzt anvertraute und zwei Jahre später unsere Gruppe kennenlernte.

Es zeigt sich bald, daß die Art der Zusammenarbeit und des Zusammenlebens in der Gruppe für Lotte eine völlig neue Welt ist. Niemals zuvor hat sie diese Bemühung um gegenseitige Verständigung, Anregung und Förderung erlebt. Das unkonventionelle Miteinander ist für sie zunächst fremd und beängstigend. In den Therapiegesprächen kann sie sich längere Zeit nur zögernd und distanziert einbringen. Auffallend ist auch bei uns ihre Tendenz, alles richtig machen zu wollen und gehorsam zu sein, Hinweise und Vorschläge möglichst gleich in die Tat umzusetzen, ohne sich zu fragen, ob diese ihren eigenen Möglichkeiten und Bedürfnissen überhaupt entsprechen. Es dauert eine ganze Weile, bis Lotte sich auf Nähe einläßt und allmählich zu hoffen beginnt, daß auch sie lernen wird, ihr Leben sinnvoller als bisher zu gestalten. Die Konfrontation mit anderen Lebensformen und Wertvorstellungen in der Gruppe bringt auch Verunsicherungen mit sich. Längst ist Lotte schmerzlich bewußt geworden, wie einseitig und schmal der Lebensentwurf war, den ihr das Elternhaus vermittelt hat. Ihr Gefühl, daß sie zum ersten Mal in ihrem Leben ihre persönlichen Bedürfnisse kennenlernen und wichtig nehmen darf, macht sie optimistisch und unruhig zugleich. Die Entwicklung bringt neue Probleme mit sich, so ist ihr klargeworden, daß sie nicht mehr in ihrem alten Beruf arbeiten kann und will, ohne aber schon ganz genau zu wissen, was sie statt dessen machen könnte. Als nun nach über einjähriger Krankschreibung Lottes Arbeitgeber darauf dringt, daß sie ihre Tätigkeit wieder aufnimmt, kommt es für sie zu einem belastenden Konflikt:

Obwohl Lotte ahnt, daß ihr die ungeliebte Arbeit erneut große Schwierigkeiten bereiten wird, fühlt sie sich verpflichtet, dieser Aufforderung nachzukommen. Trotz aller Angst- und Abwehrgefühle nimmt sie ihre Arbeit wieder auf mit dem Resultat, daß nach vierzehn Tagen all jene Symptome wiederkehren, deretwegen sie in die Therapie kam. Als ich sie in einer Stunde frage, warum sie sich nicht pensionieren lassen will, um dann ohne Druck nach einer ihren jetzigen Bedürfnissen entsprechenden Tätigkeit zu suchen, gesteht sie, daß sie selbst auch schon diese Idee hatte. Sie sagt: »Weißt du, ich hatte einfach nicht den Mut, darüber zu sprechen, weil ich befürchtet habe, daß man mir vorwirft, ich würde mich wie ein Parasit verhalten. Es ist mit meiner Vorstellung von Pflichterfüllung unvereinbar, zumal ich doch auf Kosten des Arbeitgebers fast zwei Jahre Therapie gemacht habe. Da muß ich doch nun wieder hin, obwohl es eine Katastrophe für mich ist.«

Als ich ihr zu bedenken gebe, daß sie doch bereits über zwanzig Jahre ihre Pflicht nach besten Kräften erfüllt habe und nun auch einmal an ihre eigene Entwicklung denken dürfe, ist sie verwirrt und fragt ungläubig: »Ist das dein Ernst? Meinst du wirklich, daß ich das machen könnte, ohne daß man mir dann vorwerfen könnte, ich würde mir auf Kosten anderer ein schönes Leben machen wollen?«

Nachdem wir in einigen Gesprächen die rechtliche und formale Seite des Problems durchgesprochen und festgestellt haben, daß die Möglichkeit einer Pensionierung für Lotte tatsächlich gegeben ist, stoßen wir zum eigentlichen Konflikt vor: Lottes Angst vor einer Autorität, die sie wegen dieses Schrittes zur Rechenschaft ziehen könnte, ist groß und der Zwang zum Gehorsam tief verwurzelt.

Noch immer scheint ihr der Wunsch, in »ihrem Alter« noch einmal neu anzufangen, wie ein Vergehen. Erst nach vielen Gesprächen in der Gruppe und mit Freunden verliert sie die Vorstellung, daß dieses Bedürfnis in ihrer Situation asozial sei. Sie faßt tatsächlich den Mut, ihre Pensionierung einzureichen.

Schlußüberlegungen

An dieser Stelle möchten wir abschließend einige uns wesentlich erscheinende Aspekte der Moral-Konflikt-Thematik zusammenfassen. Nicht das Auftreten von Konflikten ist »neurotisch«, viel eher die Vorstellung, daß menschliches Leben, persönliches Wachstum und Entwicklung spannungsfrei, glatt und überwiegend harmonisch verlaufen müßte. Diese vom (trügerischen) Wert der Sicherheit dominierte, enge und daher ängstliche Sichtweise geht nicht nur an der Realität vorbei, sondern übersieht, daß neben den unlustvollen Gefühlen und existentiellen Verunsicherungen, die häufig Begleiterscheinungen von Konflikten sind, in ihnen ein entscheidendes Potential für Veränderungs- und Entwicklungsmöglichkeiten steckt. Diese Quelle von Kreativität ist für die Lebensgestaltung unverzichtbar.

Jede ernstzunehmende Therapie wird daher nicht die Vermeidung von Konflikten als Anliegen betrachten, sondern Kräfte freizusetzen versuchen, die eine fruchtbare Bewältigung von konflikthaften Situationen möglich macht. In den beiden Kapiteln über die geschlechtsspezifischen Probleme von Frauen und Männern haben wir darauf aufmerksam gemacht, daß die traditionelle Erziehung Mädchen und Jungen nicht nur unterschiedliche Wertvorstellungen vermittelt, sondern sie auch nicht in gleicher Weise auf den Umgang mit Konflikten vorbereitet. Da Mädchen häufig nicht gestattet wird, eigenwilligen Neigungen oder aggressiven Impulsen Ausdruck zu verleihen, fühlen Frauen sich von Konflikten meist bedroht. Sie verfügen nicht über die emotionale Sicherheit, daß sie bei einer fordernden und offensiven Haltung in Beziehungen, in deren Folge trennende Gefühle auftreten, damit rechnen können, daß der jeweils (meist männliche) andere die Nähe wiederherstellen wird.

Insofern ist die ermutigende Unterstützung zur klaren Wahrnehmung und Konfliktfähigkeit in der therapeutischen Arbeit mit Frauen ein vorrangiges Thema. Jungen dagegen sind aggressive Haltungen nicht nur vertrauter, weil erlaubt, sondern sie dienen dem Kräftemessen und dem Erproben vom Dominanz und bestätigen sie in ihrem männlichen Identitätsgefühl. Zumindest in den persönlichen Beziehungen fühlt sich der durchschnittliche erwachsene Mann daher von konflikthafter Distanz nicht wie die Frau existentiell bedroht, obwohl er meist nicht imstande ist, sie aufzuheben. Mehr oder weniger unbewußt verläßt er sich auf die Liebesarbeit der Frau, die früher oder später die Beziehungsfäden wieder »harmonisch« zusammenknüpfen wird. In der therapeutischen Arbeit mit männlichen Hilfesuchenden hat daher die kritische Durcharbeitung ihrer Neigung, in Konfliktfällen rigide auf »objektiven« Rechts- oder Vernunftstandpunkten zu beharren, Vorrang. Für sie steht die Aufgabe an, auf das Demonstrieren von (scheinbarer) Stärke zu verzichten, um sich mit den Unzulänglichkeiten ihrer Liebes- und Verständigungsfähigkeit vertraut zu machen und diese zu ändern. Letztlich gilt für beide Geschlechter, wenn auch in sehr unterschiedlichen Lernschritten, die Therapie so zu nutzen, daß sie das Nichtgefühlte und Nichtgelebte zum Ausdruck bringen lernen und ihre menschliche Person ganzheitlich entdecken. Es ist der mühselige Prozeß der Befreiung aus der Einseitigkeit der jeweiligen Geschlechterrollenklischees, bei dem auch Abschied genommen werden muß von der Vorstellung, in dieser gesellschaftlichen Situation als Frau oder Mann perfekte Lösungen für die Lebens- und Beziehungsgestaltung zu finden. Wesentlich ist, daß Menschen im therapeutischen Geschehen ihre konflikthaften Ambivalenzen als »richtig« und zu jedem Leben zugehörig verstehen und anzunehmen lernen. Schließlich sind Erfahrungen wichtig, daß der wache Umgang mit Schwächegefühlen, Ängsten oder »Fehlern« zu einem Zuwachs an Handlungsfähigkeit und Lebendigkeit führt und mehr zu einem stabilen Gefühl von innerer Sicherheit beiträgt als die zwanghafte Abwehr von Konflikten, die oft in Pseudoharmonie ihren Ausdruck findet.

Die in diesem Buch dargestellten Konfliktbeispiele haben zwar privaten Charakter, sind aber letztlich nur im gesellschaftlichen und kulturellen Kontext zu verstehen. Die tatsächliche Stellungnahme und Praxis zu moralischen und ethischen Problemen in unserer Welt entspricht nicht den in philosophischen und religiösen Schriften niedergelegtem, meist akademischen Abhandlungen. Wir alle werden durch Zeitungen, Radio, Fernsehen und andere Medien täglich mit der Unmoral unseres angeblich »normalen Alltags« konfrontiert. Die Verstrickung in dieses unmoralische System scheint unvermeidbar. Wir wissen, daß nicht die Achtung, der Schutz und die Förderung menschlichen Lebens und der Schaffung entsprechender Lebensbedingungen an der Spitze der Werteskala steht, sondern die Ausbeutung von menschlichen und anderen Energiequellen zur Maximierung von Gewinn, zur Anhäufung von Kapital und zur Erweiterung von Macht. Das Mittel zur Durchsetzung dieser Ziele ist die Anwendung von Gewalt bis hin zu kriegerischen Kämpfen.

Bereits an früherer Stelle haben wir darauf hingewiesen, daß neben den verschiedenen Ethiken und Religionen kulturübergreifend die Herrschafts- und Ausbeutungsideologie des Patriarchats das Moralverhalten von Menschen maßgeblich prägt. Wie die Geschlechterrollen, die Kleinfamilie, patriarchalische Werte und die kapitalistische Produktionsweise zu einem systematischen Ganzen werden, beschreibt Nancy Chodorow sehr einleuchtend in ihrem Buch »Das Erbe der Mütter«. In dem Kapitel über das Muttern, die Männlichkeit und den Kapitalismus schreibt sie: »Die zunehmende Vaterlosigkeit und Mutterbezogenheit der Familie produziert männliche Persönlichkeiten, die sowohl dem biologisch-sozialen Geschlechtssystem entsprechend mit Männlichkeit und männlicher Dominanz in Einklang stehen als auch zur Teilnahme an den kapitalistischen Produktionsbeziehungen passen. Als Abwehr ihrer eigenen Machtlosigkeit auf dem Arbeitsmarkt betonen Männer nach wie vor die geschlechtlich bestimmte Aufteilung der Sphären. Ihre Leugnung der Abhängigkeit von und Zuneigung zu Frauen stützt ihre Männlichkeit und den äußeren Arbeitsvollzug. Die relativ geringe Verfügbarkeit des Vaters und die übermäßige Verfügbarkeit der Mutter bewirken negative Definitionen von Männlichkeit.« Sie führt aus, daß die männliche Ablehnung der weiblichen Werte, das ganze Spektrum emotionaler Möglichkeiten verleugnet oder verdrängt wird, während aus der Identifikation mit dem meist abwesenden Vater sich eine männliche Psychologie der Überlegenheit formt, die die Männer auch auf die Teilnahme an der hierrarchisch strukturierten Arbeitswelt vorbereitet. »Die Anpassung an Verhaltensvorschriften und äußere Autorität, die Zuverlässigkeit und Beständigkeit, die Fähigkeit, Werte und Ziele anderer als eigene zu übernehmen – alles reflektiert eine Ausrichtung nach außen, nach äußerlichen Normen und einen Mangel an autonomer und kreativer Selbstlenkung. Die isolierte Kernfamilie, in der Frauen muttern, entspricht der Produktion solcher Persönlichkeitseinstellungen und Fähigkeiten bei Kindern aus verschiedenen Schichten.«

In diesem Prozeß der Beziehungs- und Liebesarbeit in der Familie, dem an die Mütter deligierten Einfluß- und Machtbereich, werden Frauen zu Komplizinnen des männlichen Systems, indem sie ihre Kinder auf die von der männlichen Gesellschaft festgelegten Funktionen vorbereiten. Wir sind der Überzeugung, daß die Abschaffung des Patriarchats besonders wirksam in einer neuen Beziehungsgestaltung zu weiblichen und männlichen Kindern stattfinden kann, wenn diese Frauen erleben, die sich nicht selbstverleugnend und grenzenlos zur Verfügung stellen, und Männer, die an der Erweiterung ihrer Beziehungs- und Liebesfähigkeit interessiert sind und diese in der konkreten täglichen Mitarbeit und Fürsorge unter Beweis stellen. Kinder, die die Zuwendungsfähigkeit von Frauen und Männern erfahren, werden sowohl für das eigene als auch für das andere Geschlecht eine neue Sichtweise integrieren. Mädchen werden erwarten dürfen, auch von Männern emotionale Unterstützung zu bekommen, und Jungen wird erlaubt sein, die kindlichen Erfahrungen von Bedürftigkeit, Verletzlichkeit und Schwäche in ihre Identität als Mann hineinzunehmen und diese nicht mehr als minderwertig und »weiblich« abzuspalten. Auch unter veränderten Geschlechterbeziehungen wird ein Leben nicht konfliktfrei verlaufen, aber die Wahrscheinlichkeit, daß diese andere Inhalte haben, weil die Verzerrung und Entfremdung durch die Geschlechterrollenstereotypen wegfallen, ist sehr groß.

Wenn Mädchen und Jungen von Anfang an erfahren, daß ihre Person für andere Menschen in gleicher Weise Wert verkörpert und sie sowohl liebevolle als auch gewaltfreie kritische Aufmerksamkeit und Unterstützung erleben, werden sie in ihrem Leben nicht so schnell Gefahr laufen, »blind zu gehorchen« oder ihr Leben von sinnlosen Normen, autoritären Doktrinen und wahnhaften Ideologien bestimmen zu lassen. Kinder, die vorgelebt bekommen haben, daß Gegensätze, Meinungsverschiedenheiten, unterschiedliche Standpunkte und Bedürfnisse nicht zu Beziehungskatastrophen, zu Gewaltanwendungen oder Abwertung von Personen führen, sondern zu lebendigen Auseinandersetzungen, einem Ringen um Verständigung in kontroversen Streitgesprächen im Alltag, werden Konflikten nicht ängstlich ausweichen oder sie gar verleugnen. Sie werden Freude daran entwickeln, ihre Kräfte an Aufgaben zu messen und diese produktiv zu gestalten.

Wir schließen diese Überlegungen mit einem Zitat von Simone de Beauvoir, die in einem Essay über Moral und Politik schreibt: »Die großen Moralisten waren keine Betschwestern, die sich fügsam einem festgelegten Sittenkodex unterworfen hätten: sie haben ein neues Universum der Werte geschaffen, mit Worten, die Taten waren, mit Taten, die auf die Welt einwirkten; und sie haben das Antlitz der Erde tiefgreifender verändert als Könige und Krieger. Moral ist nicht negativ, sie verlangt nicht vom Menschen, einem erstarrten Selbstbild die Treue zu halten: moralisch sein heißt versuchen, unser Sein zu begründen.«